초등학생을 위한
과학실험 백과
365

과학이 즐거워지는
탐구활동 교과서

옴북스 에디토리얼팀 지음

바이킹

옮긴이 한성희

텍사스 A&M 대학교 석사과정에서 저널리즘을 전공했어요. 현재 엔터스코리아에서 전문 번역가로 활동하고 있어요.
옮긴 책으로는 《매일 우리 몸에서는 무슨 일이 일어나고 있을까?》, 《한 권으로 이해하는 다윈의 세계 : 일러스트 종의 기원》,
《우주에서 외계인을 찾는 과학적인 방법》, 《하루살이에서 블랙홀까지, 대자연의 순환》, 《동물이 진짜 궁금해!》 등이 있습니다.

365 SCIENCE EXPERIMENTS
Copyright Om Books International, India
Copyright Artworks Om Books International
© Om Books International 2014
Originally Published in English by Om Books International
107, Ansari Road, Darya Ganj, New Delhi 110002, India, Tel: +911140007000,
Email: sales@ombooks.com
Website: www.ombooksinternational.com
All rights reserved.

No part of this book may be used or reproduced in any manner
whatever without written permission, except in the case of brief quotations embodied
in critical articles or reviews.

Korean Translation Copyright © 2025 by BONUS Publishing Co.,
Korean edition arranged with Om Books International, through BC Agency, Seoul.

이 책의 한국어판 저작권은 BC에이전시를 통한 저작권자와의 독점 계약으로 보누스출판사에 있습니다.
저작권법에 의하여 보호를 받는 저작물이므로 무단전재와 무단복제를 금합니다.

―

초등학생을 위한
과학실험 백과 365
과학이 즐거워지는 탐구활동 교과서

1판 1쇄 펴낸 날 2025년 11월 25일

지은이 옴북스 에디토리얼팀
옮긴이 한성희
주간 안채원
책임편집 채선희
편집 윤대호, 윤성하, 장서진
디자인 김수인, 이예은
마케팅 함정윤, 김희진

펴낸이 박윤태
펴낸곳 보누스
등록 2001년 8월 17일 제313-2002-179호
주소 서울시 마포구 동교로12안길 31 보누스 4층
전화 02-333-3114   **팩스** 02-3143-3254   **이메일** viking@bonusbook.co.kr
블로그 http://blog.naver.com/vikingbook   **인스타그램** @viking_kidbooks

ISBN 978-89-6494-772-2 73400

바이킹은 보누스출판사의 어린이책 브랜드입니다.

• 책값은 뒤표지에 있습니다.

차례

실험하기 전에 꼭 읽어 주세요! ·················· 11
이 책을 더 유익하게 활용하는 법 ·················· 12
초등 과학 교과 연계 단원 ·················· 13

1장
보고 듣고 만지면서 해요!
자석, 소리, 공작 실험

착 붙거나 확 밀어 내거나!
마법의 자석 실험

1. 자석으로 연을 날려 보자 ·················· 16
2. 기름에 빠진 못을 움직여 보자! ·················· 17
3. 막대자석을 매달면 나침반이 된다! ·················· 17
4. 전자석 만들기 ·················· 18
5. 대롱대롱 매달린 나침반 ·················· 19
6. 말굽자석으로 나침반 만들기 ·················· 19
7. 초간단 자석 놀이 ·················· 20
8. 자석 그림 만들기 ·················· 20
9. 자성을 없앨 수도 있어요! ·················· 21
10. 시리얼에서 나온 검은색 가루의 정체! ·················· 22
11. 자석에서 자기력이 가장 센 부분은? ·················· 22
12. 신용 카드의 정보는 어디에? ·················· 23
13. 오르막을 오르는 클립 ·················· 23
14. 먼지가 우주에서도 온다고요? ·················· 24
15. 절대 만날 수 없는 자동차 ·················· 24
16. 자석 사슬 만들기 ·················· 25
17. 자석을 계속 감싸면? ·················· 25
18. 뱀처럼 움직이는 열쇠 ·················· 26
19. 자석을 공중에 뜨게 하는 마술 ·················· 26
20. 나만의 나침반 만들기 ·················· 27
21. 물에 뜨는 자석 ·················· 28
22. 자동차 경주 ·················· 29
23. 자기력선의 신기한 모양 ·················· 29

귀를 기울여 보자!
신기한 소리 실험

24. 유리컵으로 연주해요 ·················· 30
25. 오리처럼 꽥꽥 소리가 나는 빨대 ·················· 31
26. 이것이 진정한 빨대 피리! ·················· 31
27. 이번에는 닭처럼 꼬꼬댁 소리가 나는 컵 ·················· 32
28. 폴짝! 폴짝! 소리에 맞추어 뛰는 쌀 ·················· 33
29. 삐익삐익 소리를 내는 셀로판지 ·················· 33
30. 숟가락 종소리 ·················· 34
31. 병 안에서 소리가 사라지는 마술 ·················· 34
32. 유리병 오르간 ·················· 35
33. 여보세요? 실 전화 놀이 ·················· 36
34. 풍선에서 나는 이상한 소리 ·················· 37
35. 자를 튕기면? ·················· 37
36. 기타 만들기 ·················· 38
37. 미니 가야금 만들기 ·················· 38
38. 세상에서 제일 위험한 피아노 ·················· 39
39. 윙윙 우는 자 ·················· 39
40. 아이스크림 막대기로 하모니카를 만들어요! ·················· 40
41. 춤추는 철사 ·················· 41
42. 빙빙 돌리면 노래하는 단추 ·················· 41

43. 우산 스피커 ················· 42
44. 청진기를 만들어요 ················· 43
45. 빨대로 피리 불기 ················· 43
46. 악기 카주 만들기 ················· 44
47. 종이 실로폰 ················· 44
48. 호루라기 부는 깔때기 ················· 45
49. 물속 소리가 들리는 수중 청음기 만들기 ······ 45
50. 초간단 확성기 만들기 ················· 46
51. 딸랑딸랑 흔들어 봐요! ················· 46

끈적끈적~ 미끌미끌~ 신나는 공작 실험

52. 슬라임도 되고 탱탱볼도 된다! ················· 47
53. 쉽게 빠지는 모래 늪 만들기 ················· 48
54. 쭉~ 늘어나는 가짜 콧물 만들기 ················· 49
55. 끈끈한 슬라임 만들기 ················· 49
56. 신문지로 화분 만들기 ················· 50
57. 우유로 만든 플라스틱 ················· 51
58. 곰팡이 핀 오렌지 ················· 51
59. 빵에 핀 곰팡이 ················· 52
60. 박테리아 키우기 ················· 52
61. 춤추는 끈끈이 ················· 53
62. 밀가루로 풀 만들기 ················· 53
63. 끈적끈적한 수제 장난감 ················· 54
64. 반짝반짝 빛나는 찐득이 ················· 54
65. 나만의 탱탱볼 만들기 ················· 55

66. 욱! 가짜 토를 만들어 보자 ················· 56
67. 초록색 공 만들기 ················· 56

2장
우리를 둘러싸고 있는 모든 것!
중력, 공기, 빛, 압력 실험

떨어지거나 거스르거나 중력 실험

68. 중력을 거스르는 방법 ················· 58
69. 마법의 물 ················· 59
70. 내 마음대로 꽃 색깔 바꾸기 ················· 59
71. 내 멋대로 오뚝이 인형 ················· 60
72. 검은색을 이루는 다양한 색소 ················· 61
73. 귀여운 낙하산 장난감 만들기 ················· 62
74. 동전 다이빙 ················· 62
75. 색깔이 변하는 카네이션 ················· 63
76. 돌려도 쏟아지지 않는 물 ················· 63
77. 그네의 신기한 비밀 ················· 64
78. 양초 시소 ················· 65
79. 빗자루 똑바로 세우기 ················· 65
80. 손 안 대고 병에 공 넣기 ················· 66
81. 집에서 쉽게 만드는 반중력 장치 ················· 66
82. 세상에서 제일 어려운 균형 잡기 ················· 67
83. 중력을 거스르는 물 ················· 67
84. 흔들흔들 포크 회전 그네 ················· 68
85. 물을 정수하는 신기한 방법 ················· 68
86. 오뚝이 달걀 1 ················· 69
87. 우산 잡기 놀이 ················· 69
88. 무게 중심을 찾으려면 ················· 70
89. 구멍에서 물이 안 새는 이유는? ················· 70

90. 오뚝이 달걀 2 ············· 71
91. 정말 어려운 손끝으로 균형 잡기 ············· 72
92. 중력을 확인하는 아주 무서운 방법 ············· 72
93. 물방울 슬라이드 만들기 ············· 73
94. 바닥까지 경주하기 ············· 73

눈으로 보고도 믿기지 않는 재미있는 공기 실험

95. 놀라운 고리 글라이더 ············· 74
96. 거품 속에 거품 만들기 ············· 75
97. 손대지 않고도 빙빙 도는 종이 ············· 76
98. 달걀이 쏙 빨려 들어가는 실험 ············· 76
99. 휘어지는 공기를 확인하다! ············· 77
100. 스모그 만들기 ············· 78
101. 빙빙 도는 종이 뱀 ············· 78
102. 공기 저울 ············· 79
103. 보이지 않는 힘 ············· 79
104. 말 잘 듣는 연기 ············· 80
105. 도넛 모양의 연기 ············· 81
106. 열로 부풀어 오르는 풍선 ············· 82
107. 화학 반응으로 부풀어 오르는 풍선 ············· 82
108. 이스트가 설탕을 만나면? ············· 83
109. 페트병이 풍선을 불어요 ············· 83
110. 팽창하는 풍선 ············· 84
111. 나만의 열기구 만들기 ············· 84
112. 풍선 위에서 서핑을 해요! ············· 85
113. 마법의 손가락 ············· 85

세상에서 가장 빠른 건 빛! 반짝반짝 빛 실험

114. 방 안에서 무지개 만들기 ············· 86
115. 알록달록 만화경 만들기 ············· 87
116. 물방울이 돋보기가 돼요! ············· 87
117. 향기로운 무드 등 만들기 ············· 88
118. 초간단 해시계 ············· 88
119. 거울 놀이 ············· 89
120. 물속에서 사라지는 동전 ············· 89
121. 돈을 두 개로 만드는 마술! ············· 90
122. 세 가지 빛을 모두 합치면? ············· 90
123. 비눗방울에 빛을 쏘면? ············· 91
124. 빛이 물을 따라 흐른다고요? ············· 91
125. 지구본으로 일식 쉽게 이해하기 ············· 92
126. 초콜릿을 녹여 빛의 속도 계산하기 ············· 92
127. 돋보기가 이렇게 위험할 수도 있다니! ············· 93
128. 잠망경 만들기 ············· 93
129. CD 분광기 만들기 ············· 94
130. 볼록 렌즈로 케플러 망원경 만들기 ············· 95
131. 빛을 굴절시키기 ············· 96
132. 렌즈 없이 돋보기를 만들어요 ············· 96
133. 빛이 꺾여요 ············· 97
134. 알록달록한 원반 ············· 97
135. 검은 토마토 ············· 98
136. 젤리 렌즈 ············· 98
137. 바늘구멍 카메라 만들기 ············· 99
138. 반짝반짝 작은 별 ············· 100

기압의 힘을 느낄 수 있는 압력 실험

139. 감자 찌르기 ········· 101
140. CD를 공중에 띄우는 마술 ········· 102
141. 아무리 빨아도 마실 수 없는 빨대 ········· 102
142. 스스로 빙빙 도는 캔 ········· 103
143. 목마른 양초 ········· 104
144. 스스로 찌그러지는 캔 ········· 104
145. 풍선으로 달리는 차 ········· 105
146. 고집이 센 공 ········· 106
147. 서로 끌어당기는 사과 ········· 106
148. 쑥 줄어든 마시멜로 ········· 107
149. 알록달록 병 안의 분수 ········· 108
150. 풍선 묘기하기 ········· 109
151. 공기가 든 유리컵 ········· 109
152. 딱 달라붙은 접시 ········· 110
153. 누가 더 빨리 날아갈까? 풍선 로켓 ········· 110
154. 내가 직접 만드는 기압계 ········· 111
155. 배고픈 유리병 ········· 111
156. 물이 뿜어져 나오는 빨대 분수 ········· 112
157. 착 달라붙은 유리컵 ········· 112
158. 감자를 쏘아 올리자! ········· 113
159. 후~ 불지 않고 불을 끄는 마술 ········· 113
160. 작은 풍선이 이길까? 큰 풍선이 이길까? ········· 114
161. 풍선으로 책 들어 올리기 ········· 115
162. 병 안의 풍선 ········· 115
163. 공을 공중에 뜨게 하자! ········· 116
164. 풍선으로 유리병을 들어 올리기 ········· 116
165. 서핑하는 풍선 ········· 117
166. 풍선 바람개비 ········· 117
167. 신문지는 젖을까? 안 젖을까? ········· 118
168. 빨대 분무기 ········· 118

3장
눈으로 직접 봐도 신기해! 밀도, 정전기, 식물, 우리 몸 실험

겉모습만으로는 알 수 없어요! 밀도 실험

169. 어떤 오렌지가 떠오를까? ········· 120
170. 눈 결정을 크게 만들어 보자! ········· 121
171. 아래위로 움직이는 케첩 잠수함 ········· 122
172. 컵 속의 작은 용암 ········· 122
173. 내 손 안의 바다 ········· 123
174. 줄로 이어진 눈 결정 만들기 ········· 123
175. 멋진 라바 램프 ········· 124
176. 어떤 콜라가 더 가벼울까? ········· 125
177. 눈으로 확인하는 밀도의 차이 ········· 125
178. 마법의 옥수수 ········· 126
179. 뜨거운 물과 차가운 물이 만날 때 ········· 126
180. 내가 움직이는 대로 따라오는 코르크 ········· 127
181. 찬물 안에 뜨거운 물을 넣으면? ········· 127
182. 무지개 소금물 만들기 ········· 128
183. 와작와작 얼음 사탕 ········· 128
184. 곰 젤리가 커지는 마술 ········· 129
185. 삼색 컵에 코르크가 동동! ········· 129

186. 점점 내려가는 골프공 ……………………… 130
187. 기름에 빠진 얼음 ……………………………… 130
188. 달걀 껍데기를 보석 원석처럼 만들기 ……… 131
189. 무거운 쌀 병을 들어 올리는 마법 ………… 132
190. 마시며 밀도를 느껴 봐요! …………………… 132

찌릿! 정전기를 활용한 놀라운 실험

191. 이리저리 휘어지는 물 ………………………… 133
192. 풍선을 따라다니는 캔 ……………………… 134
193. 정전기 마법 …………………………………… 134
194. 찌릿찌릿 전기 충격 ………………………… 135
195. 혼자 움직이는 휴지 ………………………… 135
196. 후추가 날아올라요! ………………………… 136
197. 소금과 후추를 분리하는 가장 쉬운 방법 … 136
198. 도망가는 시리얼 ……………………………… 137
199. 빗으로 스파크 일으키기 …………………… 138
200. 정전기 일으키기 ……………………………… 138
201. 정전기가 통해야 피는 꽃? ………………… 139
202. 춤추는 휴지 인형 …………………………… 140
203. 빙빙 도는 회전목마 ………………………… 140
204. 손을 대지 않고 자를 떨어뜨리기! ………… 141
205. 전기로 흔들리는 추 ………………………… 141
206. 손 안 대고 포일 펼치기 …………………… 142
207. 무슨 모양까지 만들어 봤니? ……………… 143
208. 마법 지팡이 …………………………………… 143
209. 손을 대자 도망가는 스티로폼 공 ………… 144
210. 신성한 풍선! …………………………………… 144
211. 빙글빙글 도는 성냥개비 …………………… 145
212. 토르가 되어 보자! 번개 만들기 …………… 145
213. 풍선 뽀뽀! ……………………………………… 146
214. 빛나는 풍선 …………………………………… 147
215. 풍선으로 형광등을 켤 수 있다고요? ……… 147
216. 풍선 속에서 자유로운 공 …………………… 148
217. 정전기로 그린 그림 ………………………… 148

알면 알수록 놀라운 식물 실험

218. 잎에서 나오는 다양한 색깔 ………………… 149
219. 잎이 녹색인 이유는?! ……………………… 150
220. 식물 키우기 …………………………………… 150
221. 식물이 산소를 만드는 모습 ………………… 151
222. 무럭무럭 자라라! …………………………… 151
223. 나무 접목하기 ……………………………… 152
224. 신문지로 잎맥 지도 만들기 ………………… 152
225. 당근을 심어 보자! …………………………… 153
226. 식물도 땀을 흘린다고요? …………………… 153
227. 생감자와 삶은 감자 ………………………… 154
228. 나뭇잎을 탁본해 보자! ……………………… 155
229. 먹지로 나뭇잎 탁본하기 …………………… 155
230. 당근을 거꾸로 매달면 잎은 어디로 자랄까? 156
231. 뚜렷하게 보이는 잎맥 ……………………… 157
232. 장애물 피하기 우승자는 감자 ……………… 158
233. 눕혀도 위로 자라는 식물 …………………… 158
234. 식물이 자라는 벽돌 ………………………… 159
235. 잔디 인형 만들기 …………………………… 159

내 몸이지만 너무 궁금해! 우리 몸 실험

236. 친구가 갑자기 안 보이는 마술 ……………… 160
237. 누구 냄새일까? ……………………………… 161
238. 심장 박동을 눈으로 직접 관찰하기 ………… 161
239. 딸기 DNA를 추출해 보자! ………………… 162

240. 지방 덕분에 덜 추워요! ······ 163
241. 동물처럼 세상을 바라보기 ······ 163
242. 물고기는 빨간색일까? 청록색일까? ······ 164
243. 냄새가 없으면 맛이 똑같을까? ······ 165
244. 거미줄을 그대로 간직하기 ······ 165
245. 내 손에 구멍이 생겨요! ······ 166
246. 난 어느 쪽 눈을 더 많이 사용할까? ······ 166
247. 새장 안에 갇힌 새 ······ 167
248. 한쪽 다리로 균형 잡기 ······ 167
249. 카멜레온처럼 보는 방법 ······ 168
250. 지문 채취하기 ······ 168
251. 누구 미뢰가 더 많을까? ······ 169
252. 맥박을 직접 눈으로 관찰하기 ······ 169
253. 플립 북을 만들어 보자! ······ 170

4장
너무 재밌어서 두근거린다! 물, 마술, 부엌 실험

투명한 물에 신기한 원리가 가득! 물로 하는 실험

254. 어둠 속에서 빛나는 물 ······ 172
255. 색색깔의 얼음 ······ 173
256. 물속에 회오리바람 만들기 ······ 174
257. 물속에서 움직이는 분자 ······ 174
258. 후추는 세제가 무서워! ······ 175
259. 손을 적시지 않고 물속 동전 꺼내기 ······ 175
260. 갑자기 멀어지는 성냥개비 ······ 176
261. 물방울 만들기 ······ 176
262. 우량계를 만들어 보자! ······ 177
263. 팽창하는 얼음 ······ 178

264. 찔러도 물이 새지 않는 지퍼 백의 비밀 ······ 178
265. 흩어졌다가 모였다가 ······ 179
266. 기름 유출의 심각성 ······ 179
267. 물속에서 얼음이 녹으면 ······ 180
268. 뜰까요? 가라앉을까요? ······ 180
269. 신기한 비눗방울 모양 만들기 ······ 181
270. 얼어 버린 비눗방울 ······ 181
271. 뾰족뾰족 결정 만들기 ······ 182
272. 세제만 떨어뜨렸는데 움직이는 배 ······ 182
273. 유리컵 속의 불꽃놀이 ······ 183
274. 페트병이 스스로 돌아요! ······ 183
275. 둥둥 떠 있는 클립 ······ 184
276. 물에 뜨는 공 ······ 184

알았다! 과학 마술의 원리

277. 말랑말랑해진 닭 뼈 ······ 185
278. 주스 색깔이 변하는 마술 ······ 186
279. 사라지는 잉크 ······ 187
280. 나보다 큰 종이 고리 만들기 ······ 187
281. 비밀 편지 ······ 188
282. 사라진 물 ······ 188
283. 냄새가 약해져요! ······ 189
284. 마법의 종이 ······ 189

음식으로 장난치지 말고 실험해요! 부엌에서 하는 과학 실험

285. 비누 구름 만들기 ······ 190
286. 따끈따끈 뜨거운 아이스크림?! ······ 191
287. 젤라틴으로 나만의 모빌 만들기 ······ 192
288. 멋진 그림을 그리는 우유 마블링 ······ 193
289. 아주 쉬운 색깔 마술 ······ 193
290. 달걀을 은으로 만드는 실험?! ······ 194
291. 감자로 전분 물 만들기 ······ 194
292. 말랑말랑해진 달걀 ······ 195
293. 뽀글뽀글 달걀 거품 ······ 195
294. 젤라틴으로 만드는 방향제 ······ 196
295. 얼음을 낚시해요 ······ 196
296. 새콤달콤한 레몬 전지 ······ 197
297. 어느 것이 더 빨리 얼까? 얼음 실험 ······ 197
298. 물에 둥둥 뜨는 달걀 ······ 198
299. 달걀에 색을 입혀 보자! ······ 199
300. 춤추는 건포도 ······ 199
301. 달걀을 접을 수 있어요 ······ 200
302. 움직이는 슬라임 ······ 201
303. 천을 염색해 보자! ······ 201
304. 빛나는 설탕 ······ 202
305. 보이지 않는 소화기 ······ 202
306. 겨자가 필요해! ······ 203
307. 불이 활활 타오르게 하는 과일 ······ 203

이것저것 재미난 실험

308. 바나나에 그림 그리기 ······ 204
309. 풍선 꼬치 만들기 ······ 205
310. 빛나는 꽃 ······ 206
311. 재미있는 반사 ······ 206
312. 비눗방울로 명화 만들기 ······ 207
313. 태양의 흑점 관찰하기 ······ 207
314. 집에서 재생지를 만들자! ······ 208

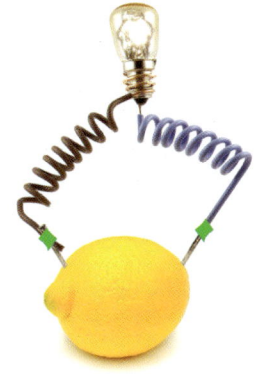

5장 굉장하지만 살짝은 위험할지도?! 화학 반응, 전기, 불, 폭발 실험

가만히 있지 못하는 화학 반응 실험

315. 가만히 있지 못하는 스파게티 ······ 210
316. 위아래로 춤추는 좀약 ······ 211
317. 하나 둘 셋! 발사 준비 완료 ······ 211
318. 흔들어서 만드는 아이스크림 ······ 212
319. 다시 되살아난 불꽃 ······ 213
320. 동전이 녹색으로 변했어요! ······ 213
321. 베이킹 소다로 색의 마술을! ······ 214
322. 나만의 물속 정원 ······ 214
323. 알록달록한 거품 ······ 215
324. 상한 감자처럼 보이게 하는 법 ······ 215
325. 색깔을 바꾸는 화학 실험 ······ 216
326. 이번에는 레몬으로 색의 마술을! ······ 217
327. 철 수세미를 빠르게 녹슬게 하려면? ······ 217
328. 부식에 필요한 것들 ······ 218

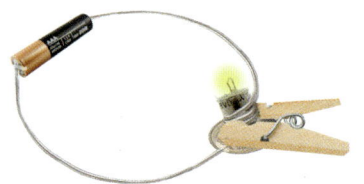

눈에 보이지 않아도 전기는 흐른다! 전기 실험

329. 전기를 통과시키는 전도체 …………… 219
330. 간단하게 만드는 모터 ………………… 220
331. 동전으로 만든 전기 탑 ………………… 220
332. 전구에 불을 켜는 재미난 방법 ………… 221
333. 다 쓴 건전지인지 확인하는 법 ………… 222
334. 구리, 아연, 레몬으로 불 켜기 ………… 222
335. 빛나는 샤프심 ………………………… 223
336. 초간단 전기 회로를 만들었어요! ……… 224
337. 자기로 전기 만들기 …………………… 225
338. 전기 회로로 비밀 전신 만들기 ………… 225
339. 전기 회로가 그리는 내 얼굴 …………… 226

주의! 어른과 함께할 것! 불로 하는 위험한 실험

340. 불에 타지 않는 풍선 …………………… 227
341. 검은 컵일까요? 흰 컵일까요? ………… 228
342. 공기가 위로 올라가는 것을 볼 수 있는 실험 228
343. 컵이 착 달라붙어 안 떨어져요! ………… 229
344. 재잘재잘 말하는 동전 ………………… 230
345. 불에 타지 않는 손수건 ………………… 230
346. 연기가 나는 증기선 만들기 …………… 231
347. 훨씬 차갑게 느껴지는데 온도가 같은 이유 · 232
348. 나뭇잎 모양 초콜릿 만들기 …………… 232
349. 종이가 탈까? 물이 끓을까? …………… 233
350. 뜨거우면 줄어드는 고무 ……………… 233

우르르 쾅! 폭발 반응이 일어나는 실험

351. 코끼리가 쓸 것 같은 치약 만들기 ……… 234
352. 컵 안에 화산을 만들어 보자 …………… 235
353. 이리저리 꿈틀거리는 설탕 뱀 만들기 … 235
354. 베수비오 화산을 만들어 보자 ………… 236
355. 곧 터져요! 새빨간 폭발 ………………… 237
356. 펑! 지퍼 백 폭탄 1 ……………………… 237
357. 속이 시원해지는 멘토스와 콜라 실험 … 238
358. 뚜껑이 들썩이는 깡통 ………………… 239
359. 반짝반짝 거품 ………………………… 239
360. 내가 직접 만드는 파도 ………………… 240
361. 펑! 지퍼 백 폭탄 2 ……………………… 241
362. 뜨거운 얼음이라고요? ………………… 241
363. 화려한 드라이아이스 연막탄 만들기 … 242
364. 앞으로 펑! 병 대포 …………………… 243
365. 아주 작은 티백 로켓 ………………… 243

주요 개념 및 용어 찾아보기 ……………… 244

부록 신나는 과학 탐구활동

- 과학 실험 보고서는 이렇게 써요! ……… 248
  과학 실험 보고서 ………………………… 249
- 관찰 실험 보고서는 이렇게 써요! ……… 250
  관찰 실험 보고서 ………………………… 251
- 관찰 실험 주제로 추천해요! …………… 252
- 종이 뱀 도안 …………………………… 253

실험하기 전에 꼭 읽어 주세요!

가능하면 실험은 모두 어른과 함께하세요. 특히 아래 준비물 또는 도구를 다룰 때는 꼭 보호자가 도와주세요.

① 바늘, 이쑤시개, 나사, 커터칼처럼 날카로운 물건을 다룰 때
② 접착제, 쇳가루, 표백제, 글리세린, 아세톤, 붕사처럼 만지거나 먹으면 안 되는 물질을 다룰 때
③ 양초, 라이터, 뜨거운 물처럼 뜨거운 것을 다룰 때
④ 전자레인지, 핫플레이트, 오븐, 믹서 등 조리 기구를 다룰 때

이 외에도 위험할 수 있는 준비물 및 실험에는 경고등 또는 느낌표 표시를 해 두었으니 실험마다 꼭 참고하시기 바랍니다.

가스레인지, 전자레인지, 오븐에 사용하는 냄비, 그릇, 컵은 내열 강화 유리 용기 또는 전자레인지 사용이 가능한 용기인지 확인한 뒤 사용하세요.

글리세린, 아세톤, 제산제, 황산 마그네슘, 폴리아크릴산 나트륨, 물유리(규산 나트륨 수용액), 금속염 결정체 등은 가까운 약국 또는 온라인 쇼핑몰에서 구입할 수 있습니다.

붕사는 맨손으로 오래 만질 경우 화상의 위험이 있으니 장갑을 착용하세요.

실험에 쓰인 컵 기준은 250mL입니다.

물을 이용하는 실험은 욕실에서 하거나 아래에 넓은 대야나 쟁반을 두고 하세요. 더러워질 수 있는 실험은 바닥에 신문지를 깔고 실험하세요. 실내에서 연기가 나는 실험을 할 경우 꼭 환기를 시키세요.

양초를 태울 때 쓰러지지 않게 단단히 고정하려면 불을 붙여 촛농을 바닥에 조금 떨어뜨린 다음 그 위에 양초를 세워 안전하게 사용하세요.

실험을 마친 다음 부록의 과학 실험 보고서, 관찰 실험 보고서를 작성해 보세요.

실험을 한 뒤에는 항상 깨끗하게 뒷정리를 하세요.

이 책을 더 유익하게 활용하는 법

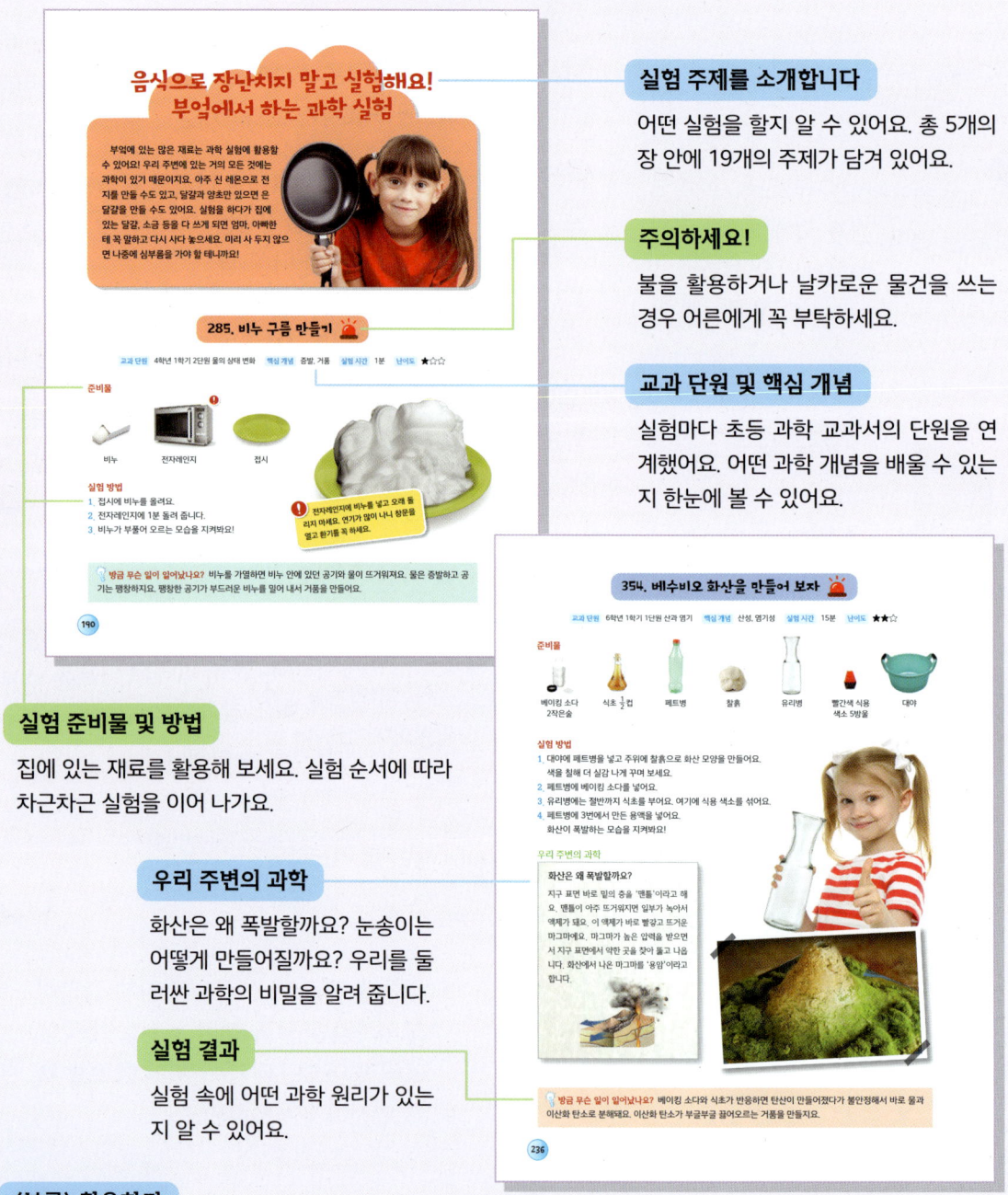

실험 주제를 소개합니다
어떤 실험을 할지 알 수 있어요. 총 5개의 장 안에 19개의 주제가 담겨 있어요.

주의하세요!
불을 활용하거나 날카로운 물건을 쓰는 경우 어른에게 꼭 부탁하세요.

교과 단원 및 핵심 개념
실험마다 초등 과학 교과서의 단원을 연계했어요. 어떤 과학 개념을 배울 수 있는지 한눈에 볼 수 있어요.

실험 준비물 및 방법
집에 있는 재료를 활용해 보세요. 실험 순서에 따라 차근차근 실험을 이어 나가요.

우리 주변의 과학
화산은 왜 폭발할까요? 눈송이는 어떻게 만들어질까요? 우리를 둘러싼 과학의 비밀을 알려 줍니다.

실험 결과
실험 속에 어떤 과학 원리가 있는지 알 수 있어요.

〈부록〉 활용하기
- 실험이 끝나면 부록에 있는 '과학 실험 보고서'와 '관찰 실험 보고서'에 여러분의 멋진 발견을 기록해 보세요. 복사해서 활용해도 좋아요. 보고서 양식은 바이킹 네이버 블로그(blog.naver.com/vikingbook)에서도 다운로드할 수 있어요.
- 종이 뱀 도안(253쪽)은 78쪽 101번 실험, 228쪽 342번 실험에 필요합니다. 잊지 말고 사용하세요!

초등 과학 교과 연계 단원

실험마다 연계한 단원명은 2022 개정 교육 과정을 적용했습니다. 아이스크림미디어에서 발행한 초등학교 과학 교과서를 기준으로 했습니다. 3~4학년은 2025년에 적용된 단원을, 5~6학년은 2026년에 처음 적용되는 단원을 연계했습니다.

장	실험 주제	단원명
1장	착 붙거나 확 밀어 내거나! 마법의 자석 실험	4학년 1학기 1단원 자석의 이용
	귀를 기울여 보자! 신기한 소리 실험	3학년 2학기 3단원 소리의 성질
	끈적끈적~ 미끌미끌~ 신나는 실험	3학년 2학기 1단원 물체와 물질
		3학년 2학기 3단원 소리의 성질
		4학년 1학기 2단원 물의 상태 변화
		4학년 1학기 4단원 다양한 생물과 우리 생활
2장	떨어지거나 거스르거나 중력 실험	3학년 1학기 1단원 힘과 우리 생활
		4학년 1학기 2단원 물의 상태 변화
		5학년 2학기 2단원 날씨와 우리 생활
		6학년 1학기 3단원 식물의 구조와 기능
	눈으로 보고도 믿기지 않는 재미있는 공기 실험	3학년 1학기 1단원 힘과 우리 생활
		4학년 1학기 2단원 물의 상태 변화
		4학년 2학기 3단원 여러 가지 기체
		5학년 2학기 2단원 날씨와 우리 생활
		5학년 2학기 3단원 열과 우리 생활
		6학년 1학기 1단원 산과 염기
		6학년 2학기 2단원 물질의 연소
	세상에서 가장 빠른 건 빛! 반짝반짝 빛 실험	5학년 1학기 2단원 빛의 성질
	기압의 힘을 느낄 수 있는 압력 실험	4학년 2학기 3단원 여러 가지 기체
		5학년 2학기 2단원 날씨와 우리 생활
		6학년 1학기 2단원 물체의 운동
		6학년 2학기 2단원 물질의 연소
3장	겉모습만으로는 알 수 없어요! 밀도 실험	3학년 1학기 1단원 힘과 우리 생활
		3학년 2학기 1단원 물체와 물질
		5학년 1학기 3단원 용해와 용액
		6학년 1학기 3단원 식물의 구조와 기능
	찌릿! 정전기를 활용한 놀라운 실험	6학년 2학기 3단원 전기의 이용
	알면 알수록 놀라운 식물 실험	3학년 1학기 3단원 식물의 생활
		6학년 1학기 3단원 식물의 구조와 기능
	내 몸이지만 너무 궁금해! 우리 몸 실험	5학년 1학기 4단원 우리 몸의 구조와 기능
4장	투명한 물에 신기한 원리가 가득! 물로 하는 실험	3학년 1학기 1단원 힘과 우리 생활
		3학년 2학기 1단원 물체와 물질
		4학년 1학기 2단원 물의 상태 변화

장	실험 주제	단원명
4장	투명한 물에 신기한 원리가 가득! 물로 하는 실험	5학년 1학기 2단원 빛의 성질
		5학년 1학기 3단원 용해와 용액
		5학년 2학기 2단원 날씨와 우리 생활
		6학년 1학기 2단원 물체의 운동
		3학년 2학기 1단원 물체와 물질
		5학년 1학기 3단원 용해와 용액
		6학년 1학기 1단원 산과 염기
		6학년 2학기 2단원 물질의 연소
		[수학] 4학년 1학기 4단원 평면도형의 이동
	음식으로 장난치지 말고 실험해요! 부엌에서 하는 과학 실험	3학년 2학기 1단원 물체와 물질
		4학년 1학기 2단원 물의 상태 변화
		4학년 2학기 3단원 여러 가지 기체
		5학년 1학기 3단원 용해와 용액
		5학년 2학기 1단원 혼합물의 분리
		6학년 1학기 1단원 산과 염기
		6학년 2학기 2단원 물질의 연소
		6학년 2학기 3단원 전기의 이용
	이것저것 재미난 실험	3학년 2학기 1단원 물체와 물질
		4학년 2학기 1단원 밤하늘 관찰
		5학년 1학기 2단원 빛의 성질
		5학년 2학기 4단원 자원과 에너지
		6학년 1학기 1단원 산과 염기
		6학년 1학기 3단원 식물의 구조와 기능
5장	가만히 있지 못하는 화학 반응 실험	4학년 1학기 2단원 물의 상태 변화
		5학년 1학기 3단원 용해와 용액
		5학년 2학기 1단원 혼합물의 분리
		6학년 1학기 1단원 산과 염기
		6학년 2학기 2단원 물질의 연소
	눈에 보이지 않아도 전기는 흐른다! 전기 실험	6학년 2학기 3단원 전기의 이용
	주의! 어른과 함께할 것! 불로 하는 위험한 실험	3학년 2학기 1단원 물체와 물질
		4학년 1학기 2단원 물의 상태 변화
		5학년 1학기 2단원 빛의 성질
		5학년 2학기 3단원 열과 우리 생활
	우르르 쾅! 폭발 반응이 일어나는 실험	3학년 2학기 1단원 물체와 물질
		4학년 1학기 2단원 물의 상태 변화
		4학년 2학기 3단원 여러 가지 기체
		5학년 2학기 3단원 열과 우리 생활
		6학년 1학기 1단원 산과 염기
		6학년 1학기 2단원 물체의 운동

1장

보고 듣고 만지면서 해요!
자석, 소리, 공작 실험

눈에 보이지 않는 힘으로 클립이 위로 오르고, 멀리 있는 물건도 끌어당기는 자석의 마법! 자석으로 나만의 나침반을 만들어 봐요.

유리컵을 두드리고 빨대를 불며 멋진 음악을 만들고, 쌀알이 춤을 추는 놀라운 실험을 하면서 소리의 진동을 느낄 수 있어요. 끈적끈적한 슬라임과 쭉 늘어나는 가짜 콧물을 만들며 물질의 성질에 대해 알아봐요. 자석, 소리, 그리고 여러 가지 물질로 우리 주변의 숨은 과학을 찾아 떠날 준비되었나요?

착 붙거나 확 밀어 내거나! 마법의 자석 실험

자석은 냉장고, 스피커, 가방의 자석 단추까지 다양하게 쓰여요. 자석은 3,000년도 전에 발견되었다는 사실! 놀랍지요? 마그네스라는 양치기 소년이 처음으로 자석을 발견했대요. 지팡이와 신발이 땅에 달라붙는 것을 보고 발견했다고 합니다.

모든 자석에는 북극인 N극과 남극인 S극이 있어요. 어느 자석이든 N극은 다른 자석의 S극만 끌어당기고 같은 N극은 밀어 내요. 나와는 다른 성격을 가진 친구들에게 눈길이 가기도 하지요? 우리처럼 자석의 N극과 S극도 정반대에 끌린답니다.

자석에 관한 흥미로운 특징이 또 있어요. 자석을 실에 매달아 두면 나침반이 된답니다.

1. 자석으로 연을 날려 보자

교과 단원 4학년 1학기 1단원 자석의 이용　**핵심 개념** 자기력　**실험 시간** 5분　**난이도** ★☆☆

준비물

메모지　클립　실　테이프　가위　자석　식탁

실험 방법

1. 메모지의 모서리 한쪽에 클립을 끼워요.
2. 반대쪽 모서리에는 테이프로 실을 붙여요.
3. 실 반대쪽 끝을 테이프로 식탁에 붙여요.
4. 클립 근처로 자석을 가져가요. 메모지 연이 날아요.

💡 **방금 무슨 일이 일어났나요?** 자석에는 보이지 않는 힘인 자기력이 있어서 금속 물체를 끌어당겨요. 클립 같은 금속 물체는 자석에 닿지 않아도 자기력으로 끌어당겨집니다.

2. 기름에 빠진 못을 움직여 보자!

교과 단원 4학년 1학기 1단원 자석의 이용   핵심 개념 자성   실험 시간 5분   난이도 ★☆☆

준비물

자석

유리병

못 5개

식용유

실험 방법
1. 유리병을 식용유로 채우고 그 안에 못을 떨어뜨려요.
2. 유리병 밖에 자석을 가져다 대요.
3. 자석으로 못을 움직여 봐요.

💡 **방금 무슨 일이 일어났나요?** 자석은 기름 속에서도 자성을 유지할 수 있어요.

3. 막대자석을 매달면 나침반이 된다!

교과 단원 4학년 1학기 1단원 자석의 이용   핵심 개념 N극, S극   실험 시간 5분   난이도 ★★☆

준비물

막대자석

실

나침반

실험 방법
1. 자석의 가운데를 실로 묶어요. 실을 잡고 자석을 공중에 들고 있어요.
2. 자석이 움직이다가 멈출 때까지 기다려요.
3. 자석의 N극, S극이 나침반의 N극, S극을 가리키는지 확인해요.

💡 **방금 무슨 일이 일어났나요?** 모든 자석의 한쪽 끝은 N극이고 반대쪽은 S극이에요. 자석의 N극은 항상 지구의 북쪽을 향하고, 반대로 자석의 S극은 항상 지구의 남쪽을 향합니다.

자석 / 소리 / 공작

4. 전자석 만들기

교과 단원 4학년 1학기 1단원 자석의 이용   핵심 개념 전자석, 자성   실험 시간 15분   난이도 ★★★

준비물

건전지　얇은 구리 선　쇠못　클립　가위　테이프　커터 칼 또는 펜치

실험 방법

1. 구리 선의 한쪽 끝을 약 한 뼘 정도 남겨 두고 못을 감아요. 구리 선이 겹치지 않도록 꼼꼼히 감습니다.
2. 못을 감은 다음 한 뼘 정도 남겨 두고 가위로 구리 선을 잘라요.
3. 이제 양쪽 구리 선 끝에서 커터 칼로 선을 감싸고 있는 피복을 1cm씩 벗겨요. 어른에게 부탁하세요.
4. 구리 선 한쪽은 건전지 양극(+)에, 반대쪽은 건전지 음극(-)에 붙여요.
5. 못에 전류가 흘러 자성을 띠는 전자석이 되었어요!
6. 못의 끝부분을 클립에 가까이 가져가면, 못이 클립을 집어 올리지요!

💡 **방금 무슨 일이 일어났나요?** 구리 선을 건전지에 연결하면 전기가 흘러요. 전자석이 된 못이 클립을 끌어당긴 거예요.

5. 대롱대롱 매달린 나침반

교과 단원 4학년 1학기 1단원 자석의 이용   핵심 개념 자기   실험 시간 5분   난이도 ★☆☆

준비물

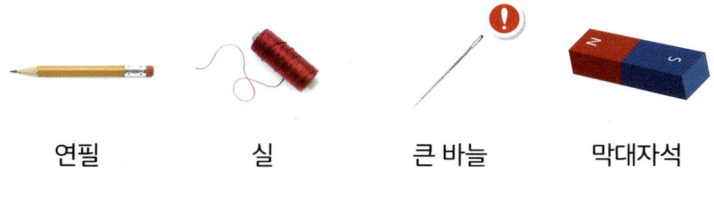

연필   실   큰 바늘   막대자석

실험 방법

1. 자석의 N극으로 바늘의 뾰족한 끝을 여러 번 문질러요.
2. 사진처럼 연필에 실로 바늘을 묶어요.
3. 돌아다니면서 바늘의 뾰족한 끝이 북쪽을 향하는지 지켜봐요!

💡 **방금 무슨 일이 일어났나요?** 자석으로 바늘을 문지르자, 바늘이 자기를 띠게 되어 나침반처럼 움직이기 시작했어요. N극으로 문지른 부분이 S극이 되어 남쪽을 향하게 됩니다.

6. 말굽자석으로 나침반 만들기

교과 단원 4학년 1학기 1단원 자석의 이용   핵심 개념 자기   실험 시간 10분   난이도 ★★☆

준비물

말굽자석   찰흙   연필

실험 방법

1. 찰흙으로 공을 만들어요.
2. 공에 연필의 뒷부분을 꽂아요.
3. 연필 끝에 말굽자석을 올려 균형을 잡아요. 말굽자석이 움직이며 나침반처럼 남쪽과 북쪽 방향을 가리킬 거예요.

💡 **방금 무슨 일이 일어났나요?** 말굽자석이 빙글빙글 돌다가 멈추어요. 한쪽은 북쪽을, 다른 쪽은 남쪽을 향하고 있어요.

자석 / 소리 / 공작

7. 초간단 자석 놀이

교과 단원 4학년 1학기 1단원 자석의 이용   **핵심 개념** 자성   **실험 시간** 10분   **난이도** ★☆☆

준비물

소금   빨간색 분필 가루   페트병   자석   클립

실험 방법

1. 페트병에 분필 가루와 소금을 넣어요.
2. 클립도 넣고 뚜껑을 닫은 다음 페트병을 흔들어요.
3. 페트병에 자석을 가져다 대요. 클립이 자석을 따라오는 모습을 지켜봐요!

💡 **방금 무슨 일이 일어났나요?** 금속 물체는 자석에 끌리지만, 소금과 분필 가루는 자석에 끌리지 않아요. 따라서 클립만 움직여요.

8. 자석 그림 만들기

교과 단원 4학년 1학기 1단원 자석의 이용   **핵심 개념** 자성   **실험 시간** 5분   **난이도** ★☆☆

준비물

종이 접시   자석   클립   포스터물감

실험 방법

1. 여러 색깔의 물감을 접시에 짜 놓아요.
2. 접시에 클립을 뿌려요.
3. 접시 밑에 자석을 대고 클립을 이리저리 움직여 봐요.

💡 **방금 무슨 일이 일어났나요?** 클립은 자석에 끌리는 금속입니다. 자석을 움직이면 물감이 묻은 클립도 함께 움직여서 멋진 작품이 돼요. 클립이 붓 역할을 한 것이지요.

9. 자성을 없앨 수도 있어요!

교과 단원 4학년 1학기 1단원 자석의 이용　**핵심 개념** 자기, 자성　**실험 시간** 5분　**난이도** ★★☆

준비물

나침반　막대자석　바늘　펜치　핫플레이트

실험 방법

1. 먼저 막대자석으로 바늘의 같은 곳을 여러 번 문질러요. 바늘이 자기를 띠게 만드는 거예요.
2. 바늘을 나침반에 가까이 가져가요. 나침반 바늘이 움직이는 것을 볼 수 있어요.
3. 펜치로 바늘을 집어 가스레인지나 핫플레이트에 달구어요.
4. 3분간 그대로 있어요.
5. 이제 불을 끄고 나침반에 가까이 가져가요. 아무 반응도 없을 거예요.

우리 주변의 과학

자성을 띠던 바늘은 왜 자성을 잃었을까요?

자석 안에는 '도메인'이라고 부르는 작은 영역들이 있어요. 도메인들이 모두 한 방향을 향할 때 강한 자성을 띱니다. 하지만 자석을 가열하면 자석의 분자들이 활발하게 움직이면서 도메인이 뒤섞여요. 자성을 잃게 되지요.

❗ 바늘을 가열할 때 조심하세요. 불을 사용할 때는 어른에게 부탁하세요.

💡 **방금 무슨 일이 일어났나요?** 처음 바늘을 나침반 가까이 가져갔을 때는 바늘이 자기를 띠고 있어서 나침반 바늘이 움직였어요. 열을 가한 후에는 바늘이 자성을 잃어서 나침반에 아무 반응도 없었어요.

자석 / 소리 / 공작

10. 시리얼에서 나온 검은색 가루의 정체!

교과 단원 4학년 1학기 1단원 자석의 이용   핵심 개념 철분, 자기   실험 시간 15분   난이도 ★★☆

준비물

콘플레이크(시리얼)   그릇, 숟가락   자석   흰 종이

실험 방법

1. 시리얼을 그릇에 담고 가루가 될 때까지 숟가락으로 으깨요.
2. 시리얼 가루를 흰 종이에 부어요.
3. 그 위로 자석을 가져다 대요.
4. 검은색 가루가 붙을 거예요.
5. 이 가루는 실제로 시리얼에 든 약간의 철가루입니다.

💡 **방금 무슨 일이 일어났나요?** 철의 철분은 우리 몸에 필요한 무기질입니다. 또한 자기를 띠고 있어 자석에 붙지요.

11. 자석에서 자기력이 가장 센 부분은?

교과 단원 4학년 1학기 1단원 자석의 이용   핵심 개념 자기력   실험 시간 5분   난이도 ★☆☆

준비물

말굽자석   흰 종이   쇳가루

실험 방법

1. 종이에 말굽자석을 올려놓아요.
2. 자석 주위에 쇳가루를 뿌려요.
3. 쇳가루가 어디에 가장 많이 붙는지 확인해요.
4. 대부분 쇳가루는 양쪽 극에 몰려 있어요.

💡 **방금 무슨 일이 일어났나요?** 한 자석에도 자기력이 더 센 곳이 있습니다. 말굽자석에서 휘어진 부분보다 S극, N극 두 극에서 자기력이 더 셉니다.

12. 신용 카드의 정보는 어디에?

교과 단원 4학년 1학기 1단원 자석의 이용   핵심 개념 자기   실험 시간 10분   난이도 ★★☆

준비물

안 쓰거나 오래된 신용 카드 　　녹슨 못 　　사포

못에 손을 다치지 않도록 조심해요.

실험 방법
1. 사포에 못을 비벼 녹 가루를 긁어내요.
2. 이 녹 가루를 모아 신용 카드 뒷면의 검은색 자기 띠 위에 부어요.
3. 녹에서 나온 검은 가루들이 자기 띠에 달라붙어 있을 거예요.
4. 카드를 살살 털어 밝은 곳에서 자기 띠를 살펴보세요.

💡 **방금 무슨 일이 일어났나요?** 신용 카드 뒷면에 있는 검은색 띠는 자기 띠입니다. 자기 띠는 자석으로 정보를 저장하므로 자기를 띱니다. 녹에서 나온 검은 가루에는 철이 들어 있어서 자기 띠에 붙는 거랍니다.

13. 오르막을 오르는 클립

교과 단원 4학년 1학기 1단원 자석의 이용   핵심 개념 자기력   실험 시간 5분   난이도 ★☆☆

준비물

자석 　　클립 　　하드보드지

실험 방법
1. 하드보드지의 아랫부분을 접어 기울여서 세워요.
2. 아래쪽에 클립을 놓아요.
3. 하드보드지 뒤에 자석을 대고 클립을 위로 오르게 해 보세요.

💡 **방금 무슨 일이 일어났나요?** 자기력은 하드보드지처럼 자기가 없는 물질을 통해서도 작용합니다.

자석 / 소리 / 공작

14. 먼지가 우주에서도 온다고요?

교과 단원 4학년 1학기 1단원 자석의 이용   핵심 개념 자성   실험 시간 30분   난이도 ★★☆

준비물

자석   종이   유리병

실험 방법

1. 집 안 곳곳의 먼지를 유리병에 모아요.
2. 모은 먼지를 종이에 부어요.
3. 종이 밑에 자석을 대고 종이를 기울여 봐요.
4. 몇몇 먼지 입자가 자석에 끌리는 모습을 볼 수 있어요.

💡 **방금 무슨 일이 일어났나요?** 수많은 우주 먼지가 매일 지구에 떨어집니다. 대부분은 대기 중에서 사라지지만, 남은 먼지 일부는 자성을 띠고 있어요.

15. 절대 만날 수 없는 자동차

교과 단원 4학년 1학기 1단원 자석의 이용   핵심 개념 척력   실험 시간 15분   난이도 ★☆☆

준비물

장난감 자동차 2개   고무줄   막대자석

실험 방법

1. 장난감 자동차 밑에 고무줄로 막대자석을 하나씩 붙여요.
2. N극끼리 마주 보게 붙여요.
3. 자동차 두 대를 앞뒤로 놓고 뒤차를 움직여 앞차가 어떻게 움직이는지 알아봐요.

💡 **방금 무슨 일이 일어났나요?** 자석의 같은 극은 서로 밀어 냅니다. 서로 밀어 내는 힘을 '척력'이라고 합니다. S극과 S극은 서로 밀어 내고 N극과 N극도 마찬가지예요.

16. 자석 사슬 만들기

교과 단원 4학년 1학기 1단원 자석의 이용   핵심 개념 자성, 자기   실험 시간 5분   난이도 ★☆☆

준비물

자석   못

실험 방법

1. 먼저 자석으로 못 하나를 끌어당겨요.
2. 들린 못으로 다른 못을 끌어당겨요.
3. 얼마나 많은 못을 연결할 수 있는지 알아봐요!

💡 **방금 무슨 일이 일어났나요?** 자석은 접촉한 금속이 자기를 띠게 하거나 자석의 성질을 줄 수 있습니다. 못이 자석에 닿으면 자석같이 강하진 않지만 자석처럼 작용해서 다른 못을 끌어당기게 됩니다.

17. 자석을 계속 감싸면?

교과 단원 4학년 1학기 1단원 자석의 이용   핵심 개념 자기력   실험 시간 5분   난이도 ★☆☆

준비물

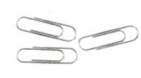  
클립   자석   천 여러 장

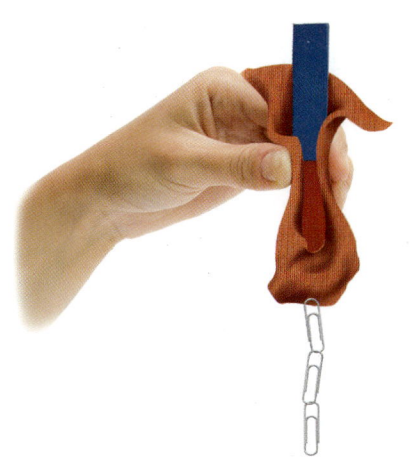

실험 방법

1. 천으로 자석을 감싸요.
2. 천으로 감싼 부분으로 클립을 끌어당겨 봐요. 쉽게 붙습니다.
3. 다시 천으로 자석을 한 번 더 감싸고 클립이 여전히 끌려오는지 확인해요.
4. 자기력이 없어질 때까지 천으로 감싸 보세요.

💡 **방금 무슨 일이 일어났나요?** 자석은 천과 같은 물질을 통해서도 자기력이 유지됩니다. 물론 너무 두꺼운 물질은 자기력이 통과하지 못해요.

18. 뱀처럼 움직이는 열쇠

교과 단원 4학년 1학기 1단원 자석의 이용   핵심 개념 자기장   실험 시간 5분   난이도 ★☆☆

준비물

열쇠 꾸러미

가는 밧줄

자석

테이프

식탁

실험 방법

1. 가는 밧줄의 한쪽 끝을 열쇠 꾸러미에 묶어요.
2. 밧줄의 다른 쪽 끝은 테이프로 식탁에 붙여요.
3. 자석을 열쇠 주위에서 이리저리 움직여 봐요.

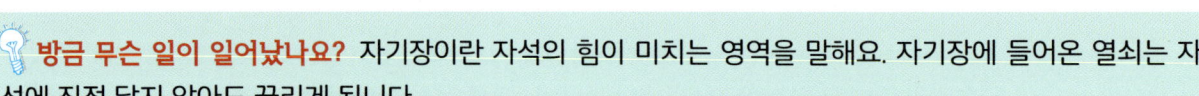

💡 **방금 무슨 일이 일어났나요?** 자기장이란 자석의 힘이 미치는 영역을 말해요. 자기장에 들어온 열쇠는 자석에 직접 닿지 않아도 끌리게 됩니다.

19. 자석을 공중에 뜨게 하는 마술

교과 단원 4학년 1학기 1단원 자석의 이용   핵심 개념 척력   실험 시간 15분   난이도 ★★☆

준비물

가위

두꺼운 종이

테이프

둥근 자석 2개

실험 방법

1. 두꺼운 종이를 말아서 원기둥을 만들어요.
   이때 지름은 둥근 자석보다 조금 커야 합니다.
2. 안이 잘 보이도록 옆면 일부를 잘라요.
3. 원기둥 안에 자석 두 개의 N극이 마주 보도록 넣어요.
4. 위쪽 자석이 공중에 떠 있어요!

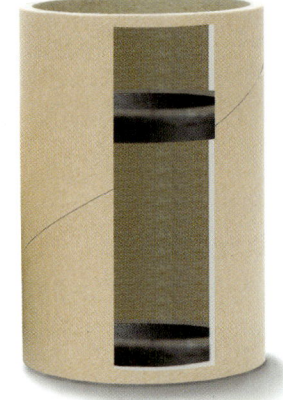

💡 **방금 무슨 일이 일어났나요?** 자석은 같은 극끼리 서로를 밀어 냅니다. 이를 '척력'이라고 합니다. 이 척력으로 위에 있는 자석이 공중에 뜨지요.

20. 나만의 나침반 만들기

교과 단원 4학년 1학기 1단원 자석의 이용　**핵심 개념** 자성, 자기　**실험 시간** 15분　**난이도** ★★☆

준비물

코르크　　바늘　　펜　　막대자석　　냄비　　나침반

칼　　물

> ⚠️ 코르크를 자르고 바늘로 찌를 때는 어른에게 부탁하세요.

실험 방법

1. 자석으로 바늘의 같은 곳을 여러 번 두드려요. 바늘이 자기를 띠게 됩니다.
2. 코르크를 손가락 한 마디 정도 길이로 잘라요.
3. 코르크의 옆에 바늘을 찔러 넣어요.
4. 넓은 냄비에 물을 채워요.
5. 코르크를 물에 띄워요. 바늘의 한쪽 끝이 북쪽을 향할 때까지 빙빙 돌 거예요.
6. 바늘의 끝이 나침반의 북쪽을 향하는지 알아봐요.

우리 주변의 과학

자석의 발견

전설에 의하면 마그네스라는 양치기 소년이 3천 년 전에 천연 자석을 발견했다고 해요. 마그네스가 양떼를 몰고 있는데 갑자기 신발이 바위에 탁 걸렸대요. 신발에 박힌 못과 지팡이 끝의 금속 때문이었지요. 그래서 이 신비한 바위를 '마그넷'이라고 부르기 시작했어요. 영어로 자석을 뜻하는 마그넷도 여기서 유래한 거예요.

> 💡 **방금 무슨 일이 일어났나요?** 자석으로 바늘을 두드리면 바늘이 자성을 띠게 됩니다. 따라서 바늘로 북쪽이 어디인지 알 수 있어요.

자석 / 소리 / 공작

21. 물에 뜨는 자석

교과 단원 4학년 1학기 1단원 자석의 이용 **핵심 개념** 인력, 척력 **실험 시간** 15분 **난이도** ★★★

준비물

코르크 7개 / 긴 바늘 7개 / 막대자석 / 플라스틱 용기 / 물

실험 방법

1. 용기에 물을 채워요.
2. 바늘구멍이 한쪽을 향하도록 바늘을 한 줄로 놓아요.
3. 바늘 3개는 자석의 S극, 4개는 N극으로 두드려서 자기를 띠게 만들어요.
4. 코르크 위에서 아래로 바늘을 찔러 넣어요. 위에 바늘구멍이 조금만 남게 해요.
5. 바늘로 찌른 코르크를 물에 띄워요.
6. 그 위로 자석을 가져가서 바늘이 어떻게 움직이는지 지켜봐요.

! 바늘로 코르크를 찌를 때는 어른에게 부탁하세요.

💡 **방금 무슨 일이 일어났나요?** 자석의 S극으로 두드린 바늘은 N극을 띠고, N극으로 두드린 바늘은 S극을 띠어요. 자기를 띤 바늘은 같은 극끼리 밀어 내거나 다른 극끼리 붙기도 합니다. 자석의 다른 극끼리 서로 끌어당기는 힘을 '인력'이라고 합니다.

22. 자동차 경주

교과 단원 4학년 1학기 1단원 자석의 이용   핵심 개념 자기력   실험 시간 10분   난이도 ★★☆

준비물

하드보드지   장난감 자동차   연필   자석 2개   테이프

실험 방법

1. 하드보드지에 자동차 길을 그려요.
2. 장난감 자동차 바닥에 자석을 붙여요.
3. 다른 자석을 하드보드지 밑에 대고 자동차를 움직여 봐요.

> 💡 **방금 무슨 일이 일어났나요?** 자기력은 하드보드지를 통해서도 작용합니다. 그래서 자석으로 장난감 자동차를 움직일 수 있어요.

23. 자기력선의 신기한 모양

교과 단원 4학년 1학기 1단원 자석의 이용   핵심 개념 자기력선   실험 시간 5분   난이도 ★★☆

준비물

말굽자석   쇳가루   종이   찰흙

실험 방법

1. 찰흙 위에 말굽자석을 U자 모양으로 세워요.
2. 사진처럼 자석 위에 종이를 올려요.
3. 종이에 쇳가루를 뿌려요.
4. 쇳가루가 어떤 모양으로 모이는지 지켜봐요.

> 💡 **방금 무슨 일이 일어났나요?** 쇳가루는 자기력선을 따라 모여요. 자기력선은 자석이 끌어당기는 방향을 알려 주는 가상의 선입니다.

자석 / 소리 / 공작

귀를 기울여 보자! 신기한 소리 실험

소리는 물체가 떨려서 그 진동이 우리 귀에 들리는 것을 말해요. 소리는 파동의 모습으로 퍼져 나가고 물과 같은 액체, 공기와 같은 기체, 나무와 같은 고체를 통해 이동할 수 있어요. 따라서 공기가 없는 진공 상태의 우주에서는 아무리 큰 소리도 들리지 않지요. 우주 비행사들은 우주선 안에 있지 않을 때는 전파를 활용한 송수신기로 대화한답니다.

오리나 닭이 우는 소리를 내거나 피리, 기타, 가야금처럼 멋진 악기도 직접 만들 수 있어요. 소리의 성질을 이용한 재미난 실험을 해 볼까요?

24. 유리컵으로 연주해요

교과 단원 3학년 2학기 3단원 소리의 성질　**핵심 개념** 진동, 음파　**실험 시간** 5분　**난이도** ★★☆

준비물

유리컵 4개　연필　물

실험 방법

1. 유리컵을 일렬로 놓아요. 첫 번째 컵에는 물을 적게 채우고, 두 번째 컵에는 조금 더 넣고, 이렇게 물을 채워요. 마지막 컵에는 물이 제일 많아야 해요.
2. 물이 가장 적은 첫 번째 컵을 연필로 두드리며 소리를 들어요. 마지막 컵을 두드려요. 소리의 차이를 비교해 보세요.
3. 중간에 있는 컵의 소리는 어떨까요? 유리컵으로 멋진 노래를 연주해 보세요.

💡 **방금 무슨 일이 일어났나요?** 유리컵을 두드리면 작은 진동이 발생해요. 이 진동으로 물에 음파가 생기는데, 물이 많을수록 진동 속도가 느려지고 음이 낮아집니다.

25. 오리처럼 꽥꽥 소리가 나는 빨대

교과 단원 3학년 2학기 3단원 소리의 성질 **핵심 개념** 진동, 음파 **실험 시간** 5분 **난이도** ★☆☆

준비물

빨대

가위

실험 방법
1. 빨대 한쪽 끝을 납작하게 눌러요.
2. 누른 부분을 비스듬하게 잘라요.
3. 자른 부분을 입에 물고 불어요.
4. 오리가 울 듯이 꽥꽥 소리가 나요!

💡 **방금 무슨 일이 일어났나요?** 빨대를 불면 납작하게 접힌 부분에서 공기들이 매우 빠르게 진동합니다. 이 진동으로 소리가 나지요.

26. 이것이 진정한 빨대 피리!

교과 단원 3학년 2학기 3단원 소리의 성질 **핵심 개념** 진동, 진동수 **실험 시간** 10분 **난이도** ★☆☆

준비물

빨대

가위

실험 방법
1. 빨대 한쪽 끝을 납작하게 눌러요.
2. 누른 부분을 비스듬하게 잘라요.
3. 빨대 중간에 구멍 세 개를 비슷한 간격으로 뚫어요.
4. 자른 부분을 입에 물고 불어요.
5. 구멍을 하나씩 막으며 불어 봐요. 소리가 어떻게 다른지 비교해요.

💡 **방금 무슨 일이 일어났나요?** 빨대에 바람을 불어 넣으면 진동이 발생해요. 소리의 높낮이는 진동수(1초 동안 공기가 떨리는 횟수)에 따라 달라집니다. 구멍을 전부 막았을 때 가장 낮은 소리가 나고 아래부터 구멍을 하나씩 열 때마다 소리가 점점 높아집니다.

27. 이번에는 닭처럼 꼬꼬댁 소리가 나는 컵

교과 단원 3학년 2학기 3단원 소리의 성질　**핵심 개념** 진동　**실험 시간** 15분　**난이도** ★★☆

준비물

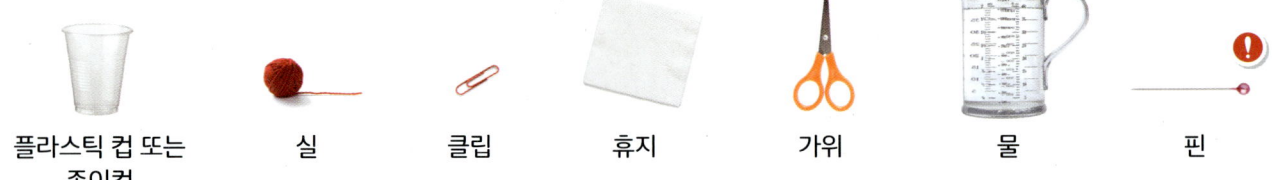

플라스틱 컵 또는 종이컵　실　클립　휴지　가위　물　핀

실험 방법

1. 컵 바닥의 가운데에 핀으로 구멍을 뚫어요.
2. 실 끝을 구멍 안으로 밀어 넣어요.
3. 컵 바닥 쪽 실에 클립을 묶어요.
4. 한 손으로 컵을 거꾸로 들어요.
5. 휴지를 물에 적신 후 접어서 클립을 감싸요.
6. 휴지로 클립을 꼭 잡은 다음 클립을 위로 빠르게 확 잡아당겨요.
7. 실이 움직이며 컵에서 소리가 나요. 마치 닭 우는 소리가 나지요!

우리 주변의 과학

메아리는 어떻게 나는 걸까요?

메아리는 울려 퍼지던 음파가 물체의 표면에 부딪혀 반사되면서 소리를 낸 사람에게 다시 되돌아가며 생겨요. 메아리 원리를 이용해 아주 깊은 바다의 깊이도 알아낼 수 있지요.

💡 **방금 무슨 일이 일어났나요?** 실을 확 잡아당기면 근처 공기가 빠르게 떨리면서 소리가 납니다. 컵 안에서 소리가 커지며 재미있는 소리가 난 거예요.

28. 폴짝! 폴짝! 소리에 맞추어 뛰는 쌀

교과 단원 3학년 2학기 3단원 소리의 성질　**핵심 개념** 파동　**실험 시간** 10분　**난이도** ★☆☆

준비물

쌀　　　그릇　　　프라이팬　　　숟가락　　　비닐 랩　　　고무줄

실험 방법

1. 그릇 위에 비닐 랩을 씌우고 랩이 팽팽하도록 고무줄로 고정해요.
2. 그 위에 쌀 몇 알을 뿌려요.
3. 그릇 가까이에서 큰 소리를 내요. 프라이팬을 숟가락으로 두드리거나 음악을 틀어도 좋아요.
4. 소리에 맞추어 쌀이 뛰는 모습을 볼 수 있어요!

💡 **방금 무슨 일이 일어났나요?** 소리는 파동으로 전달돼요. 파동은 공기를 통해 퍼지다가 비닐 랩에 부딪혀요. 이때 비닐이 진동하면서 쌀을 뛰게 하지요.

29. 삐익삐익 소리를 내는 셀로판지

교과 단원 3학년 2학기 3단원 소리의 성질　**핵심 개념** 진동, 진동수　**실험 시간** 5분　**난이도** ★☆☆

준비물

셀로판지

실험 방법

1. 셀로판지를 손으로 팽팽하게 잡고 입술에 가져다 대요.
2. 입술을 꽉 다문 채 셀로판지를 불어요.
3. 삐익 하고 높은 소리가 날 때까지 셀로판지 위치를 옮기며 불어 보세요.

💡 **방금 무슨 일이 일어났나요?** 입술에서 빠르게 나오는 공기로 셀로판지가 매우 빠르게 진동했어요. 진동수가 높을수록 높은음이 나오지요.

30. 숟가락 종소리

교과 단원 3학년 2학기 3단원 소리의 성질   핵심 개념 진동   실험 시간 5분   난이도 ★☆☆

준비물

 가위    실    쇠숟가락    식탁

실험 방법

1. 실을 양팔 길이로 자른 다음 가운데에 숟가락을 묶어요.
2. 실 한쪽 끝은 오른쪽 귀에, 반대쪽 끝은 왼쪽 귀에 가져다 대요.
3. 식탁에 다가가서 숟가락을 살살 흔들다가 부딪쳐 봐요.
   귀에서는 종소리처럼 크게 들려요.

💡 **방금 무슨 일이 일어났나요?** 숟가락으로 식탁을 치면 진동하기 시작해요. 이 진동이 실로 이동해서 곧바로 귀에 전달됐어요.

31. 병 안에서 소리가 사라지는 마술

교과 단원 3학년 2학기 3단원 소리의 성질   핵심 개념 매질, 진공   실험 시간 15분   난이도 ★★★

준비물

빨대   찰흙   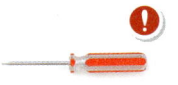 드라이버   유리병(뚜껑이 있는)    자명종 또는 스마트폰

실험 방법

1. 병뚜껑에 드라이버로 빨대가 들어갈 만큼 구멍을 뚫어요. 어른에게 부탁하세요.
2. 자명종이나 스마트폰의 소리를 켜 둔 채 병 안에 넣어요.
3. 병에 뚜껑을 꽉 닫아요. 뚜껑 구멍에 빨대를 넣고 그 주위를 찰흙으로 단단히 막아요.
4. 빨대로 병 안에 들어 있는 공기를 모두 마셔 밖으로 빼요. 숨을 잠시 쉬는 사이에도 빨대를 꽉 눌러 공기가 못 들어가게 해요.
5. 공기를 뺄수록 병 안에서 나는 소리가 서서히 사라질 거예요.

💡 **방금 무슨 일이 일어났나요?** 소리는 이동하려면 매질이 필요해요. '매질'이란 파동을 한곳에서 다른 곳으로 옮겨 주는 물체를 말해요. 공기가 없는 진공 상태에서는 소리가 나지 않지요. 병 속 공기를 모두 들이마셔 매질이 없기 때문에 소리가 들리지 않아요.

32. 유리병 오르간

교과 단원 3학년 2학기 3단원 소리의 성질   **핵심 개념** 진동, 압력   **실험 시간** 15분   **난이도** ★★☆

준비물

유리병 3개   물   젓가락

실험 방법

1. 유리병을 일렬로 놓아요.
2. 유리병에 물을 채워요. 첫 번째 병에는 물을 가장 적게 넣어요. 두 번째 병에는 조금 더 넣어요. 세 번째 병에는 가장 많이 넣어요. 유리병의 개수를 늘려도 좋아요.
3. 병 입구에 입술을 대고 숨을 불어 봐요. 병마다 다른 음이 나요.
4. 젓가락으로 병을 하나씩 톡톡 쳐서 소리를 내 보세요.

💡 **방금 무슨 일이 일어났나요?** 병 입구에 입술을 대고 강하게 숨을 불어 넣으면 병 안이 공기로 가득 차서 압력이 높아져요. 공기가 병 밖으로 밀려 나오고 다시 공기가 들어가는 과정이 반복되며 공기가 진동해 소리가 나요. 병에 물이 많을수록 더 높은음이 나요. 공기가 진동할 수 있는 공간이 줄면 더 빠르게 진동해 더 높은 음이 나는 거예요.

자석 / 소리 / 공작

33. 여보세요? 실 전화 놀이

교과 단원 3학년 2학기 3단원 소리의 성질 **핵심 개념** 진동, 음파 **실험 시간** 10분 **난이도** ★☆☆

준비물

실   깡통 또는 종이컵   가위   송곳

> ⚠ 깡통에 구멍을 뚫을 때 어른에게 부탁하세요. 깡통에 손이 베이지 않도록 주의하세요.

실험 방법

1. 실을 5m 이상 길게 잘라요.
2. 두 깡통 바닥에 송곳으로 작은 구멍을 뚫어요.
3. 깡통에 각각 실을 끼우고 깡통 안에 매듭을 묶어서 고정해요.
4. 친구에게 깡통 하나를 들고 실이 완전히 팽팽해지는 곳에 가서 서 있으라고 해요.
5. 깡통에 대고 말한 다음 친구가 들었는지 확인해 봐요.
6. 이번에는 친구 보고 말하라고 해요. 내 깡통에서 친구 목소리가 잘 들리는지 확인해요.

💡 **방금 무슨 일이 일어났나요?** 깡통에 대고 말하면 소리가 컵 바닥에서 실을 통해서 진동으로 전달되다가 친구가 들고 있는 컵에 다다르면 다시 음파가 되어 친구 귀에 내 목소리가 들려요.

34. 풍선에서 나는 이상한 소리

교과 단원 3학년 2학기 3단원 소리의 성질　**핵심 개념** 소리의 크기　**실험 시간** 5분　**난이도** ★☆☆

준비물

　동전　　　　풍선

실험 방법

1. 풍선에 동전을 넣고 불어요.
2. 동전이 안에서 회전하도록 풍선을 흔들어요.
3. 풍선 안에서 슝슝 신기한 소리가 나요!

💡 **방금 무슨 일이 일어났나요?** 동전의 가장자리가 풍선에 부딪쳐 소리가 나요. 이 진동이 풍선 안에 있는 공기로 퍼져서 소리가 커졌어요.

35. 자를 튕기면?

교과 단원 3학년 2학기 3단원 소리의 성질　**핵심 개념** 소리의 높낮이　**실험 시간** 5분　**난이도** ★☆☆

준비물

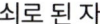

　쇠로 된 자　　　도마

실험 방법

1. 도마 위에 자를 올려요. 이때 자의 끝이 밖으로 튀어나오게 해요.
2. 사진처럼 도마 위의 자를 누른 채 튀어나온 자를 아래로 눌렀다가 놓아요.
3. 자가 진동하면서 소리를 내요.

💡 **방금 무슨 일이 일어났나요?** 모든 소리는 진동으로 생깁니다. 자가 움직이면 공기가 진동해서 소리가 생겨요. 진동이 빠를수록 음이 높고 진동이 느릴수록 음이 낮아지지요.

자석 / 소리 / 공작

36. 기타 만들기

교과 단원 3학년 2학기 3단원 소리의 성질　**핵심 개념** 소리의 크기　**실험 시간** 15분　**난이도** ★☆☆

준비물

긴 고무줄　　　　종이 상자

실험 방법

1. 상자 뚜껑을 열고 고무줄을 여러 개 걸쳐요.
2. 고무줄 하나를 살짝 잡았다가 놓아요. 소리를 듣고 기억해요.
3. 이번에는 고무줄을 조금 더 높이 당겼다가 놓아요. 소리의 차이를 느껴 보세요.

> 💡 **방금 무슨 일이 일어났나요?** 고무줄을 살짝 당겼다가 놓았을 때 짧은 거리만큼 진동해서 소리가 작게 났어요. 고무줄을 조금 더 높이 당겼다가 놓으니 거리(진폭)가 길어진 만큼 소리도 커졌어요.

37. 미니 가야금 만들기

교과 단원 3학년 2학기 3단원 소리의 성질　**핵심 개념** 진동수　**실험 시간** 30분　**난이도** ★★★

준비물

큰 성냥갑 또는 상자　고무줄　하드보드지　목공 풀　가위

실험 방법

1. 하드보드지를 직각 삼각형 모양으로 잘라요. 밑변의 길이는 성냥갑의 너비와 같아야 합니다.
2. 빗변에 홈 네 개를 일정한 간격으로 만들어요.
3. 성냥갑 위에 직각 삼각형을 세워서 붙여요.
4. 사진처럼 빗변의 홈에 고무줄을 걸쳐 놓아요.
5. 고무줄을 하나씩 튕겨요. 고무줄마다 다른 소리가 날 거예요.

> 💡 **방금 무슨 일이 일어났나요?** 다양한 소리는 다양한 진동으로 생깁니다. 높은 홈에 걸린 고무줄은 낮은 홈에 걸린 고무줄보다 더 가늘어진 상태예요. 고무줄이 가늘수록 진동수가 커져 더 높은 소리가 나지요.

38. 세상에서 제일 위험한 피아노

교과 단원 3학년 2학기 3단원 소리의 성질　　**핵심 개념** 매질　　**실험 시간** 30분　　**난이도** ★★★

준비물

나무판　　작은 나무토막　　못　　망치

❗ 못을 박을 때는 어른에게 부탁하세요.

실험 방법

1. 나무판에 못 여러 개를 박아요. 첫 번째 못은 가장 얕게 박고, 두 번째 못부터 조금씩 깊게 박아서 마지막 못은 가장 깊게 박도록 해요.
2. 나무토막에 못 하나를 박아요.
3. 나무토막의 못으로 나무판에 박힌 못을 두드려 연주해요.
4. 못을 더 깊게 박거나 뽑아서 음을 맞추어 보세요.

💡 **방금 무슨 일이 일어났나요?** 나무는 소리를 잘 전달하는 매질입니다. 못이 못을 두드리는 진동을 잘 전달하지요.

39. 윙윙 우는 자

교과 단원 3학년 2학기 3단원 소리의 성질　　**핵심 개념** 진동　　**실험 시간** 5분　　**난이도** ★☆☆

준비물

실　　끝에 구멍이 있는 자

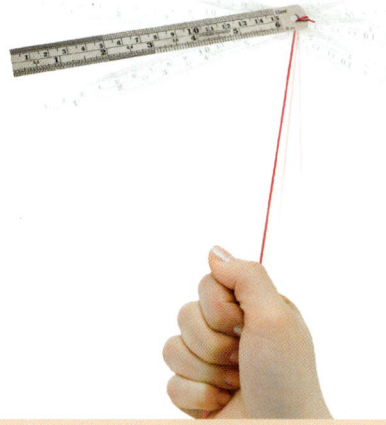

실험 방법

1. 자의 구멍에 실을 꽉 묶어요.
2. 실을 잡고 자를 빙빙 돌려요.
3. 윙윙거리는 소리를 들을 수 있어요.

💡 **방금 무슨 일이 일어났나요?** 자를 아주 빠르게 빙빙 돌리면, 자가 공기를 빠르게 가르며 진동을 만들어요. 채찍을 빠르게 휘둘렀을 때 매우 큰 소리가 나는 것과 같은 원리예요.

자석 / 소리 / 공작

40. 아이스크림 막대기로 하모니카를 만들어요!

교과 단원 3학년 2학기 3단원 소리의 성질 **핵심 개념** 진동 **실험 시간** 30분 **난이도** ★★☆

준비물

아이스크림 막대기

고무줄

테이프

크라프트지

실험 방법

1. 크라프트지를 막대기 크기로 잘라요. 15개를 만들어요.
2. 막대기 하나 위에 막대기와 같은 크기로 자른 크라프트지를 올려요.
3. 크라프트지 두 장을 겹쳐서 옆으로 돌돌 말은 다음 막대기 한쪽 끝에 끼워요. 반대쪽도 똑같이 끼워요.
4. 그 위에 막대기를 하나 더 얹은 다음, 양 끝을 고무줄로 감아요.
5. 고무줄로 꽉 감았을 때 두 막대기의 사이가 조금은 벌어져 있어야 해요.
6. 위쪽 막대기 위에 또 크라프트지를 한 장 올려요.
7. 또 크라프트지를 두 장씩 겹쳐서 돌돌 말은 다음 막대기 양쪽 끝에 끼워요.
8. 그 위에 막대기를 또 얹고, 고무줄로 감아요.
9. 이렇게 세 단을 만들어요. 하모니카를 완성했어요!
10. 하모니카를 입에 대고 불어 봐요.

우리 주변의 과학

우리 목소리는 어떻게 나오는 것일까요?

모든 소리의 기본은 진동입니다. 우리가 말을 할 때 횡격막이 폐에서 공기를 밀어 냅니다. 그러면 공기가 성대를 지나며 진동해서 소리가 나지요. 혀, 입술, 입천장은 소리가 만들어지도록 도와줘요.

💡 **방금 무슨 일이 일어났나요?** 막대기에 바람을 불면 막대기 사이의 종이가 흔들리면서 진동을 일으켜 소리가 납니다.

41. 춤추는 철사

교과 단원 3학년 2학기 3단원 소리의 성질   **핵심 개념** 공명   **실험 시간** 10분   **난이도** ★☆☆

준비물

와인 잔 2개   물   철사

실험 방법
1. 두 와인 잔에 물을 반 정도 부어요. 잔을 서로 가까이 놓아요.
2. 한쪽 잔 위에 철사를 걸쳐 놓아요.
3. 손가락에 물을 묻혀서 다른 잔의 테두리를 문질러요.
4. 다른 잔의 철사가 떨기 시작해요!

> 💡 **방금 무슨 일이 일어났나요?** 손가락으로 잔의 테두리를 문지르면 안에 든 물이 진동해요. 이 진동이 퍼져 나가 다른 잔의 물에 닿았을 때 그 물도 같은 주파수를 가지고 있기 때문에 진동하기 시작한 거예요. 이런 현상을 '공명'이라고 합니다.

42. 빙빙 돌리면 노래하는 단추

교과 단원 3학년 2학기 3단원 소리의 성질   **핵심 개념** 진동   **실험 시간** 10분   **난이도** ★☆☆

준비물

단추   실

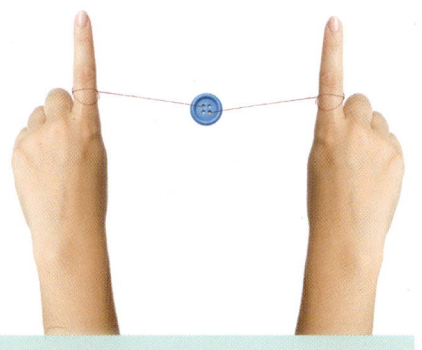

실험 방법
1. 단춧구멍 하나에 실을 끼우고 다른 구멍으로 다시 빼내요.
2. 실 한가운데에 단추가 오게 하고 실 양끝을 양쪽 검지손가락에 걸어요.
3. 실을 빙빙 돌리면서 팽팽히 잡아당겼다가 천천히 풀어요.

> 💡 **방금 무슨 일이 일어났나요?** 빙빙 도는 단추와 실이 주변 공기를 진동시켜서 소리를 냅니다.

자석 / 소리 / 공작

43. 우산 스피커

교과 단원 3학년 2학기 3단원 소리의 성질　**핵심 개념** 음파　**실험 시간** 30분　**난이도** ★★★

준비물

 테이프　 자명종 또는 스마트폰　 우산 2개　 단단한 지지대 2개 또는 우산꽂이 2개

실험 방법

1. 우산 두 개를 펼친 다음 손잡이가 서로 마주 보도록 놓아요. 우산을 2m 정도 떨어뜨려요.
2. 지지대를 활용해 우산 손잡이가 바닥과 평행하도록 고정해요.
3. 두 우산 사이에 자명종을 두고 알람 소리를 켜요.
4. 두 우산 사이와 우산 바깥의 소리 크기가 어떻게 다른지 비교해요.

💡 **방금 무슨 일이 일어났나요?** 시계 알람 소리의 음파가 양쪽 우산에 반사돼서 가운데로 돌아오며 소리가 커져요. 우산 바깥보다 우산 사이에서 소리가 더 크다는 사실을 알 수 있어요.

44. 청진기를 만들어요

교과 단원 3학년 2학기 3단원 소리의 성질　**핵심 개념** 음파　**실험 시간** 15분　**난이도** ★☆☆

준비물

 깔때기 2개　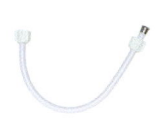 호스　 가위　 찰흙

실험 방법
1. 호스를 약 40cm 길이로 잘라요.
2. 호스 양쪽 끝에 깔때기를 연결하고 연결 부위에 찰흙을 붙여 고정해요.
3. 한쪽 깔때기는 가슴에, 다른 쪽 깔때기는 귀에 대요.

💡 **방금 무슨 일이 일어났나요?** 심장이 뛰는 소리가 들리나요? 호스를 통해 음파가 이동했고 깔때기 모양이 소리를 증폭시켰어요.

45. 빨대로 피리 불기

교과 단원 3학년 2학기 3단원 소리의 성질　**핵심 개념** 소리의 높낮이　**실험 시간** 10분　**난이도** ★☆☆

준비물

 얇은 빨대　 두꺼운 빨대　 가위

실험 방법
1. 얇은 빨대의 한쪽 끝을 납작하게 누른 후 비스듬하게 잘라요.
2. 반대쪽 끝을 두꺼운 빨대에 집어넣어요.
3. 자른 부분에 입을 대고 숨을 불어요.
4. 두꺼운 빨대의 길이를 조절하면서 불어 봐요. 소리가 달라져요!

💡 **방금 무슨 일이 일어났나요?** 납작해진 빨대 끝에서 공기가 진동해서 소리가 나요. 빨대가 짧으면 진동수가 많아져 고음이 나고, 빨대가 길어지면 진동수가 적어져 저음이 나요.

46. 악기 카주 만들기

교과 단원 3학년 2학기 3단원 소리의 성질   핵심 개념 진동   실험 시간 10분   난이도 ★☆☆

준비물
- 연필
- 고무줄
- 휴지
- 키친타월 심 또는 긴 통

실험 방법
1. 통 한쪽 입구를 휴지로 살살 감싸고 고무줄로 고정해요.
2. 휴지 가운데에 연필로 구멍을 뚫어요.
3. 통 반대쪽에 입술을 대고 흥얼거리면 재미있는 소리가 납니다.

💡 **방금 무슨 일이 일어났나요?** 통 입구에 대고 흥얼거리거나 말하면 반대쪽에 있는 휴지가 진동합니다. 이때 소리가 연필로 뚫은 작은 구멍으로 나오면서 날카롭고 거친 소리로 바뀌어 우리 귀에 더 큰 소리가 나는 것처럼 느껴져요.

47. 종이 실로폰 🚨

교과 단원 3학년 2학기 3단원 소리의 성질   핵심 개념 소리의 높낮이   실험 시간 30분   난이도 ★★★

준비물
- 실
- 원통 8개 또는 두꺼운 종이 8장
- 신발 상자
- 작은 망치
- 가위
- 송곳

실험 방법
1. 길이가 다른 원통 8개를 준비해요.
2. 가장 긴 통을 왼쪽에, 가장 짧은 통이 오른쪽에 오게 해요.
   그다음 통 옆면에 구멍을 두 개씩 내어 전체를 실로 연결해요.
3. 신발 상자 양끝에 송곳으로 구멍을 내어 연결한 통의 양쪽 실을 고정해요.
4. 작은 망치로 통을 두드리면서 다양한 소리를 내 봐요.

💡 **방금 무슨 일이 일어났나요?** 긴 통은 소리가 진동할 수 있는 공간이 더 많아서 짧은 통보다 더 깊고 낮은 소리가 납니다.

48. 호루라기 부는 깔때기

| 교과 단원 | 3학년 2학기 3단원 소리의 성질 | 핵심 개념 | 소리의 전달 | 실험 시간 | 5분 | 난이도 | ★☆☆ |

준비물

호루라기   실   깔때기

실험 방법

1. 호루라기 끝을 깔때기의 좁은 구멍에 넣어요.
2. 실의 한쪽 끝은 깔때기에 묶고, 다른 쪽은 호루라기에 묶어요.
3. 이것을 빙빙 돌리면 호루라기에서 소리가 날 거예요.

💡 **방금 무슨 일이 일어났나요?** 입으로 호루라기를 불면 소리가 나는 것처럼 공기가 깔때기에서 호루라기로 들어가서 소리가 납니다.

49. 물속 소리가 들리는 수중 청음기 만들기

| 교과 단원 | 3학년 2학기 3단원 소리의 성질 | 핵심 개념 | 음속, 밀도 | 실험 시간 | 15분 | 난이도 | ★★☆ |

준비물

가위   물   대야   작은 돌 2개   1.5L 페트병

실험 방법

1. 페트병 바닥을 잘라 내요.
2. 대야에 물을 채워요.
3. 페트병을 물에 넣어요.
4. 페트병 위쪽에 귀를 가져다 대요.
5. 물속에 돌을 넣고 돌끼리 서로 꽝꽝 부딪쳐 봐요.

💡 **방금 무슨 일이 일어났나요?** 소리는 밀도가 높은 물질에서 더 빠르게 이동해요. 물이 공기보다 밀도가 높지요. 그래서 소리는 물속에서 더 빠르고, 더 크게 들립니다.

자석 / 소리 / 공작

50. 초간단 확성기 만들기

교과 단원 3학년 2학기 3단원 소리의 성질   핵심 개념 소리의 크기   실험 시간 5분   난이도 ★☆☆

준비물

테이프   종이

실험 방법

1. 종이를 원뿔 모양으로 돌돌 말아요.
2. 가장자리에 테이프를 붙여서 고정해요.
3. 원뿔의 큰 구멍을 친구의 귀에 가져다 대고, 좁은 구멍에 대고 말해 보세요.
4. 이번에는 원뿔의 작은 구멍을 친구의 귀에 가져다 대고 말해 보세요. 어떤 차이가 있나요?

💡 **방금 무슨 일이 일어났나요?** 큰 구멍을 귀에 댈 때 소리가 더 커요. 원뿔 모양은 소리를 크게 만들어요. 벽에 부딪치는 소리들이 작은 구멍에서 모여 증폭되지요.

51. 딸랑딸랑 흔들어 봐요!

교과 단원 3학년 2학기 3단원 소리의 성질   핵심 개념 진동   실험 시간 30분   난이도 ★☆☆

준비물

클립   페트병   막대기 또는 나무젓가락   찰흙   송곳

실험 방법

1. 병뚜껑에 송곳으로 막대기가 들어갈 크기의 구멍을 뚫어요.
   페트병에 클립 여러 개를 넣고 뚜껑을 닫아요.
2. 뚜껑에 막대기를 넣고 찰흙으로 고정해요. 딸랑이를 완성했어요.
3. 딸랑이를 잡고 다양한 소리가 나도록 흔들어 봐요.

💡 **방금 무슨 일이 일어났나요?** 클립들이 페트병에 부딪치며 소리를 냅니다. 클립 대신 다른 물건을 넣어 보세요. 다른 소리가 날 거예요.

끈적끈적~ 미끌미끌~ 신나는 공작 실험

이번에는 보기만 해도 찝찝한 가짜 콧물, 가짜 토, 가짜 점액을 만들어 볼 거예요. 오렌지에 곰팡이도 피게 할 거예요. 용기가 있는 여러분이라면 할 수 있어요!

콧물과 슬라임 속에 어떤 과학 원리가 숨어 있는지 탐험해 봐요! 여러분의 손에서 멋진 결과물이 탄생할 거예요. 실험을 끝내면 주변을 깨끗하게 치워야 해요. 지저분한 실험들이 가득하거든요! 치우지 않으면 크게 혼날 수도 있으니까요! 자, 시작해 봐요.

52. 슬라임도 되고 탱탱볼도 된다!

교과 단원 3학년 2학기 1단원 물체와 물질   **핵심 개념** 탄성   **실험 시간** 12분   **난이도** ★★☆

준비물

냄비　　　물　　　목공 풀　　　붕사 1큰술　　　숟가락

실험 방법

1. 냄비 바닥을 풀로 채워요.
2. 같은 양의 물을 넣고 저어요.
3. 붕사를 넣고 저어요.
4. 젓다 보면 다 엉겨 붙어서 슬라임이 되지요!

💡 **방금 무슨 일이 일어났나요?** 풀과 붕사, 물을 섞으면 슬라임이 됩니다. 이때 슬라임은 고체와 액체의 성질을 모두 지니고 있지요. 물을 적게 넣으면 통통 튀는 탄성을 지닌 탱탱볼이 됩니다.

53. 쉽게 빠지는 모래 늪 만들기

교과 단원 3학년 2학기 1단원 물체와 물질   핵심 개념 고체, 마찰   실험 시간 20분   난이도 ★★☆

준비물

옥수숫가루 1컵   냄비   나무 숟가락   물   구슬이나 지우개

실험 방법

1. 냄비에 옥수숫가루를 넣고 물을 조금씩 더하며 계속 저어요.
2. 점도(끈끈한 정도)가 꿀처럼 될 때까지 저어요. 모래 늪을 만들었어요.
3. 천천히 저으면 액체처럼 느껴질 거예요. 하지만 빨리 저으려고 하면 고체처럼 단단해져요.
4. 구슬이나 지우개를 떨어뜨린 후 어떻게 빠지는지 지켜봐요!

우리 주변의 과학

늪 같은 유사

유사란 모래와 물 같은 물질들이 섞여 만들어진 것으로, 모래 아래에 물이 흐를 때 생겨요. 모래가 물에 흠뻑 젖어서 모래 사이의 마찰이 줄어들면 유사가 됩니다.

💡 **방금 무슨 일이 일어났나요?** 걸쭉한 혼합물을 빨리 저으면 고체처럼 굳습니다. 이때는 물건을 넣어도 빠르게 빠지지 않을 거예요. 반대로 천천히 저어 보세요. 가루 알갱이 사이에 더 많은 물이 들어가서 오히려 물건이 빠르게 빠질 거예요.

54. 쭉~ 늘어나는 가짜 콧물 만들기

교과 단원 3학년 2학기 1단원 물체와 물질　**핵심 개념** 젤라틴, 단백질　**실험 시간** 5분　**난이도** ★★☆

준비물

포크　내열 강화 유리컵　젤라틴 가루 3작은술　옥수수 시럽 $\frac{1}{4}$ 컵　뜨거운 물　식용 색소

실험 방법

1. 뜨거운 물로 반 컵 정도 채워요.
2. 젤라틴 가루 3작은술과 식용 색소를 넣어요. 부드러워지도록 포크로 저어요.
3. 옥수수 시럽을 넣어요.
4. 다시 저어요. 포크로 들어 올려 봐요. 콧물처럼 보이지 않나요?

💡 **방금 무슨 일이 일어났나요?** 콧물에는 당분과 단백질 성분이 들어 있어요. 옥수수 시럽과 젤라틴으로 가짜 콧물을 만들었지요. 가짜 콧물을 들어 올릴 때 안에 보이는 길고 가느다란 끈이 젤라틴 속 단백질이 얽혀 있는 것입니다.

55. 끈끈한 슬라임 만들기

교과 단원 3학년 2학기 1단원 물체와 물질　**핵심 개념** 전분　**실험 시간** 5분　**난이도** ★★☆

준비물

냄비　목공 풀 $\frac{1}{4}$ 컵　전분 물 $\frac{1}{4}$ 컵　식용 색소 6방울　물 $\frac{1}{4}$ 컵　숟가락

실험 방법

1. 냄비에 물을 부어요.
2. 풀을 넣고 잘 섞어요.
3. 식용 색소를 넣어요.
4. 마지막으로 전분 물을 넣고 저어요.
5. 슬라임 완성!

💡 **방금 무슨 일이 일어났나요?** 풀은 사실 아주 작은 가닥으로 이루어졌어요. 전분 물은 이런 가닥이 서로 엉겨 붙게 해 주어서 끈적거리는 느낌이 들어요.

56. 신문지로 화분 만들기

교과 단원 3학년 2학기 1단원 물체와 물질   핵심 개념 펄프   실험 시간 48시간   난이도 ★★☆

준비물

신문지 / 대야 또는 플라스틱 상자 / 체 / 감자 으깨는 도구 / 따뜻한 물 / 플라스틱 컵

실험 방법

1. 대야에 따뜻한 물을 반 정도 채워요. 신문지를 아주 잘게 찢어서 대야에 밤새 담가 두어요.
2. 물을 버리고 감자 으깨는 도구로 신문지를 짓이겨요.
3. 신문지가 흐물흐물해지면 체에 걸러요.
4. 물기를 짠 신문지(펄프)를 플라스틱 컵 옆면에 빈틈없이 잘 바른 후 창가에 두어서 말려요.
5. 이틀 후 신문지 컵을 떼어 내요.
6. 예쁘게 색칠해요. 종이 화분 완성!
   이제 화분에 식물을 키울 수 있어요!

💡 **방금 무슨 일이 일어났나요?** 펄프는 종이의 원료입니다. 펄프가 물을 흡수하면 모양을 쉽게 바꿀 수 있어요. 마른 후에는 모양을 유지합니다.

57. 우유로 만든 플라스틱

교과 단원 3학년 2학기 1단원 물체와 물질　**핵심 개념** 카세인, 산성　**실험 시간** 48시간　**난이도** ★★☆

준비물

식초 1큰술　　체　　따뜻한 우유　　쿠키 틀　　컵

❗ 먹지 마세요!

실험 방법

1. 따뜻한 우유 한 잔에 식초 1큰술을 넣고 잘 저어요.
2. 우유를 체에 거르면 하얀 고체 덩어리가 남아요.
3. 덩어리가 완전히 식을 때까지 기다려요. 원하는 모양의 틀로 누른 후 상온에 며칠 말려요.

💡 **방금 무슨 일이 일어났나요?** 이 실험으로 '카세인'이라고 하는 단백질을 만들었어요. 우유에 든 이 단백질은 식초의 산과 반응해서 덩어리가 되었어요. 이 덩어리는 만지는 대로 모양이 잡히지요.

58. 곰팡이 핀 오렌지

교과 단원 4학년 1학기 4단원 다양한 생물과 우리 생활　**핵심 개념** 곰팡이, 균류　**실험 시간** 14일　**난이도** ★☆☆

준비물

오렌지　　솜뭉치　　지퍼 백　　고무장갑

실험 방법

1. 오렌지를 하루 동안 상온에 두어요.
2. 다음 날 지퍼 백에 물에 적신 솜뭉치와 오렌지를 넣어요.
3. 밀봉한 후 따뜻하고 습한 곳에 두어요.
4. 14일 후에 지퍼 백을 확인해요.
5. 오렌지에 작은 솜털 뭉치가 보일 거예요.

❗ 곰팡이 핀 오렌지는 맨손으로 만지지 말아요. 꼭 장갑을 끼고 만지세요. 곰팡이를 먹거나 냄새 맡는 것도 위험해요.

💡 **방금 무슨 일이 일어났나요?** 오렌지에 핀 작은 솜털 뭉치는 곰팡이예요. 곰팡이는 따뜻하고 습기 있는 곳에서 더 빠르게 자라는 균류 중 하나입니다.

59. 빵에 핀 곰팡이

교과 단원 4학년 1학기 4단원 다양한 생물과 우리 생활　**핵심 개념** 곰팡이, 포자　**실험 시간** 48시간　**난이도** ★☆☆

준비물

빵　　지퍼 백　　빈 우유 팩　　물　　고무장갑

⚠ 곰팡이를 다룰 때는 주의하고, 냄새를 맡지 마세요.

실험 방법

1. 빵이 촉촉해지도록 물을 뿌려요.
2. 빵을 지퍼 백에 넣고 밀봉한 후 우유 팩에 담아요.
3. 이틀 후에 지퍼 백을 열면 초록색, 파란색 등 다양한 색깔과 질감의 곰팡이 포자가 보일 거예요. 빵을 만질 때는 고무장갑을 껴야 해요.

💡 **방금 무슨 일이 일어났나요?** 젖은 빵처럼 습도가 높은 환경에서 포자는 곰팡이가 됩니다.

60. 박테리아 키우기

교과 단원 4학년 1학기 4단원 다양한 생물과 우리 생활　**핵심 개념** 박테리아　**실험 시간** 3일　**난이도** ★★☆

준비물

페트리 접시 또는 둥근 접시　　젤라틴 가루　　면봉　　신문지

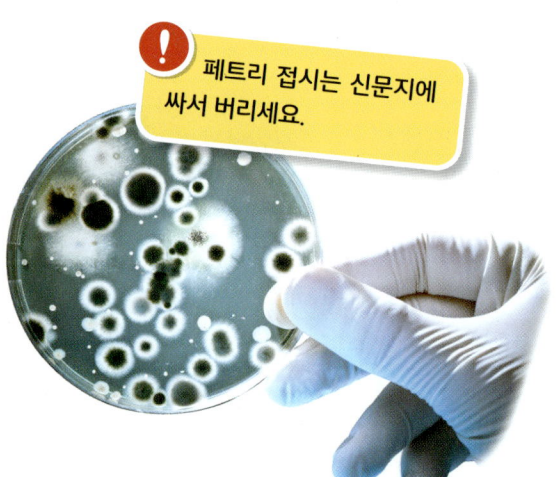

⚠ 페트리 접시는 신문지에 싸서 버리세요.

실험 방법

1. 페트리 접시에 물과 젤라틴 가루를 넣어 반죽을 만든 다음 굳혀요.
2. 집 안의 먼지를 면봉으로 긁어요.
3. 면봉을 굳은 젤라틴에 문지른 후 뚜껑을 덮어요.
4. 3일 동안 따뜻한 곳에 접시를 두어요.
5. 박테리아가 자랐는지 접시를 확인해요.

💡 **방금 무슨 일이 일어났나요?** 부드러운 표면에 온도와 습도까지 높은 환경이라면 박테리아가 성장하는 데 가장 알맞은 조건이에요. 박테리아가 생긴 접시는 확인 후 바로 버려야 해요.

61. 춤추는 끈끈이

교과 단원 3학년 2학기 3단원 소리의 성질   핵심 개념 진동   실험 시간 15분   난이도 ★★☆

준비물

스피커   옥수수 전분 2컵   오븐 팬   물감   물

실험 방법
1. 물에 옥수수 전분을 넣고 점도가 꿀처럼 될 때까지 섞어요.
2. 이 혼합물을 오븐 팬에 펴 발라요.
3. 그 위에 물감을 떨어뜨려요.
4. 스피커 위에 오븐 팬을 올려놓고 음악을 크게 틀어요.
5. 오븐 팬의 가장자리를 잡고 끈끈이가 춤추는 모습을 지켜봐요!

💡 **방금 무슨 일이 일어났나요?** 소리는 진동으로 발생해요. 스피커에서 나오는 진동으로 끈적거리는 끈끈이가 춤을 추었어요.

62. 밀가루로 풀 만들기

교과 단원 4학년 1학기 2단원 물의 상태 변화   핵심 개념 증발   실험 시간 20분   난이도 ★☆☆

준비물

밀가루 1컵   물 $\frac{1}{2}$컵   플라스틱 병   숟가락   신문지   붓

실험 방법
1. 밀가루와 물을 병에 넣고 섞어요.
2. 5분간 잘 저어요.
3. 붓으로 밀가루 풀을 신문지에 펴 바른 후 15분간 말려요.

💡 **방금 무슨 일이 일어났나요?** 밀가루와 물이 처음 섞였을 때는 끈적끈적하지만 이후 물이 증발하면서 밀가루가 종이에 딱 달라붙었어요.

63. 끈적끈적한 수제 장난감

교과 단원 3학년 2학기 1단원 물체와 물질 **핵심 개념** 액체, 고체 **실험 시간** 20분 **난이도** ★★☆

준비물

 목공 풀 1큰술    컵    냄비    물    숟가락    붕사 1작은술

실험 방법

1. 붕사와 물을 냄비에 넣고 섞어요. 녹을 때까지 저어요.
2. 다른 컵에 풀과 물을 섞어요.
3. 붕사 혼합물에서 2작은술을 떠서 풀과 물을 섞은 컵에 넣고 저어요.
4. 덩어리가 되면 꺼내서 2분간 손으로 주물러요.
5. 끈적끈적한 장난감을 갖고 재미있게 놀아 봐요.

💡 **방금 무슨 일이 일어났나요?** 붕사는 풀에 든 분자와 만나 결합력이 강해졌어요. 끈적거리는 덩어리는 길게 늘리면 고체처럼 단단해지지만, 뭉치면 액체 같아지죠.

64. 반짝반짝 빛나는 찐득이

교과 단원 3학년 2학기 1단원 물체와 물질 **핵심 개념** 흡수 **실험 시간** 5분 **난이도** ★★☆

준비물

 목공 풀 $\frac{1}{2}$컵    따뜻한 물    야광 물감    냄비, 거품기    붕사 1작은술

실험 방법

1. 따뜻한 물 1컵에 붕사를 섞어요.
2. 붕사 혼합물에 물감을 넣어요.
3. 냄비에 풀과 물을 담고 거품기로 휘저어요.
4. 냄비에 붕사 혼합물을 넣고 손으로 섞어요.
5. 남은 물을 버리고, 반짝반짝 빛나는 찐득이를 즐겨요.

💡 **방금 무슨 일이 일어났나요?** 풀과 붕사가 수용액에서 결합하면 반응이 일어나 많은 양의 물을 흡수해요. 야광 물감을 섞어서 어두운 곳에서 빛나는 찐득이를 만들었어요.

65. 나만의 탱탱볼 만들기

교과 단원 3학년 2학기 1단원 물체와 물질 **핵심 개념** 탄성 **실험 시간** 30분 **난이도** ★★★

준비물

목공 풀 1큰술 / 따뜻한 물 2큰술 / 붕사 $\frac{1}{2}$작은술 / 옥수수 전분 1큰술 / 식용 색소 / 숟가락 / 플라스틱 용기 2개

실험 방법

1. 용기에 물과 붕사를 부어요.
2. 식용 색소도 넣어요. 붕사가 녹을 때까지 숟가락으로 저어요.
3. 다른 용기에 방금 만든 붕사 혼합물 $\frac{1}{2}$작은술을 붓고 그 위에 풀과 옥수수 전분을 부어요.
4. 약 15분간 둔 다음에 저어요. 걸쭉해질 때까지 저어요.
5. 혼합물을 꺼내 단단해질 때까지 손으로 공 모양을 만들어요. 바닥에 통통 튕기며 갖고 놀 수 있어요.

💡 **방금 무슨 일이 일어났나요?** 붕사와 풀 사이에 반응이 일어나서 결합력이 강해졌어요. 옥수수 전분까지 섞어 탄성이 있는 탱탱볼을 만들었어요.

자석 / 소리 / 공작

66. 윽! 가짜 토를 만들어 보자

| 교과 단원 | 5학년 1학기 3단원 용해와 용액 | 핵심 개념 | 젤라틴, 용해 | 실험 시간 | 15분 | 난이도 | ★★★ |

준비물

사과 소스　건포도　오트밀　젤라틴 가루　프라이팬　숟가락　쟁반

실험 방법

1. 프라이팬에 젤라틴과 사과 소스를 넣고 약한 불로 완전히 녹을 때까지 섞어요.
2. 여기에 오트밀과 건포도를 넣고 저어요.
3. 불을 꺼요.
4. 쟁반에 넓게 펼친 뒤 식혀요.
5. 식은 다음 먹어요.

💡 **방금 무슨 일이 일어났나요?** 젤라틴이 열에 녹아 사과 소스와 잘 섞였어요. 사과 소스는 뜨거워지면 묽어져요. 오트밀과 건포도는 음식물처럼 우둘투둘한 질감을 주어 가짜 토처럼 보이게 해요.

67. 초록색 공 만들기

| 교과 단원 | 3학년 2학기 1단원 물체와 물질 | 핵심 개념 | 결합, 분자 | 실험 시간 | 30분 | 난이도 | ★☆☆ |

준비물

목공 풀　물　붕사 1큰술　초록색 식용 색소　지퍼 백　스티로폼 구슬

실험 방법

1. 물 반 컵에 붕사를 섞어요.
2. 풀과 물 $\frac{1}{4}$컵을 섞고 식용 색소를 첨가해요.
3. 두 용액을 지퍼 백에 붓되, 섞지 말아요.
4. 스티로폼 구슬을 넣어요.
5. 지퍼 백을 밀봉한 후 용액이 잘 섞일 때까지 손으로 주물러요.
6. 꺼내서 원하는 모양으로 만들어요.

💡 **방금 무슨 일이 일어났나요?** 풀과 붕사가 수용액에서 결합하면 하나의 커다란 분자를 만들어요. 스티로폼 구슬은 공이 모양을 유지하도록 해 주지요.

2장

우리를 둘러싸고 있는 모든 것! 중력, 공기, 빛, 압력 실험

우리를 둘러싸고 있지만 눈에 보이지 않는 놀라운 힘들이 있어요. 구멍이 나 있는 물컵이 아래로 떨어지면 구멍에서 물이 나올까요? 놀랍게도 떨어지는 동안에는 구멍에서 물이 새지 않아요! 중력의 힘 덕분이지요. 또 달걀이 스스로 병 안으로 쏙 빨려 들어가는 이유는 바로 공기 때문이래요! 힘을 눈으로 확인할 수 있는 신기한 실험들을 소개합니다.

빛이 물을 따라 흐르고, 물방울이 돋보기 역할을 하는 놀라운 마술을 직접 해 봐요. 대류 현상을 이용해 종이 뱀을 빙글빙글 돌려 보고, 스모그를 직접 만들어 보는 실험도 할 수 있어요. 우리 주변의 모든 것들이 어떻게 움직이는지, 그 숨겨진 원리를 살펴볼 시간이에요!

떨어지거나 거스르거나 중력 실험

과학자 뉴턴 하면 무엇이 먼저 떠오르나요? 바로 중력이에요. 뉴턴은 땅으로 떨어지는 사과를 보고 중력을 발견했지요. 다양한 실험을 통해 중력이라는 힘을 느껴 볼 거예요.
모세관 현상과 원심력처럼 중력을 거스르는 과정도 살펴볼 수 있어요. 직접 실험하며 눈에 보이지 않는 거대한 힘, 중력의 세계를 탐험해 봐요! 물로 하는 실험이 많으니 옷과 주변 물건이 젖지 않도록 주의하세요!

68. 중력을 거스르는 방법

교과 단원 5학년 2학기 2단원 날씨와 우리 생활　**핵심 개념** 기압　**실험 시간** 5분　**난이도** ★☆☆

준비물

 유리컵　 하드보드지　 물

실험 방법

1. 유리컵을 물로 가득 채워요.
2. 하드보드지로 유리컵을 덮어요. 유리컵에 공기가 들어가지 않게 꽉 덮습니다.
3. 하드보드지를 잡고 유리컵을 거꾸로 뒤집어요. 혹시 물이 샐 수 있으니 욕실에서 실험하는 것이 좋아요.
4. 이제 하드보드지에서 손을 떼 보세요. 하드보드지가 바닥으로 떨어지지 않고 중력을 거스른 채 그대로 있어요.

💡 **방금 무슨 일이 일어났나요?** 하드보드지로 유리컵에 공기가 들어가지 못하게 하자 컵과 하드보드지를 누르는 기압(공기의 압력)이 컵 안쪽 압력보다 더 커졌어요. 기압 차 덕분에 하드보드지가 그대로 있지요.

69. 마법의 물

교과 단원 6학년 1학기 3단원 식물의 구조와 기능 **핵심 개념** 모세관 현상 **실험 시간** 2시간 **난이도** ★☆☆

준비물

유리컵 3개 　 노란색 식용 색소 　 파란색 식용 색소 　 키친타월 　 물

실험 방법

1. 두 유리컵에 물을 채워요.
2. 한 컵에는 노란색 식용 색소를, 다른 컵에는 파란색 식용 색소를 넣어요.
3. 두 컵 사이에 빈 컵을 놓아요.
4. 키친타월을 꼬아서 사진처럼 세 유리컵에 담가요.
5. 가운데 빈 컵에 조금씩 초록색 물이 채워지는 것을 볼 수 있어요!

💡 **방금 무슨 일이 일어났나요?** 물은 모세관 현상 때문에 키친타월 섬유질 사이의 작은 틈으로 이동합니다. 노란색 물과 파란색 물이 빈 컵에서 섞여서 초록색 물이 되었어요.

70. 내 마음대로 꽃 색깔 바꾸기

교과 단원 6학년 1학기 3단원 식물의 구조와 기능 **핵심 개념** 모세관 현상 **실험 시간** 1일 **난이도** ★☆☆

준비물

빨간색 식용 색소, 파란색 식용 색소 　 흰 꽃 　 유리컵 2개 　 가위 　 물

실험 방법

1. 가위로 꽃의 줄기를 수직으로 길게 잘라요.
2. 두 유리컵에 물을 붓고 각각 다른 색깔의 식용 색소를 넣어요.
3. 줄기의 절반은 한 컵에, 나머지 절반은 다른 컵에 넣어요.
4. 몇 시간 후 꽃잎에서 두 가지 색이 보여요!

💡 **방금 무슨 일이 일어났나요?** 물은 식물의 줄기를 따라 잎과 꽃으로 이동해요. 모세관 현상 때문에 물이 이동하는 거예요.

71. 내 멋대로 오뚝이 인형

교과 단원 3학년 1학기 1단원 힘과 우리 생활   **핵심 개념** 무게 중심   **실험 시간** 30분   **난이도** ★★★

준비물

탱탱볼   칼   연필   종이   테이프   가위

실험 방법

1. 탱탱볼을 반으로 잘라요. 어른에게 부탁하세요.
2. 평평한 면이 위로 오도록 식탁 위에 놓아요.
3. 탱탱볼 둘레에 맞추어 종이를 돌돌 말아서 둥근 통을 만들어요.
4. 반으로 자른 공 위에 종이 통을 세워 테이프로 붙여요.
5. 툭 넘어뜨렸을 때 다시 똑바로 일어선다면 완성입니다.
6. 종이에 광대나 재미난 그림을 그려서 장난감으로 갖고 놀아요.

💡 **방금 무슨 일이 일어났나요?** 물체의 무게 중심은 물체의 평균 무게가 위치한 곳입니다. 무게 중심을 잘 잡으면 물체는 안정적으로 서 있을 수 있어요. 공을 반으로 자르면 무게 중심이 바닥과 가까운 아래쪽으로 이동해서 장난감을 어느 방향으로 넘어뜨려도 다시 똑바로 일어섭니다.

72. 검은색을 이루는 다양한 색소

교과 단원 6학년 1학기 3단원 식물의 구조와 기능   **핵심 개념** 모세관 현상, 크로마토그래피   **실험 시간** 2시간   **난이도** ★☆☆

준비물

압지   유리컵   테이프   아이스크림 막대기   검은색 수성펜   물

실험 방법

1. 압지를 가늘고 길게 두 장 잘라요. 압지 윗부분에 검은 선을 하나씩 그려요.
2. 압지를 아이스크림 막대기에 붙여요. 이때 검은 선이 막대기 쪽에 있어야 해요.
3. 막대기를 유리컵에 걸쳐요.
4. 압지 밑에만 물이 닿도록 유리컵에 물을 부어요.
5. 물이 검은 선까지 닿으면 꺼내서 말려요.
6. 검은색을 이루는 색소들이 분리되었어요.

우리 주변의 과학

크로마토그래피(색층 분석법)

크로마토그래피는 과학자가 혼합물의 다양한 구성 요소를 분리할 때 쓰는 과정입니다. 과학자가 혼합물을 분리할 때는 더 복잡한 기구를 쓰고 여러 단계를 거치긴 하지만 방금 한 실험이 크로마토그래피의 기본 형태입니다.

💡 **방금 무슨 일이 일어났나요?** 물이 모세관 현상을 통해 중력의 힘을 거슬러 종이 위쪽으로 이동했습니다. 종이 속 관 때문이지요. 물이 검은 선을 지나가는 동안 검은색을 이루는 색소들이 분리되었어요. 색소마다 움직이는 속도, 즉 종이를 올라가는 속도가 다르기 때문이에요.

73. 귀여운 낙하산 장난감 만들기

교과 단원 3학년 1학기 1단원 힘과 우리 생활　**핵심 개념** 공기 저항　**실험 시간** 30분　**난이도** ★☆☆

준비물

가위　　끈　　작은 장난감　　비닐봉지　　연필

실험 방법

1. 비닐봉지를 뿔이 여덟 개인 별 모양으로 잘라요.
2. 뿔 쪽에 연필로 작은 구멍을 각각 뚫어요.
3. 길이가 같은 여덟 개의 끈을 구멍에다 하나씩 묶어요.
4. 장난감에도 끈을 모두 묶어요. 공중에서 장난감을 천천히 떨어뜨려요.

💡 **방금 무슨 일이 일어났나요?** 장난감을 떨어뜨리면 낙하산이 넓게 펼쳐져요. 펼쳐진 비닐은 공기 저항이 생겨 떨어지는 속도가 느립니다.

74. 동전 다이빙

교과 단원 3학년 1학기 1단원 힘과 우리 생활　**핵심 개념** 관성, 중력　**실험 시간** 15분　**난이도** ★★☆

준비물

동전　두꺼운 종이　필름 통　연필　가위　테이프　물

실험 방법

1. 두꺼운 종이를 길게 자른 뒤 양쪽 끝을 붙여 고리로 만들고 테이프로 고정해요.
2. 필름 통에 물을 조금 부어요. 필름 통에 고리를 올려놓고 그 위에 균형을 맞추어 동전을 올려요.
3. 연필로 고리를 빠르게 툭 쳐요.
4. 동전이 고리를 따라가지 않고 필름 통으로 퐁당 떨어질 거예요.

💡 **방금 무슨 일이 일어났나요?** 빠르게 고리를 치우면, 동전은 아주 잠깐 동안 있던 자리에서 멈추게 됩니다. 멈추어 있던 물체가 계속 멈추어 있으려고 하는 성질인 관성 때문이에요. 하지만 곧 중력 때문에 동전은 필름 통으로 퐁당 떨어지지요.

75. 색깔이 변하는 카네이션

_{교과 단원} 6학년 1학기 3단원 식물의 구조와 기능   _{핵심 개념} 모세관 현상   _{실험 시간} 48시간   _{난이도} ★★☆

준비물

흰색 카네이션 3송이 | 식용 색소 3종 | 가위 | 물 | 컵 3개

실험 방법
1. 컵마다 물을 채워요. 컵에 각각 색깔이 다른 식용 색소를 넣어요.
2. 꽃의 줄기 끝을 비스듬히 잘라서 컵에 하나씩 넣어요.
3. 이틀 안에 꽃의 색깔이 변할 거예요.

> 💡 **방금 무슨 일이 일어났나요?** 컵 안의 줄기가 모세관 현상으로 색소 물을 빨아들여서 꽃이 여러 색으로 물들었어요.

76. 돌려도 쏟아지지 않는 물

_{교과 단원} 3학년 1학기 1단원 힘과 우리 생활   _{핵심 개념} 원심력   _{실험 시간} 5분   _{난이도} ★☆☆

준비물

물 | 양동이

❗ 물을 흘려도 되는 욕실에서 실험해요.

실험 방법
1. 양동이의 절반을 물로 채워요.
2. 양동이 손잡이를 잡고 위아래로 원을 그리며 빙빙 돌려요.
3. 양동이를 빠르게 돌리면 양동이가 위에 있을 때도 물이 아래로 쏟아지지 않아요.

> 💡 **방금 무슨 일이 일어났나요?** 양동이를 원을 그리며 돌리는 동안 물은 원의 중심에서 멀어지려고 합니다. 이 힘을 '원심력'이라고 합니다.

중력 / 공기 / 빛 / 압력

77. 그네의 신기한 비밀

교과 단원 3학년 1학기 1단원 힘과 우리 생활   핵심 개념 중력, 관성   실험 시간 5분   난이도 ★☆☆

준비물

타이머

그네

실험 방법

1. 그네를 탄 채 뒤로 두세 걸음 뒤로 가요. 발 앞의 땅에 표시합니다.
2. 그 자리에서 발을 떼요. 그네가 자연스레 움직일 거예요. 그네가 10초 동안 몇 번이나 왔다 갔다 하는지 세어요.
3. 이제 친구에게 그네에 앉아 보라고 해요.
4. 땅에 표시한 위치로 그네를 당겨요.
5. 다시 손을 놓고 그네가 몇 번이나 왔다 갔다 하는지 세어요.
   누가 그네를 타든 그네가 움직인 횟수는 똑같아요.

우리 주변의 과학

흔들리는 진자

진자는 흔들리는 추를 말합니다. 진자를 움직이는 기본적인 힘은 중력이에요. 물론 시계추는 계속 똑딱거리기 위해 복잡한 장치를 쓰지요.

💡 **방금 무슨 일이 일어났나요?** 그네는 지구가 물체를 잡아당기는 힘인 중력과 관성으로 움직여요. 그네가 움직인 횟수는 무게가 달라져도 변하지 않지요. 관성은 움직이는 물체가 계속 움직이려는 성질이에요.

78. 양초 시소 🚨

교과 단원 3학년 1학기 1단원 힘과 우리 생활   **핵심 개념** 무게 중심, 균형   **실험 시간** 15분   **난이도** ★★☆

준비물

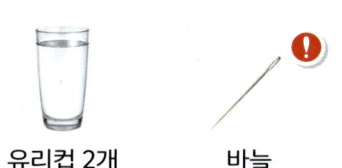
유리컵 2개   바늘   양초    칼

실험 방법

1. 양초의 아래쪽을 비스듬히 잘라서 심지가 보이게 합니다.
   칼로 양초를 자를 때는 어른에게 부탁하세요.
2. 양초 한가운데에 긴 바늘을 찔러 넣어요.
3. 바늘 양쪽을 두 유리컵에 걸쳐 균형을 잡아요.
4. 양초의 양쪽 심지에 불을 붙이고 양초가 어떻게 움직이는지 지켜보세요.

> 💡 **방금 무슨 일이 일어났나요?** 양초의 한쪽 끝에서 촛농이 떨어지면 가벼워져서 끝이 위로 올라갑니다. 또 다른 쪽에서 촛농이 떨어지면 그쪽이 올라가지요. 양초는 다 탈 때까지 왔다 갔다 시소처럼 움직입니다.

79. 빗자루 똑바로 세우기

교과 단원 3학년 1학기 1단원 힘과 우리 생활   **핵심 개념** 무게 중심, 균형   **실험 시간** 30분   **난이도** ★★★

준비물

긴 빗자루 또는 청소 솔

실험 방법

1. 미끌미끌하고 단단한 바닥을 찾아요. 빗자루의 솔이 아래를 향하도록 바닥에 빗자루를 놓아요.
2. 빗자루가 똑바로 설 때까지 손잡이를 앞뒤로 조금씩 밀어서 계속 맞추어요.

> 💡 **방금 무슨 일이 일어났나요?** 손잡이를 조금 조절하면 무게 중심이 움직여서 빗자루가 지지대 없이도 균형 잡을 수 있습니다.

중력 / 공기 / 빛 / 압력

80. 손 안 대고 병에 공 넣기

교과 단원 3학년 1학기 1단원 힘과 우리 생활   핵심 개념 구심력, 중력   실험 시간 5분   난이도 ★★☆

준비물

작은 고무공   유리병   식탁

실험 방법

1. 식탁 위에 공을 놓고 그 위로 유리병을 뒤집어 엎어요.
2. 유리병을 돌려요. 안에 든 공도 같이 빙빙 돌려 줍니다.
3. 속도를 천천히 높이다가 공이 유리병 안에서 잘 돌고 있다면 그때 유리병을 식탁에서 들어 올려요.
4. 공도 유리병 안에서 돌고 있어요.

💡 **방금 무슨 일이 일어났나요?** 공은 구심력이란 힘 때문에 유리병 안에서 계속 돌 수 있습니다. 중력이 작용하더라도 구심력이 더 강하므로 공이 계속 빙빙 돌아요.

81. 집에서 쉽게 만드는 반중력 장치

교과 단원 3학년 1학기 1단원 힘과 우리 생활   핵심 개념 무게 중심, 반중력   실험 시간 30분   난이도 ★★☆

준비물

테이프   30cm 자 2개   크기가 같은 깔때기 2개   책 여러 권

실험 방법

1. 테이프로 깔때기 두 개의 넓은 입구를 맞대어 붙여요. 깔때기 바퀴 완성! 책과 자는 사진처럼 놓아요.
2. 낮은 쪽에 깔때기 바퀴를 놓아요. 깔때기가 높은 곳으로 굴러가는 모습을 지켜봐요!

💡 **방금 무슨 일이 일어났나요?** 깔때기 바퀴가 무게 중심이 낮아지는 곳을 향해 움직이는 원리를 보여 주는 실험이에요. 낮은 곳에서 깔때기 바퀴는 무게 중심이 높아요. 물체는 무게 중심이 낮은 곳에 있어야 안정적이기 때문에 깔때기 바퀴는 높은 곳을 향해 올라간답니다.

82. 세상에서 제일 어려운 균형 잡기

교과 단원 3학년 1학기 1단원 힘과 우리 생활　**핵심 개념** 무게 중심, 균형　**실험 시간** 30분　**난이도** ★★★

준비물
포크 2개　코르크　연필　바늘

> ⚠ 포크나 바늘에 찔리지 않게 조심해요.

실험 방법
1. 포크 두 개로 코르크 양쪽을 찔러요.
2. 코르크 위에는 바늘을 꽂아 통과시켜요. 어른에게 부탁하세요.
3. 바늘을 뾰족한 연필 위에 올려놓고 균형을 잡아요.
4. 조금씩 맞추다 보면 균형이 잡힐 거예요.

💡 **방금 무슨 일이 일어났나요?** 포크를 움직이면 무게 중심이 이동해 균형을 잡을 수 있어요.

83. 중력을 거스르는 물

교과 단원 4학년 1학기 2단원 물의 상태 변화　**핵심 개념** 표면 장력　**실험 시간** 5분　**난이도** ★★☆

준비물
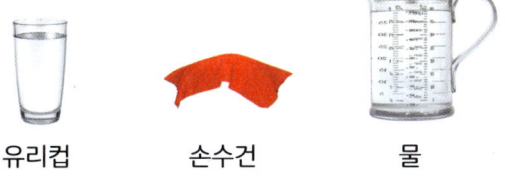
유리컵　손수건　물

실험 방법
1. 유리컵 위에 물에 적신 손수건을 올려요.
2. 손수건 가운데에 물을 부어서 유리컵의 $\frac{3}{4}$을 채워요.
3. 유리컵 위의 손수건을 쫙 펴요.
4. 손수건을 잘 잡고 뒤집어요.
5. 손수건에서 손을 떼더라도 물이 쏟아지지 않고 그대로 있을 거예요.

💡 **방금 무슨 일이 일어났나요?** 손수건을 적셔 컵에 밀착시켰고 손수건을 쫙 펴서 물에 표면 장력이 생겼습니다. 표면 장력이란 액체의 표면이 가능한 한 작은 면적에 있으려고 하는 힘이에요.

중력 / 공기 / 빛 / 압력

84. 흔들흔들 포크 회전 그네

|교과 단원| 3학년 1학기 1단원 힘과 우리 생활　|핵심 개념| 무게 중심, 균형　|실험 시간| 30분　|난이도| ★★★

준비물

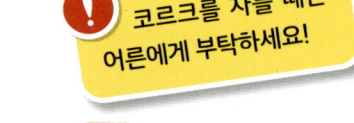

코르크 3개　　병　　알루미늄 접시　　포크 4개　　칼

⚠️ 코르크를 자를 때는 어른에게 부탁하세요!

실험 방법

1. 코르크 두 개를 반으로 자른 후, 자른 면에 포크를 살짝 비스듬하게 찔러요.
2. 병 입구에 코르크를 끼워요.
3. 접시 가장자리에 자른 코르크를 올려요.
4. 코르크 위에 접시를 올릴 거예요. 균형을 잘 잡아 보세요.

💡 **방금 무슨 일이 일어났나요?** 평평하지 않고 울퉁불퉁하거나 불규칙한 모양 위에서 어떤 물체의 균형을 완벽하게 잡았다면 그 물체의 무게 중심을 찾은 거예요.

85. 물을 정수하는 신기한 방법

|교과 단원| 3학년 1학기 1단원 힘과 우리 생활　|핵심 개념| 모세관 현상　|실험 시간| 2시간　|난이도| ★☆☆

준비물

털실　　냄비 2개　　흙탕물　　두꺼운 책 여러 권

실험 방법

1. 식탁 위에 책을 세네 권 쌓아 두고 그 위에 흙탕물이 담긴 냄비를 올려놓아요.
2. 책의 옆에는 빈 냄비를 두어요.
3. 털실을 풀어서 한쪽 끝은 흙탕물에 담그고, 다른 쪽 끝은 빈 냄비에 넣어요.
4. 몇 시간 후 빈 냄비에 깨끗한 물이 모여 있어요.

💡 **방금 무슨 일이 일어났나요?** 실이 모세관 현상으로 물을 옮겼어요. 이때 실은 물만 흡수하기 때문에 물속 찌꺼기는 남아 있어요.

86. 오뚝이 달걀 1

교과 단원 3학년 1학기 1단원 힘과 우리 생활   핵심 개념 무게 중심   실험 시간 30분   난이도 ★★☆

준비물

 소금    날달걀    핀    목공 풀

실험 방법

1. 핀으로 달걀 위쪽에 구멍을 뚫어요.
2. 아래쪽은 껍데기를 깨뜨려서 구멍을 내요.
3. 위쪽 구멍에 입을 대고 바람을 불어 아래쪽 구멍으로 흰자만 나오게 해요.
4. 위쪽 구멍에 풀을 붙여서 막아요.
5. 아래쪽 구멍에 소금을 넣고 풀로 막아요.
6. 풀이 다 마르면, 달걀을 아무렇게나 굴려 봐요. 오뚝이처럼 다시 일어설 거예요.

💡 **방금 무슨 일이 일어났나요?** 흰자가 빠지고 노른자만 남은 계란 안에 소금을 넣었어요. 노른자와 소금이 아래로 모여서 무게 중심이 아래쪽으로 이동했어요. 그래서 오뚝이처럼 다시 일어서지요.

87. 우산 잡기 놀이

교과 단원 3학년 1학기 1단원 힘과 우리 생활   핵심 개념 중력   실험 시간 15분   난이도 ★☆☆

준비물

우산 여러 개

실험 방법

1. 여러 명이 동그랗게 둘러선 다음, 술래가 가운데에 서서 긴 우산을 바닥에 세운 채 잡고 있어요.
2. 다음 술래의 이름을 외친 다음 우산을 놓고 그 술래의 자리로 가요.
   이때 이름을 불린 술래는 우산이 바닥에 쓰러지기 전에 빠르게 잡아야 해요.
3. 우산이 바닥에 닿으면 탈락이에요. 한 사람이 남을 때까지 계속해 봐요.

💡 **방금 무슨 일이 일어났나요?** 우산을 놓는 순간 중력 때문에 바닥으로 빠르게 떨어져요. 빠른 시간 안에 누가 재빨리 잡아야 하지요.

88. 무게 중심을 찾으려면

교과 단원 3학년 1학기 1단원 힘과 우리 생활　**핵심 개념** 마찰력, 무게 중심　**실험 시간** 5분　**난이도** ★☆☆

준비물

30cm 자

실험 방법

1. 양손을 앞으로 뻗고 그 위에 자를 올려요.
2. 이제 천천히 양손을 가운데로 조금씩 움직여요. 움직이면서 균형을 잡아요.
3. 양손이 만나는 곳이 자의 무게 중심입니다.

💡 **방금 무슨 일이 일어났나요?** 손과 자 사이의 마찰력 덕분에 정확한 중심을 찾을 수 있습니다.

89. 구멍에서 물이 안 새는 이유는?

교과 단원 3학년 1학기 1단원 힘과 우리 생활　**핵심 개념** 중력　**실험 시간** 10분　**난이도** ★☆☆

준비물

종이컵　　뾰족한 연필　　물

실험 방법

1. 연필로 컵 옆면의 아래쪽에 구멍을 뚫어요.
2. 엄지손가락으로 구멍을 막고 컵에 물을 채워요.
3. 구멍에서 손을 떼면 물이 새어 나와요.
4. 컵을 떨어뜨려 보세요. 컵이 떨어지는 동안에는 구멍에서 물이 새어 나오지 않아요.

💡 **방금 무슨 일이 일어났나요?** 중력이 컵과 물을 지구 중심으로 잡아당기기 때문에 구멍이 뚫려 있으면 물이 아래로 새게 됩니다. 하지만 컵을 떨어뜨리는 동안에는 중력이 같은 속도로 컵과 물을 잡아당기기 때문에 물이 구멍으로 새어 나오지 않아요.

90. 오뚝이 달걀 2

교과 단원 3학년 1학기 1단원 힘과 우리 생활   핵심 개념 무게 중심, 균형   실험 시간 15분   난이도 ★★★

준비물

날달걀   쇳가루   핀   목공 풀

실험 방법

1. 핀으로 달걀 위쪽에 작은 구멍을 뚫어요.
2. 아래쪽에 조금 더 큰 구멍을 만들어요.
3. 위쪽 구멍에 숨을 불어 넣어서 달걀 안을 비워요.
4. 달걀을 말려요.
5. 위쪽 구멍을 풀로 막아요.
6. 아래쪽 구멍으로 쇳가루를 넣어요.
7. 구멍 위에 풀을 뿌리고 말려요.
8. 풀이 다 마르면 달걀을 어떻게 움직여도 똑바로 섭니다!

💡 **방금 무슨 일이 일어났나요?** 달걀 안에 쇳가루를 넣었더니 쇳가루가 모인 아래쪽으로 무게 중심이 이동했어요. 그래서 달걀이 오뚝이처럼 서지요.

91. 정말 어려운 손끝으로 균형 잡기

교과 단원 3학년 1학기 1단원 힘과 우리 생활   핵심 개념 무게 중심, 균형   실험 시간 30분   난이도 ★★★

준비물

 종이 또는 키친타월    머그컵    버터나이프 등 날카롭지 않은 칼 2개

실험 방법
1. 머그컵 손잡이에 칼 두 개를 끼워요.
2. 손잡이에 칼이 고정되도록 종이 또는 키친타월을 말아서 넣어요.
3. 그다음 컵 밑에 손가락 끝으로 균형을 잡아요.

💡 **방금 무슨 일이 일어났나요?** 칼이 무게 중심을 아래쪽으로 옮겨서 균형을 쉽게 잡을 수 있어요.

92. 중력을 확인하는 아주 무서운 방법

교과 단원 3학년 1학기 1단원 힘과 우리 생활   핵심 개념 중력   실험 시간 30분   난이도 ★★★

준비물

 배    칼    도마    컵    실    물   가위   테이프

실험 방법
1. 실로 배를 묶어요.
2. 컵에 물을 채운 다음 배 아래쪽을 담가 물에 적셔요.
3. 배에서 물방울이 떨어지는 곳에 큰 도마를 두어요.
4. 물방울이 떨어진 곳에 칼의 칼날이 위를 향하도록 놓고 테이프로 고정해요. 어른에게 부탁하세요.
5. 이제 배의 위쪽 실을 잘라요. 배가 아래로 떨어져 칼에 잘릴 거예요.

💡 **방금 무슨 일이 일어났나요?** 중력은 배가 아래로 떨어지게 합니다. 실을 자르자 중력 때문에 배가 뚝 떨어져서 칼에 숭덩 잘렸어요.

93. 물방울 슬라이드 만들기

교과 단원 3학년 1학기 1단원 힘과 우리 생활   핵심 개념 중력, 속도   실험 시간 20분   난이도 ★★★

준비물

플라스틱 시트 또는 L자 파일

크기가 다른 책 3권

물

접시

스포이트

실험 방법
1. 책 세 권을 사진처럼 세워 놓아요.
2. 그 위에 플라스틱 시트 또는 L자 파일을 잘라서 붙인 다음 길게 연결해요. 플라스틱 시트를 책 위에 올리고 끝에 접시를 놓아두어요.
3. 가장 높은 책 위에서 스포이트로 물방울을 한 방울씩 떨어뜨려요.
4. 물방울은 첫 번째 경사를 내려가서 두 번째 경사를 올라갈 거예요. 접시에 떨어질 때까지 물방울을 떨어뜨려요.

💡 **방금 무슨 일이 일어났나요?** 물방울은 중력 때문에 경사면을 내려가요. 내려가면서 얻은 속도가 다음 경사면을 올라가게 만든 거예요.

94. 바닥까지 경주하기

교과 단원 3학년 1학기 1단원 힘과 우리 생활   핵심 개념 중력, 공기 저항   실험 시간 5분   난이도 ★☆☆

준비물

병뚜껑, 동전
(무게가 다른 물건 2개)

의자

실험 방법
1. 의자 위에 올라가요.
2. 동시에 두 물건을 떨어뜨려요.
3. 어느 것이 먼저 바닥에 떨어지는지 확인해 봐요.

💡 **방금 무슨 일이 일어났나요?** 두 개가 동시에 도착했어요! 동전이 무거워서 먼저 떨어질 거라 예상했겠지만, 아니에요. 깃털과 무거운 공을 동시에 같은 높이에서 떨어뜨렸을 때는 무게 차이가 아닌 공기 저항 때문에 깃털이 땅에 늦게 떨어지는 거랍니다.

눈으로 보고도 믿기지 않는 재미있는 공기 실험

공기는 주위에 있지만 우리는 공기를 보지도 못하고 듣거나 느끼지도 못해요. 하지만 숨을 잠깐 쉬지 않고 참아 보면 공기가 있다는 것을 확실히 알 수 있지요!

이번 실험에서는 다양한 공기의 성질을 다루어요. 공기를 이용해 종이를 움직이고, 입을 대지 않고 풍선을 부는 독특한 방법도 배우게 될 거예요! 부풀고 움직이고 떠오르는 신기한 공기의 세계로 떠나 봅시다.

95. 놀라운 고리 글라이더

교과 단원 3학년 1학기 1단원 힘과 우리 생활　**핵심 개념** 무게 중심, 양력　**실험 시간** 15분　**난이도** ★☆☆

준비물

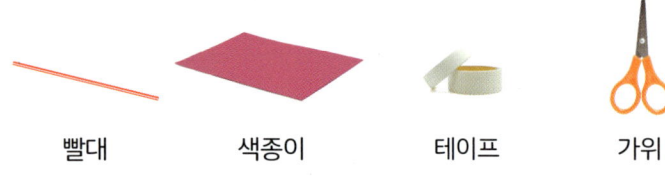

빨대　색종이　테이프　가위

실험 방법

1. 색종이를 3cm 두께로 한 줄 잘라요.
2. 이번에는 6cm 두께로 한 줄 잘라요.
3. 각각 양끝을 붙여 큰 고리와 작은 고리를 만들어요.
4. 빨대 양쪽 끝에 고리 두 개를 테이프로 붙여요.
5. 작은 고리를 앞에 두고 빨대를 잡고 날려요!

💡 **방금 무슨 일이 일어났나요?** 앞쪽 작은 고리가 무게 중심을 잡아 앞으로 나아가게 해요. 큰 고리도 균형을 잡아요. 공기가 두 고리를 통과하며 위로 뜨게 하는 힘인 '양력'이 생겨 고리 글라이더가 날 수 있어요.

96. 거품 속에 거품 만들기

교과 단원 4학년 1학기 2단원 물의 상태 변화   핵심 개념 표면 장력   실험 시간 15분   난이도 ★☆☆

준비물

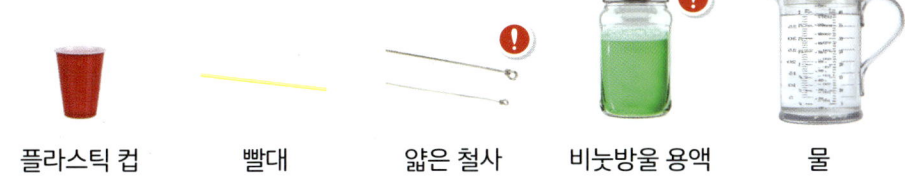

플라스틱 컵   빨대   얇은 철사   비눗방울 용액   물

실험 방법

1. 컵을 뒤집어 그 위에 비눗방울 용액을 부어요.
2. 비눗방울 용액이 없으면, 비눗물을 활용해도 좋아요.
3. 철사를 둥글게 만 다음에 비눗방울 용액에 담가요. 철사를 움직여서 큰 비눗방울을 만들어요.
4. 빨대도 비눗방울 용액에 담가요.
5. 큰 비눗방울 안으로 빨대를 밀어 넣고 불어요. 거품 속에 거품이 생겼어요!

우리 주변의 과학

거품은 어떻게 생기나요?

거품은 기체(공기)로 채워진 방울입니다. 빨대를 비눗방울 용액에 묻혀 공기를 불어 넣으면, 얇은 비누 막이 공기를 가두어서 비누 거품이 만들어져요.

💡 **방금 무슨 일이 일어났나요?** 거품은 액체 안에 갇힌 기체가 부푼 것이에요. 거품은 건조한 표면에 닿으면 터지는데, 물 또는 용액에 적신 빨대는 방울을 터뜨리지 않고 쉽게 거품 안으로 들어갈 수 있어요.

97. 손대지 않고도 빙빙 도는 종이

| 교과 단원 | 5학년 2학기 3단원 열과 우리 생활 | 핵심 개념 | 열의 이동, 대류 | 실험 시간 | 10분 | 난이도 | ★★☆ |

준비물

 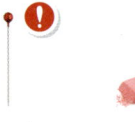  

지우개가 달린 연필   종이   핀   지우개   가위

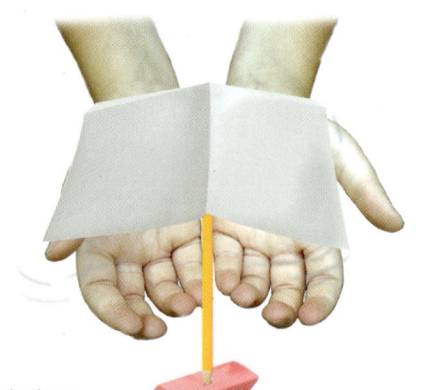

실험 방법

1. 종이를 정사각형으로 자른 후 가로로 한 번, 세로로 한 번 접어요.
2. 연필의 뾰족한 쪽을 지우개에 꽂고 지우개가 달린 쪽에 핀을 꽂아요.
3. 핀 위에 종이의 가운데를 맞닿게 해 올려요.
4. 양손을 빠르게 비빈 후 종이 아래에 손바닥을 두어요. 종이가 빙글빙글 돌기 시작해요!

💡 **방금 무슨 일이 일어났나요?** 손을 비비면 열이 나요. 손바닥에서 나오는 열이 종이 아래 공기를 데우고, 따뜻한 공기가 올라가서 종이를 움직였어요. 이처럼 따뜻한 공기가 위로 올라가고 찬 공기가 내려오며 열이 전달되는 현상을 '대류'라고 합니다.

98. 달걀이 쏙 빨려 들어가는 실험

| 교과 단원 | 5학년 2학기 2단원 날씨와 우리 생활 | 핵심 개념 | 고기압, 저기압 | 실험 시간 | 15분 | 난이도 | ★★★ |

준비물

삶은 달걀   내열 강화 유리병   그릇   뜨거운 물   오븐 장갑   얼음물

실험 방법

1. 유리병을 뜨거운 물에 담갔다가 얼음물로 옮겨요.
2. 껍데기를 깐 달걀에 물을 묻히고, 유리병 입구에 달걀을 올려놓아요. 달걀이 유리병 안으로 쏙 빨려 들어가지요!

💡 **방금 무슨 일이 일어났나요?** 유리병 안은 뜨거운 물 때문에 공기가 데워져 기압이 증가합니다. 이후 얼음물에 넣은 유리병 안의 공기 온도가 내려가면서 압력이 줄어들어요. 공기는 고기압에서 저기압으로 흐르는 성질이 있어요. 따라서 유리병 바깥 기압이 더 높으므로 기압이 낮아진 병 안으로 달걀이 쏙 들어갑니다.

99. 휘어지는 공기를 확인하다!

교과 단원 4학년 2학기 3단원 여러 가지 기체　**핵심 개념** 공기 역학　**실험 시간** 5분　**난이도** ★☆☆

준비물

종이　책　테이프　페트병　물　가위　식탁

실험 방법

1. 종이를 가로로 길게 자른 후, $\frac{1}{3}$ 지점에서 접어요.
2. 짧은 쪽을 식탁에 붙이고 긴 쪽은 식탁에 수직이 되도록 세워요. 한 번 접었으니 쉽게 세워질 거예요.
3. 종이 앞에 책을 두고 입김을 세게 불어요. 종이가 펄럭이나요? 펄럭이지 않을 거예요.
4. 이번에는 책 대신에 물을 채운 페트병을 놓아요. 입김을 세게 불면 종이가 펄럭일 거예요.

우리 주변의 과학

공기 역학이란?

공기는 둥근 물체 주변에서 휘어지는 성질이 있습니다. 배, 자동차, 비행기가 곡선 모양인 이유는 공기의 저항을 줄여 빠르게 움직이기 위해서예요. 앞을 곡선으로, 뒤로 갈수록 뾰족하게 만드는 형태를 '유선형'이라고 합니다.

💡 **방금 무슨 일이 일어났나요?** 책은 불어오는 공기를 막아요. 공기가 책 표면을 따라 수직으로 꺾여 양옆으로 이동하지요. 하지만 페트병은 둥글기 때문에 공기가 페트병의 둥근 표면 주위로 휘어져서 공기가 종이까지 닿게 됩니다.

100. 스모그 만들기

교과 단원 4학년 2학기 3단원 여러 가지 기체　**핵심 개념** 증발, 응결　**실험 시간** 10분　**난이도** ★★★

준비물

유리병　물　알루미늄 포일　얼음　종이　성냥개비

환기를 꼭 하세요!

실험 방법

1. 병 안쪽에 물을 묻혀요.
2. 알루미늄 포일로 병뚜껑을 만들어요.
3. 종이 조각을 불에 태운 다음 병 안에 넣어요.
4. 곧바로 알루미늄 포일 뚜껑으로 병을 밀봉하고 그 위에 얼음을 올려요. 병 안의 공기가 곧 스모그로 자욱해질 거예요.

💡 **방금 무슨 일이 일어났나요?** 스모그는 연기가 안개처럼 된 상태예요. 불타는 종이 때문에 병 안의 물의 일부가 증발했어요. 증발한 수증기가 위로 올라가다가 차가운 포일에 닿으면 물방울로 다시 응결됩니다.

101. 빙빙 도는 종이 뱀

교과 단원 5학년 2학기 3단원 열과 우리 생활　**핵심 개념** 열의 이동, 대류　**실험 시간** 10분　**난이도** ★☆☆

준비물

종이　가위　핀　지우개가 달린 연필　핫플레이트

실험 방법

1. 253쪽 도안을 잘라 종이 뱀을 만들어요.
2. 연필 끝에 달린 지우개에 안쪽 끝을 두고 핀으로 고정해요.
3. 핀을 잡고 불을 켠 핫플레이트 위에 들고 있어요.
4. 뱀이 빙글빙글 돌기 시작하는 모습을 지켜봐요!

💡 **방금 무슨 일이 일어났나요?** 핫플레이트의 열로 공기가 뜨거워져 위로 올라가요. 공기가 뱀을 움직이는 거예요.

102. 공기 저울

교과 단원 5학년 2학기 3단원 열과 우리 생활 **핵심 개념** 열의 이동, 대류 **실험 시간** 10분 **난이도** ★★☆

준비물

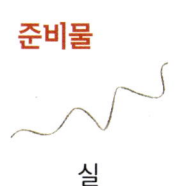    

실   종이봉투 2개   양초   성냥개비   막대기 또는 옷걸이

실험 방법

1. 막대기 양쪽 끝에 실로 종이봉투를 거꾸로 매달아요. 봉투의 열린 부분이 아래를 향해야 해요.
2. 막대기 가운데에 실을 묶은 다음 균형을 맞추어요.
3. 양초에 불을 켜고 한쪽 봉투 아래에 놓아요.
4. 양초 위에 있는 봉투가 천천히 위로 올라가는 모습을 지켜봐요.

> 💡 **방금 무슨 일이 일어났나요?** 양초 때문에 따뜻해진 공기가 올라가면서 종이봉투가 위로 올라가요.

103. 보이지 않는 힘

교과 단원 5학년 2학기 3단원 열과 우리 생활 **핵심 개념** 열의 이동, 대류 **실험 시간** 10분 **난이도** ★★☆

준비물

성냥개비   양초

❗ 양초 아래에 종이컵을 껴서 안전하게 실험하세요.

실험 방법

1. 따뜻한 방으로 가서 문을 조금 열어 두어요.
2. 양초에 불을 붙인 후 문틈 위쪽에 들고 가만히 서 있어요.
3. 불꽃이 방 바깥쪽으로 휘어질 거예요.
4. 이번에는 양초를 문틈 아래쪽에서 가만히 서 들고 있어요.
5. 불꽃이 방 안쪽으로 휘어져요.

> 💡 **방금 무슨 일이 일어났나요?** 방 안의 따뜻한 공기는 위로 상승해서 문 위쪽으로 빠져나가요. 그래서 양초를 위쪽에서 들고 있을 때는 불꽃이 바깥쪽으로 휘어지고, 아래쪽에서 들고 있을 때는 방 안쪽으로 휘어집니다.

104. 말 잘 듣는 연기

교과 단원 6학년 2학기 2단원 물질의 연소   핵심 개념 산소, 연소   실험 시간 15분   난이도 ★★★

준비물

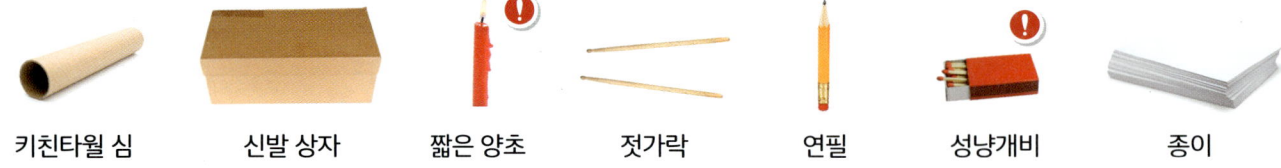

키친타월 심   신발 상자   짧은 양초   젓가락   연필   성냥개비   종이

커터 칼

실험 방법

1. 신발 상자의 뚜껑에 키친타월 심 두 개를 대고 따라 그려요.
2. 키친타월 심의 선을 따라 칼로 잘라 구멍 두 개를 만들어요.
3. 구멍에 키친타월 심을 살짝 꽂아요. 굴뚝 두 개가 생겼어요.
4. 상자 뚜껑을 열고 양초에 불을 붙여서 오른쪽 굴뚝 아래에 놓아요. 뚜껑을 닫았을 때 양초가 뚜껑에 닿지 않아야 해요.
5. 젓가락으로 집은 작은 종이에 불을 붙인 다음 꺼서 연기만 나게 해요.
6. 연기가 나는 종이를 밑에 양초가 없는 왼쪽 굴뚝 위로 가져가요.
7. 연기가 왼쪽 굴뚝으로 들어가서 오른쪽 굴뚝에서 올라올 거예요!

! 불을 붙일 때는 어른에게 부탁하세요.

💡 **방금 무슨 일이 일어났나요?** 양초가 불에 타면서 상자 안의 산소를 사용합니다. 불은 계속 공기가 필요하기 때문에 왼쪽 굴뚝을 통해서 바깥 공기를 끌어오지요. 따라서 종이에서 나는 연기도 상자 속으로 빨려 들어갑니다.

105. 도넛 모양의 연기

교과 단원 4학년 2학기 3단원 여러 가지 기체　**핵심 개념** 공기의 흐름　**실험 시간** 15분　**난이도** ★★★

준비물

| 비닐 랩 | 테이프 | 베이비파우더 또는 고운 밀가루 | 신발 상자 | 가위 |

실험 방법

1. 상자의 윗면에 비닐 랩을 씌우고 테이프를 붙여 고정해요.
2. 상자 앞면에 큰 원 모양으로 구멍을 뚫어요.
3. 상자 바닥에 베이비파우더를 넣어요.
4. 비닐 랩 쪽을 손바닥으로 때리면 구멍에서 도넛 모양이 만들어지는 모습을 볼 수 있어요!

우리 주변의 과학

소용돌이

도넛 모양으로 가루가 날리는 현상은 소용돌이라고 할 수 있습니다. 소용돌이는 고리 모양으로 회전하거나 흐를 때 일어나요. 소용돌이는 흔히 물에서 생기지만 가끔 공기 중에서 생기기도 합니다.

💡 **방금 무슨 일이 일어났나요?** 구멍의 가운데 부분은 공기의 흐름이 빠르고, 구멍의 가장자리는 공기의 흐름이 느려요. 이 속도 차이로 베이비파우더 가루가 날려 도넛 모양이 되었어요.

106. 열로 부풀어 오르는 풍선

교과 단원 4학년 2학기 3단원 여러 가지 기체   핵심 개념 공기의 팽창   실험 시간 10분   난이도 ★★☆

준비물

내열 강화 유리병   풍선   뜨거운 물   오븐 팬

실험 방법

1. 유리병 입구에 풍선을 씌워요.
2. 뜨거운 물이 담긴 오븐 팬에 유리병을 몇 분간 담가요.
3. 얼마 뒤 풍선이 부풀어 오르는 모습을 볼 수 있어요.

💡 **방금 무슨 일이 일어났나요?** 유리병 안의 공기가 뜨거워지면서 팽창하기 시작해요. 팽창한 공기 때문에 풍선이 부풀어 오르기 시작하지요.

107. 화학 반응으로 부풀어 오르는 풍선

교과 단원 6학년 1학기 1단원 산과 염기   핵심 개념 산성, 염기성   실험 시간 10분   난이도 ★☆☆

준비물

빨대   풍선   페트병   물   라임 또는 레몬   베이킹 소다 1작은술

실험 방법

1. 페트병에 물 50mL를 부어요.
2. 베이킹 소다를 1작은술 넣고 녹을 때까지 빨대로 저어요.
3. 페트병에 라임 즙을 몇 방울 넣고 재빨리 병 입구에 풍선을 씌워요.
4. 풍선이 부풀어 오를 거예요.

💡 **방금 무슨 일이 일어났나요?** 염기성인 베이킹 소다에 산성인 라임 즙을 넣으면 화학 반응이 일어나서 이산화 탄소가 만들어져요. 이산화 탄소는 페트병에서 빠져나가려고 하지만 풍선에 갇혔지요.

108. 이스트가 설탕을 만나면?

교과 단원 6학년 1학기 1단원 산과 염기 **핵심 개념** 이스트, 발효 **실험 시간** 20분 **난이도** ★★☆

준비물

이스트

페트병

설탕 2작은술

따뜻한 물

풍선

실험 방법
1. 페트병에 따뜻한 물을 조금 채워요.
2. 이스트를 넣고 페트병을 살살 흔들어요.
3. 그다음에 설탕을 넣고 또 흔들어요.
4. 페트병 입구에 풍선을 씌우고, 페트병을 따뜻한 곳에 약 20분간 두어요.
5. 풍선이 커지는 모습을 지켜봐요!

💡 **방금 무슨 일이 일어났나요?** 미생물인 이스트가 설탕을 먹고 소화시켜 이산화 탄소를 만들어요. 이 과정을 '발효'라고 합니다. 이산화 탄소는 페트병을 빠져나가 풍선을 부풀게 하지요.

109. 페트병이 풍선을 불어요

교과 단원 6학년 1학기 1단원 산과 염기 **핵심 개념** 산성, 염기성 **실험 시간** 15분 **난이도** ★★☆

준비물

제산제 또는
베이킹 소다

페트병

식초

풍선

실험 방법
1. 페트병에 식초를 넣어요.
2. 제산제를 넣자마자 병 입구에 풍선을 씌워요.
3. 10분쯤 기다리면 풍선이 팽창하지요.

💡 **방금 무슨 일이 일어났나요?** 산성인 식초와 염기성인 제산제가 반응해서 이산화 탄소가 생겼어요. 이번에도 이산화 탄소가 풍선을 커지게 했어요.

110. 팽창하는 풍선

교과 단원 4학년 2학기 3단원 여러 가지 기체   **핵심 개념** 이산화 탄소   **실험 시간** 5분   **난이도** ★☆☆

준비물

풍선   탄산음료 병

실험 방법

1. 탄산음료를 절반 정도만 남기고 비워 내요.
2. 탄산음료 입구에 풍선을 씌워요.
3. 병을 살짝 흔들어요.
4. 풍선이 팽창하는 모습을 지켜봐요!

💡 **방금 무슨 일이 일어났나요?** 탄산음료 안에는 이산화 탄소가 녹아 있어요. 위로 올라오는 작은 기포의 정체가 바로 이산화 탄소이지요. 탄산음료를 흔들면 이산화 탄소 기체가 밖으로 나와서 풍선을 채워요.

111. 나만의 열기구 만들기

교과 단원 5학년 2학기 3단원 열과 우리 생활   **핵심 개념** 열의 이동, 대류   **실험 시간** 10분   **난이도** ★★☆

준비물

테이프   큰 비닐봉지   헤어드라이어

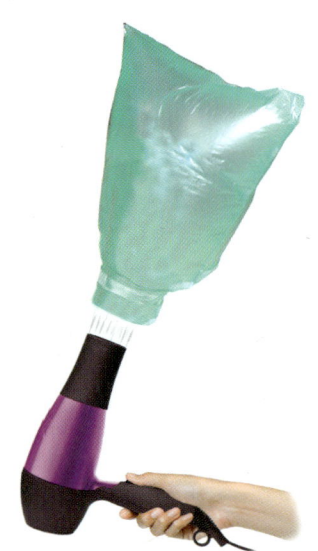

실험 방법

1. 비닐봉지 입구를 동그랗게 만들어 테이프로 고정해요. 열기구를 만들었어요.
2. 이제 비닐봉지 입구에 헤어드라이어를 대고 뜨거운 바람을 불어 넣어요.
3. 몇 초 후에 헤어드라이어를 끄고 비닐봉지에서 손을 떼요.
4. 비닐봉지가 천장으로 올라가서 얼마간 떠 있어요.

💡 **방금 무슨 일이 일어났나요?** 뜨거운 공기가 팽창해서 열기구와 함께 상승합니다.

112. 풍선 위에서 서핑을 해요!

| 교과 단원 | 3학년 1학기 1단원 힘과 우리 생활 | 핵심 개념 | 힘의 분산 | 실험 시간 | 10분 | 난이도 | ★★☆ |

준비물

풍선 여러 개 · 작은 식탁 또는 가벼운 판

 아이가 넘어지지 않게 옆에서 잡아 주세요.

실험 방법

1. 식탁의 크기에 맞게 풍선을 여러 개 불어요.
2. 풍선을 한데 모으고 그 위에 식탁을 뒤집어 올려요.
3. 식탁 위로 천천히 올라가요. 풍선 위에서 서핑을 해요!

💡 **방금 무슨 일이 일어났나요?** 풍선이 안 터지는 이유는 몸무게가 여러 풍선에 고르게 나누어졌기 때문이에요. 이를 '힘의 분산'이라고 합니다.

---

113. 마법의 손가락

| 교과 단원 | 5학년 2학기 2단원 날씨와 우리 생활 | 핵심 개념 | 기압 | 실험 시간 | 15분 | 난이도 | ★★☆ |

준비물

 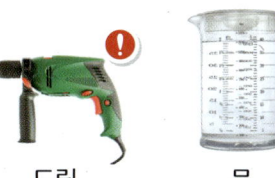   

빈 깡통 또는 페트병 · 드릴 · 물 · 그릇 · 비닐 랩

실험 방법

1. 드릴로 깡통 바닥에 구멍을 뚫어요. 어른에게 부탁하세요!
2. 바닥의 구멍을 막고 물을 채워요. 뚜껑에는 랩을 씌우고 구멍 하나를 뚫어요.
3. 바닥의 구멍을 막은 채 뒤집어 봐요. 물이 안 나와요.
4. 바닥의 구멍을 막은 손을 떼어 봐요. 랩 구멍에서 물이 나올 거예요.

💡 **방금 무슨 일이 일어났나요?** 양쪽 구멍 중 한 곳이라도 막으면 공기가 누르는 힘인 기압이 물의 무게보다 강해서 물이 아래로 떨어지지 못합니다.

중력 / 공기 / 빛 / 압력

세상에서 가장 빠른 건 빛!
반짝반짝 빛 실험

세상에서 가장 빠른 것은 무엇일까요? 쌩쌩 달리는 레이싱카? 하늘을 가르는 전투기? 둘 다 빛의 속도에 비하면 아무것도 아니에요! 세상에서 빛보다 빠른 것은 없어요.

빛은 1초에 약 30만 km를 간다고 합니다. 태양에서 지구까지 거리가 1억 5천만 km나 되는데, 이 거리를 빛이 8분 19초 만에 도착한다고 하지요. 여전히 가설이긴 하지만 빛의 속도보다 빠르게 이동하는 방법을 찾는다면 시간 여행이 정말 가능할지도 몰라요!

114. 방 안에서 무지개 만들기

교과 단원 5학년 1학기 2단원 빛의 성질 **핵심 개념** 빛의 굴절, 빛의 분산 **실험 시간** 10분 **난이도** ★☆☆

준비물

유리컵

물

흰 종이

실험 방법

1. 유리컵을 물로 채워요.
2. 유리컵과 종이를 유리창 쪽으로 가져가요. 햇빛이 들어올 때 실험해요.
3. 햇빛이 유리컵을 통과해서 종이에 닿도록 자리를 잡아요.
4. 작은 무지개가 보일 때까지 종이를 조금씩 움직여 보세요.

💡 **방금 무슨 일이 일어났나요?** 햇빛이 물을 통과하면 꺾이면서 일곱 빛깔로 나뉘는 분산이 일어나요. 종이에 비친 것이 바로 무지개랍니다.

115. 알록달록 만화경 만들기

교과 단원 5학년 1학기 2단원 빛의 성질   핵심 개념 빛의 직진, 빛의 반사   실험 시간 20분   난이도 ★★☆

준비물

테이프   자   반짝이 가루   비슷한 크기의 거울 3개

실험 방법
1. 거울 면이 안쪽을 향하도록 삼각형 모양으로 붙여요.
2. 스팽글을 바닥에 깔고 그 위에 거울을 세워요.
3. 스팽글을 보면서 거울을 움직여 보세요. 알록달록 다양한 무늬가 보입니다.

💡 **방금 무슨 일이 일어났나요?** 빛은 직선으로 움직입니다. 그런데 빛이 거울에 부딪히면 반사하지요. 반사된 빛은 위아래, 오른쪽, 왼쪽 사방으로 반사되면서 여러 가지 무늬를 만들어요.

116. 물방울이 돋보기가 돼요!

교과 단원 5학년 1학기 2단원 빛의 성질   핵심 개념 빛의 굴절   실험 시간 5분   난이도 ★☆☆

준비물

스포이트   투명한 플라스틱 판   물   책

실험 방법
1. 책을 펼치고 글씨 위에 플라스틱 판을 올려요.
2. 플라스틱 판 위에 물방울을 떨어뜨려요.
3. 물방울에 글씨가 어떻게 보이는지 봐요.

💡 **방금 무슨 일이 일어났나요?** 물방울은 돋보기 역할을 할 수 있어요. 글자에 반사된 빛이 물방울을 통해 굴절되면서 글자가 더 커 보입니다.

117. 향기로운 무드 등 만들기

교과 단원 5학년 1학기 2단원 빛의 성질　**핵심 개념** 빛의 반사　**실험 시간** 10분　**난이도** ★☆☆

준비물

테이프　가위　알루미늄 포일　반투명한 비누　손전등

실험 방법

1. 비누의 크기에 맞게 포일을 잘라요.
2. 비누 두 개 사이에 포일을 넣어요. 비누 두 개를 테이프로 묶어요.
3. 비누 아래에 손전등을 붙여서 불을 켜 보세요. 은은한 빛이 나올 거예요.

💡 **방금 무슨 일이 일어났나요?** 반투명한 비누 안으로 빛이 들어갔다가 포일을 만나 다시 반사되어서 빛이 나옵니다. 빛에 반사하는 성질이 있음을 알 수 있어요.

118. 초간단 해시계

교과 단원 5학년 1학기 2단원 빛의 성질　**핵심 개념** 그림자　**실험 시간** 48시간　**난이도** ★☆☆

준비물

막대기　시계

실험 방법

1. 땅바닥에 막대기를 수직으로 세워요.
2. 한 시간마다 막대기의 그림자가 생긴 곳을 표시해요.
3. 다음 날 같은 시간에 확인해 비교해요. 비슷할 거예요.

💡 **방금 무슨 일이 일어났나요?** 지구가 자전하기 때문에 막대기의 그림자도 달라집니다.

119. 거울 놀이

교과 단원 5학년 1학기 2단원 빛의 성질　**핵심 개념** 빛의 직진, 빛의 반사　**실험 시간** 10분　**난이도** ★☆☆

준비물

빗　　손전등　　하드보드지　　검은색 종이　　손거울　　마스킹 테이프　　가위

실험 방법

1. 하드보드지 가운데에 가위로 작은 구멍을 뚫어요.
2. 구멍 위에 빗을 올리고 테이프로 고정해요.
3. 검은색 종이 위에 하드보드지를 수직으로 세워요.
4. 어두운 방으로 가서 구멍에 손전등을 비추어요.
5. 구멍에서 나온 빛이 향하는 곳에 거울을 놓아요.
6. 거울의 각도를 바꾸며 빛의 방향이 바뀌는 모습을 지켜봐요!

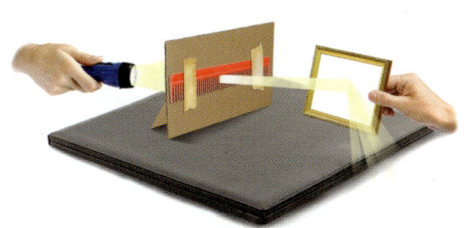

💡 **방금 무슨 일이 일어났나요?** 빛은 물체에 부딪힐 때까지 직선으로 이동합니다. 거울에 부딪힌 빛은 거울에 부딪힌 각도와 같은 각도로 반사돼요. 만약에 다른 거울로 또 반사시킨다면 더 재미있을 거예요!

120. 물속에서 사라지는 동전

교과 단원 5학년 1학기 2단원 빛의 성질　**핵심 개념** 빛의 굴절　**실험 시간** 5분　**난이도** ★☆☆

준비물

동전　　유리컵　　물

실험 방법

1. 식탁 위에 동전을 놓아요.
2. 동전 위에 유리컵을 올려요.
3. 유리컵을 물로 채워요. 여러 각도로 동전을 보세요. 동전이 안 보이는 곳이 있어요.

💡 **방금 무슨 일이 일어났나요?** 유리와 물은 빛을 굴절시켜요. 그러므로 유리컵에 물을 부으면 빛이 굴절되고 또 굴절되어 어느 각도에서는 동전이 안 보일 거예요.

121. 돈을 두 개로 만드는 마술!

교과 단원 5학년 1학기 2단원 빛의 성질 **핵심 개념** 빛의 굴절 **실험 시간** 5분 **난이도** ★☆☆

준비물

동전   그릇   물

실험 방법

1. 빈 그릇에 동전을 넣어요.
2. 그릇에 물을 천천히 부어요.
3. 동전이 두 개로 보이는 각도가 있을 거예요. 찾아보세요.

💡 **방금 무슨 일이 일어났나요?** 물이 빛을 굴절시켜서 동전이 한 개가 아니라 두 개로 보이는 거랍니다.

122. 세 가지 빛을 모두 합치면?

교과 단원 5학년 1학기 2단원 빛의 성질 **핵심 개념** 빛의 삼원색 **실험 시간** 15분 **난이도** ★★☆

준비물

고무줄   손전등 3개   빨간색·파란색·초록색 셀로판지   흰 종이

실험 방법

1. 손전등 위에 색깔이 다른 셀로판지를 올리고 고무줄로 고정해요.
2. 모든 손전등의 불을 켜고 동시에 종이를 비추어요.
3. 종이에 빛이 다 담기게끔 손전등과 종이 사이의 거리를 조절해요.
4. 세 개의 빛이 모두 섞이면 무슨 색이 되나요? 흰색 빛이 될 거예요.

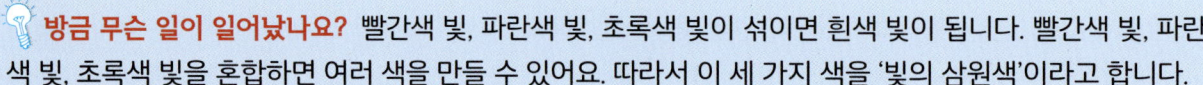

💡 **방금 무슨 일이 일어났나요?** 빨간색 빛, 파란색 빛, 초록색 빛이 섞이면 흰색 빛이 됩니다. 빨간색 빛, 파란색 빛, 초록색 빛을 혼합하면 여러 색을 만들 수 있어요. 따라서 이 세 가지 색을 '빛의 삼원색'이라고 합니다.

123. 비눗방울에 빛을 쏘면?

교과 단원 5학년 1학기 2단원 빛의 성질 **핵심 개념** 빛의 스펙트럼 **실험 시간** 20분 **난이도** ★★☆

준비물

  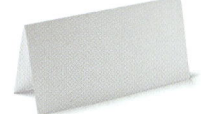 

물비누 　손전등 　두꺼운 흰색 종이 　유리

실험 방법

1. 유리를 바닥에 놓고 10cm 거리를 두고 종이를 세워요.
2. 유리 위에 물을 뿌려요.
3. 물비누로 비눗방울을 최대한 크게 만들어서 유리 위에 올려놓아요.
4. 손전등을 켜서 비눗방울을 비추면 종이에 여러 색깔의 띠가 생겨요.

💡 **방금 무슨 일이 일어났나요?** 빛은 일곱 색깔로 이루어졌어요. 비눗방울은 두께가 일정하지 않기 때문에 빛이 비눗방울을 통과하면서 굴절되어 다양한 색깔이 보이는 거예요. 이때 여러 색깔의 띠를 '빛의 스펙트럼'이라고 합니다.

124. 빛이 물을 따라 흐른다고요?

교과 단원 5학년 1학기 2단원 빛의 성질 **핵심 개념** 빛의 굴절, 빛의 전반사 **실험 시간** 10분 **난이도** ★★☆

준비물

손전등 　페트병 　포일 　물 　못

실험 방법

1. 페트병 옆에 못으로 구멍을 뚫어요. 구멍 주위에 포일을 붙여요.
2. 손가락으로 구멍을 막고 페트병에 물을 채워요.
3. 구멍 반대편에서 손전등을 비추어요. 구멍에서 손을 떼요.
4. 물줄기가 떨어지는 곳에 손을 가져다 대요. 물줄기에 빛이 보일 거예요.

💡 **방금 무슨 일이 일어났나요?** 빛이 휘어져서 손에 닿았어요. 물이 거울 역할을 했기 때문이에요. 물줄기 안에서 빛이 반사되고 반사되어서 손까지 올 수 있었답니다. 이처럼 빛이 물질을 만났을 때 모두 반사되는 것을 '빛의 전반사'라고 합니다.

125. 지구본으로 일식 쉽게 이해하기

교과 단원 5학년 1학기 2단원 빛의 성질   핵심 개념 그림자   실험 시간 10분   난이도 ★☆☆

준비물

실   탁구공 또는   조명등   지구본   테이프
       작은 공

실험 방법
1. 탁구공에 실을 테이프로 붙여요.
2. 조명등과 지구본 사이에 탁구공을 들고 있어요. 등에 불을 켜요.
3. 지구본에 그림자가 어떻게 생기는지 확인해요.

💡 **방금 무슨 일이 일어났나요?** 조명등은 태양, 탁구공은 달, 지구본은 지구를 나타냅니다. 실제로 일식은 달이 태양과 지구 사이에 있을 때 태양을 가려 일어나지요.

126. 초콜릿을 녹여 빛의 속도 계산하기

교과 단원 5학년 1학기 2단원 빛의 성질   핵심 개념 빛의 속도   실험 시간 5분   난이도 ★★★

준비물

초콜릿   전자레인지   접시

실험 방법
1. 전자레인지에서 회전판을 빼고 접시를 넣어요.
2. 접시에 기다란 초콜릿을 넣어요.
3. 전자레인지를 켰다가 초콜릿의 표면이 조금 녹으면 멈추어요.
4. 초콜릿에서 많이 녹은 두 곳을 찾아서 둘 사이의 길이를 재요.
5. 이 길이에 2를 곱해요. 또 전자레인지의 진동수(주파수)인 2.45(GHz)를 곱해요. 짜잔! 빛의 속도가 나왔어요!

💡 **방금 무슨 일이 일어났나요?** 전자레인지의 파장(녹은 두 곳 사이의 길이×2)과 진동수(2,450,000,000Hz)를 곱하면 빛의 속도인 299,792,458m/s(초속)와 비슷하게 나올 거예요.

127. 돋보기가 이렇게 위험할 수도 있다니!

| 교과 단원 | 5학년 1학기 2단원 빛의 성질 | 핵심 개념 | 빛의 굴절, 열에너지 | 실험 시간 | 10분 | 난이도 | ★☆☆ |

준비물

돋보기   종이

실험 방법

1. 햇빛이 잘 드는 창가로 가요.
2. 햇빛이 한 점에 모이도록 종이 위에 돋보기를 들고 있어요.
3. 시간이 지나면 종이에 연기가 나기 시작해요.

💡 **방금 무슨 일이 일어났나요?** 돋보기는 태양에서 나오는 빛을 굴절시켜 한 점에 모아요. 빛이 계속 모이면 종이가 탈 정도로 열에너지가 모입니다!

128. 잠망경 만들기

| 교과 단원 | 5학년 1학기 2단원 빛의 성질 | 핵심 개념 | 빛의 반사 | 실험 시간 | 1시간 | 난이도 | ★★★ |

준비물

목공 풀   커터 칼   직사각형 거울   신발 상자   테이프

실험 방법

1. 상자의 윗면과 아랫면에 거울 크기에 맞게 직사각형 구멍을 뚫어요. 윗면은 오른쪽 끝에, 아랫면은 왼쪽 끝에 직사각형 모양으로 구멍을 내요.
2. 위쪽 구멍에 윗면과 45° 각도로 거울을 고정해요. 아래쪽 구멍에는 아랫면과 45° 각도로 거울을 고정해요. 두 거울은 평행한 상태예요.
3. 한쪽 거울로 반대쪽 거울이 보이도록 조정해요.
4. 상자를 세로로 들고 한쪽 거울을 살펴봐요. 반대쪽 거울에 무엇이 비치는지 알 수 있어요.

💡 **방금 무슨 일이 일어났나요?** 빛은 한쪽 거울을 만나면 반대쪽 거울로 반사됩니다. 위에 있는 물체도 거울에 반사시켜 아래에서 볼 수 있어요.

129. CD 분광기 만들기

교과 단원 5학년 1학기 2단원 빛의 성질　**핵심 개념** 빛의 굴절, 빛의 분산　**실험 시간** 30분　**난이도** ★★★

준비물

CD　　가위　　알루미늄 포일　　시리얼 상자　　테이프　　연필

각도기　　자

실험 방법

1. CD는 위에 붙은 필름의 $\frac{1}{4}$을 벗겨 준비해요. 위에 테이프를 붙였다가 떼서 필름을 벗겨요.
2. 상자의 좁은 면에는 위에서 4cm 떨어진 곳에 가로로 길게 눈 구멍을 만들어요.
3. 반대편에는 위에서 1cm 떨어진 곳에 세로로 빛이 들어오는 구멍을 만들어요.
4. 빛이 들어오는 구멍 위에 알루미늄 포일을 덮은 다음 가위날로 구멍을 1mm 정도만 뚫어요.
5. 상자의 윗면은 사진처럼 칼집을 내 CD를 비스듬히 끼워요.
   필름 벗긴 부분이 안으로 가게 해요.
   또 구멍에 CD를 꼈을 때 헐겁지 않아야 해요.
6. 눈 구멍과 빛이 들어오는 구멍을 빼고는 상자 안에
   빛이 들어올 수 없도록 상자 모서리에 테이프를 붙여요.
7. 빛이 들어오는 구멍을 형광등이나 태양 쪽으로
   향하게 한 다음 눈 구멍으로 상자 안을 바라봐요.
   무지개 색깔이 보여요.

💡 **방금 무슨 일이 일어났나요?** 빛은 원래 여러 색깔이 섞여 있어요. 빛이 다른 물질을 만나 굴절될 때 각 색깔은 다른 각도로 꺾여요. 따라서 빛이 CD를 통과하며 여러 색의 빛으로 나뉘어 우리 눈에 무지개 색깔로 보이는 거예요. 이렇게 빛이 물체를 만나 굴절하면서 여러 색깔의 빛으로 나뉘는 것을 '빛의 분산'이라고 합니다.

130. 볼록 렌즈로 케플러 망원경 만들기

교과 단원 5학년 1학기 2단원 빛의 성질   핵심 개념 빛의 굴절   실험 시간 1시간   난이도 ★★★

준비물

신문지 / 테이프 / 두꺼운 종이로 만든 통 2개 / 크기가 다른 볼록 렌즈 2개 / 자 / 고무줄 / 연필

실험 방법

1. 큰 볼록 렌즈를 멀리 두고 작은 볼록 렌즈를 눈 가까이 두어요.
   글씨가 뚜렷하게 보일 때까지 볼록 렌즈 거리를 조절해요.
2. 두 볼록 렌즈 사이의 거리를 재서 적어요.
3. 큰 볼록 렌즈와 작은 볼록 렌즈의 지름에 맞추어 통 두 개를 만들어요.
   이때 작은 통이 큰 통 안에 들어가야 해요.
4. 각 통의 앞쪽 구멍에 볼록 렌즈를 하나씩 붙여요.
   작은 통을 눈 쪽에 대고 아래에 큰 통을 끼워요.
5. 망원경을 완성했어요!
6. 큰 통을 움직여 가까이도 봤다가 멀리도 바라봐요!

💡 **방금 무슨 일이 일어났나요?** 큰 볼록 렌즈는 멀리 있는 물체의 모습을 작게 모아 주고 작은 볼록 렌즈는 이 상을 확대해 눈에 보여 주지요. 이때 물체는 볼록 렌즈를 통과하며 위아래가 거꾸로 뒤집혀요. 하지만 렌즈 두 개를 지나며 원래 모습대로 보입니다.

131. 빛을 굴절시키기

교과 단원 5학년 1학기 2단원 빛의 성질   핵심 개념 빛의 굴절   실험 시간 10분   난이도 ★☆☆

준비물

커터 칼   신발 상자   손전등   유리컵   물

실험 방법

1. 상자의 한쪽 끝에 세로로 긴 구멍을 뚫어요.
2. 상자에 유리컵을 넣어요.
3. 유리컵에 물을 채워요.
4. 어두운 방으로 가서 손전등으로 구멍을 비추어요. 빛이 굴절되도록 구멍과 유리컵의 위치를 조절해요.
5. 빛이 어떻게 꺾이는지 지켜봐요!

💡 **방금 무슨 일이 일어났나요?** 빛이 물질을 만날 때 굴절하는 이유는 물질에 따라 속도가 달라지기 때문입니다. 빛의 속도는 공기보다 물에서 더 느려요. 따라서 빛이 공기에서 물로 들어갈 때 한 번, 물에서 공기로 나올 때 총 두 번 굴절됩니다.

132. 렌즈 없이 돋보기를 만들어요

교과 단원 5학년 1학기 2단원 빛의 성질   핵심 개념 빛의 굴절   실험 시간 10분   난이도 ★★☆

준비물

테이프   커터 칼   바늘   알루미늄 포일   하드보드지   책

실험 방법

1. 하드보드지에서 가로 5cm, 세로 5cm 크기의 정사각형 구멍을 만들어요.
2. 잘라 낸 구멍 위에 알루미늄 포일을 덮어 테이프로 붙여요.
3. 포일 가운데에 바늘로 작은 구멍을 뚫어요.
4. 구멍으로 책의 글자를 보며 원래 글자 크기보다 얼마나 더 커 보이는지 알아봐요.

💡 **방금 무슨 일이 일어났나요?** 아주 작은 구멍으로 보면, 물체에서 나온 빛이 더 큰 각도로 눈에 들어와서 우리 뇌는 물체가 더 크다고 느껴요.

133. 빛이 꺾여요

교과 단원 5학년 1학기 2단원 빛의 성질 **핵심 개념** 빛의 굴절 **실험 시간** 5분 **난이도** ★☆☆

준비물

수성펜   자   유리판   종이

실험 방법

1. 종이 위에 자를 대고 일직선을 그어요.
2. 위에 유리판을 두고 유리판 위에 비치는 선을 그대로 따라 그려요.
3. 종이와 유리판 위에 그린 선이 달라요. 빛이 유리를 만나면 어떻게 꺾이는지 알 수 있어요.

💡 **방금 무슨 일이 일어났나요?** 빛은 공기와 유리에서 다른 속도로 이동합니다. 속도가 다르면 빛이 굴절됩니다.

134. 알록달록한 원반

교과 단원 5학년 1학기 2단원 빛의 성질 **핵심 개념** 빛의 혼합 **실험 시간** 30분 **난이도** ★★☆

준비물

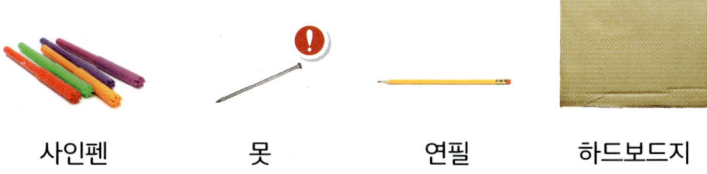

사인펜   못   연필   하드보드지

실험 방법

1. 하드보드지를 원으로 잘라요. 그다음 사진처럼 원을 사인펜으로 색칠해요.
2. 하드보드지 가운데에 못으로 구멍을 뚫어요.
3. 구멍에 연필을 넣고 원을 빙글빙글 돌려요.
4. 분명 색깔이 다양한데 돌아가는 원의 색깔은 하얗게 보일 거예요.

💡 **방금 무슨 일이 일어났나요?** 흰색 빛은 다양한 파장의 색이 합쳐진 빛이에요. 원을 돌리면 파장이 모두 섞여서 하얗게 보이지요.

135. 검은 토마토

교과 단원 5학년 1학기 2단원 빛의 성질   핵심 개념 빛의 반사   실험 시간 10분   난이도 ★☆☆

준비물

손전등   고무줄   빨간 토마토   초록색 셀로판지

실험 방법

1. 초록색 셀로판지로 손전등을 덮은 다음 고무줄로 고정해요.
2. 어두운 방으로 가서 토마토에 손전등을 비추어 보세요.
3. 토마토가 검게 보일 거예요.

💡 **방금 무슨 일이 일어났나요?** 우리 눈에 보이는 색깔은 물체가 어떤 색깔을 반사하는지에 따라 달라져요. 토마토는 빨간색을 반사하고 나머지 색을 흡수해서 우리 눈에 빨간색으로 보이는 거예요. 따라서 토마토에 초록색 빛을 비추면 초록색 빛을 모두 흡수해 토마토가 검게 보인답니다.

136. 젤리 렌즈 🚨

교과 단원 5학년 1학기 2단원 빛의 성질   핵심 개념 빛의 굴절   실험 시간 24시간   난이도 ★★☆

준비물

손전등   냄비   물   젤라틴 가루   상자   칼   도마

실험 방법

1. 냄비에 물과 젤라틴 가루를 섞고 끓여요.
2. 상자에 붓고 하룻밤 동안 냉장고에 넣어 두어요.
3. 도마 위에 젤리를 꺼내요.
4. 칼로 젤리를 오목 렌즈 모양, 볼록 렌즈 모양으로 잘라요.
5. 두 젤리에 손전등을 비추어서 빛이 어떻게 꺾이는지 비교해요.

💡 **방금 무슨 일이 일어났나요?** 젤리는 렌즈와 같은 역할을 할 수 있어요. 오목 렌즈 모양 젤리에 빛을 비추면 빛이 퍼지고, 볼록 렌즈 모양 젤리에 빛을 비추면 빛이 한데 모일 거예요.

137. 바늘구멍 카메라 만들기

교과 단원 5학년 1학기 2단원 빛의 성질 **핵심 개념** 빛의 직진, 빛의 굴절 **실험 시간** 1시간 **난이도** ★★★

준비물

신발 상자 / 알루미늄 포일 / 테이프 / 가위 / 바늘 / 반투명 종이(트레싱지) 또는 기름종이

실험 방법

1. 신발 상자 양쪽에 작은 직사각형 구멍을 내요.
2. 한쪽 직사각형 구멍 위에 알루미늄 포일을 덮고 가운데에 바늘로 작은 구멍을 뚫어요.
3. 반대쪽 직사각형 구멍은 반투명 종이로 덮어요.
4. 신발 상자 안에 빛이 들어가지 않도록 모서리에 테이프를 붙여요.
5. 바늘구멍이 물체를 향하게 두고 반투명 종이를 보면, 바늘구멍 밖의 물체가 위아래가 뒤집힌 채 거꾸로 보일 거예요.

우리 주변의 과학

카메라는 어떻게 작동하나요?

필름 카메라의 작동 원리는 방금 만든 바늘구멍 카메라와 아주 비슷해요. 필름 카메라는 반투명 종이 대신에, 빛에 매우 민감한 물질로 덮인 필름 스트립을 사용해요. 또 렌즈, 조리개, 셔터를 이용해 더 선명한 사진을 만들어요.

💡 **방금 무슨 일이 일어났나요?** 빛은 직선으로 이동합니다. 아주 작은 바늘구멍은 빛의 일부만 통과시켜요. 따라서 물체의 위쪽에서 온 빛은 아래쪽에, 아래쪽에서 온 빛은 위쪽에 상이 맺혀요. 반투명 종이에는 물체의 위아래가 뒤집힌 채 거꾸로 보입니다.

138. 반짝반짝 작은 별

교과 단원 5학년 1학기 2단원 빛의 성질　**핵심 개념** 빛의 반사, 빛의 굴절　**실험 시간** 30분　**난이도** ★★★

준비물

투명한 샐러드 볼　물　알루미늄 포일　손전등　핀　구슬 여러 개

가위　담요

실험 방법

1. 샐러드 볼 안쪽에 알루미늄 포일을 붙여요. 광택이 있는 면이 위를 향하게 해요. 바닥 가운데에는 손전등 렌즈와 똑같은 크기의 구멍을 내요.
2. 바닥이 보이지 않게 볼 안에 구슬을 여러 개 넣어요.
3. 볼의 $\frac{3}{4}$을 물로 채워요.
4. 포일로 볼의 뚜껑을 만들 거예요. 광택이 있는 면이 안쪽을 향해야 해요. 두세 번 겹쳐 적당히 두껍게 만들어요.
5. 포일 뚜껑에 핀으로 구멍을 여러 개 뚫어요.
6. 볼 위에 포일 뚜껑을 덮어요.
7. 바닥 가운데 구멍에 손전등을 비추고, 담요를 머리에 뒤집어써요.
8. 볼을 덮은 뚜껑의 작은 구멍에서 빛이 나와요. 마치 반짝거리는 별 같아요.

💡 **방금 무슨 일이 일어났나요?** 손전등에서 나오는 빛은 알루미늄 포일에 반사되어 볼 안에서 여기저기로 퍼져요. 구슬이 가로막아서 그림자가 생기기도 하고 물이 움직이면서 빛이 꺾이기도 해요. 밤하늘의 별도 지구의 여러 대기층을 지나며 빛이 불규칙하게 꺾여서 우리에게 반짝거리는 것처럼 보입니다.

기압의 힘을 느낄 수 있는 압력 실험

기압은 우리 주변을 둘러싼 공기의 무게 때문에 생기는 압력이에요. 우리가 느끼는 1기압은 예를 들면 $1cm^2$(제곱미터) 크기의 엄지손톱 위에 1kg 물건이 누르고 있는 압력과 비슷해요.

'공기처럼 가볍다!'라는 말을 들어 본 적 있나요? 공기를 오해하기 쉬운 표현이에요. 왜냐하면 $1m^3$(세제곱미터)의 공기는 무게가 약 1.3kg이거든요. 지구상의 모든 공기의 무게는 5,000,000,000,000,000,000kg이랍니다! 숫자 5 뒤에 0이 무려 18개나 오는 아주 큰 숫자이지요.

139. 감자 찌르기

교과 단원 5학년 2학기 2단원 날씨와 우리 생활　**핵심 개념** 공기, 기압　**실험 시간** 5분　**난이도** ★☆☆

준비물

빨대　　감자

실험 방법

1. 빨대로 감자를 찔러 봐요. 빨대가 휘어질 거예요.
2. 이제 엄지손가락으로 빨대 위를 막고 감자를 찔러 봐요.
3. 이번에는 감자 찌르기가 훨씬 쉬워요!

 **방금 무슨 일이 일어났나요?** 엄지손가락으로 빨대 위를 막으면 빨대 안의 공기가 갇혀서 감자를 찌를 때 공기가 압축됩니다. 이 공기들이 빨대 모양을 유지하게 도와줘서 빨대가 휘지 않고 그대로 감자를 뚫을 수 있어요.

중력 / 공기 / 빛 / 압력

140. CD를 공중에 띄우는 마술

교과 단원 5학년 2학기 2단원 날씨와 우리 생활　**핵심 개념** 기압　**실험 시간** 40분　**난이도** ★★★

준비물

CD　　　풍선　　　접착제　　　드릴　　　병뚜껑

실험 방법

1. 드릴로 병뚜껑에 구멍을 뚫어요. 어른에게 부탁하세요.
2. CD 한가운데에 병뚜껑을 접착제로 붙여요.
3. 풍선을 불어서 병뚜껑에 씌워요. 공기가 빠져나가지 못하게 잡고 있어요.
4. 호버크라프트를 완성했어요! 만든 호버크라프트를 매끈매끈한 표면 위에 올려놓으면 쉽게 미끄러지듯 움직이는 모습을 볼 수 있어요.

💡 **방금 무슨 일이 일어났나요?** 풍선에서 공기가 빠져나오면서 CD와 표면 사이에 공기 층이 생깁니다. CD가 살짝 들려서 미끄러지듯이 움직이지요.

141. 아무리 빨아도 마실 수 없는 빨대

교과 단원 5학년 2학기 2단원 날씨와 우리 생활　**핵심 개념** 기압, 대기압　**실험 시간** 5분　**난이도** ★☆☆

준비물

빨대　　　유리컵　　　주스

실험 방법

1. 유리컵을 주스로 채워요.
2. 빨대 한 개는 주스에 넣고, 다른 빨대는 공중에 둔 채 두 빨대를 동시에 물어요.
3. 주스를 마셔 봐요. 아무리 세게 빨아 올려도 주스를 마실 수 없어요.

💡 **방금 무슨 일이 일어났나요?** 빨대를 빨아들이면 입속의 기압이 낮아져요. 그러면 대기압이 주스를 눌러서 빨대 안으로 들어가게 하지요. 하지만 공중에 둔 빨대 때문에 대기압과 입속의 기압이 같아서, 빨대를 아무리 빨아도 주스에 넣은 빨대에서도 주스가 안 올라옵니다.

142. 스스로 빙빙 도는 캔

| 교과 단원 | 4학년 2학기 3단원 여러 가지 기체 | 핵심 개념 | 증발, 증기 | 실험 시간 | 30분 | 난이도 | ★★★ |

준비물

끈　　물　　양초　　못　　성냥개비　　캔　　양동이

실험 방법

1. 캔 음료를 따지 않고 옆에 못으로 구멍을 뚫어요. 어른에게 부탁하세요.
2. 반대편에도 구멍을 뚫어요.
3. 뚫은 구멍으로 캔에 든 음료를 모두 비워요.
4. 양동이에 물을 채워요.
5. 캔을 양동이에 깊이 넣어요. 캔의 구멍으로 물이 들어갈 거예요.
   구멍에서 물이 나오지 않을 정도로만 물을 채워요.
6. 캔 위쪽에 끈을 묶어요.
7. 캔 아래에 촛불을 켜요.
8. 촛불 위에 캔을 들고 있거나 고정해 두면 좋아요.
   캔 안에 든 물이 끓기 시작하며 캔이 빙빙 돌 거예요.

우리 주변의 과학

증기 기관은 어떻게 움직이나요?

증기 기관은 증기를 이용해서 동력을 얻는 기계입니다. 증기 기관의 에너지는 보일러에서 만들어져요. 물을 끓여서 생기는 증기의 압력을 활용하지요. 실험 속 캔이 움직인 이유도 증기의 압력 때문이지요.

💡 **방금 무슨 일이 일어났나요?** 액체인 물이 끓어서 100℃에 이르면 기체인 수증기로 변해요. 캔 안의 수증기가 압력이 높아져서 옆에 뚫어 둔 구멍으로 밀려 나오기 시작합니다. 양쪽 구멍에서 나오는 수증기의 힘으로 캔이 빙빙 도는 거예요.

143. 목마른 양초

교과 단원 5학년 2학기 2단원 날씨와 우리 생활　**핵심 개념** 연소, 기압　**실험 시간** 20분　**난이도** ★★☆

준비물

냄비　　식용 색소　　물　　양초　　성냥개비　　유리컵

실험 방법
1. 냄비에 물을 채워요. 여기에 식용 색소 두 방울을 넣어요.
2. 냄비 한가운데에 양초를 세우고 불을 붙여요.
3. 긴 유리컵을 뒤집어서 양초 위에 씌워요.
4. 물이 유리컵 안으로 빨려 들어가는 모습을 지켜봐요.

💡 **방금 무슨 일이 일어났나요?** 유리컵 안에서 양초가 타면, 안쪽 공기가 뜨거워져 팽창해요. 그러다가 불이 꺼지면 컵 안쪽 공기가 식어서 부피가 줄어들고 기압이 낮아지지요. 공기는 고기압에서 저기압으로 흐르기 때문에 바깥 공기가 컵 안으로 들어가려고 해요. 그래서 물이 컵 안으로 빨려 들어갑니다.

144. 스스로 찌그러지는 캔

교과 단원 5학년 2학기 2단원 날씨와 우리 생활　**핵심 개념** 기압, 응결, 진공　**실험 시간** 20분　**난이도** ★★☆

준비물

캔　　집게　　오븐 팬　　물

실험 방법
1. 오븐 팬에 찬물을 채워요.
2. 빈 캔에 물을 조금 넣어요.
3. 캔을 불에 달구어요.
4. 집게로 캔을 조심히 잡고 캔 입구를 찬물에 넣어요.
5. 캔이 찌그러질 거예요.

💡 **방금 무슨 일이 일어났나요?** 캔 안의 물이 끓으면서 수증기가 나와요. 물속에 캔을 넣어 수증기가 못 나오게 하면 수증기가 찬물을 만나 응결해 거의 진공 상태가 됩니다. 대기압보다 캔 안의 압력이 낮아져 캔이 찌그러집니다.

145. 풍선으로 달리는 차

교과 단원 6학년 1학기 2단원 물체의 운동   **핵심 개념** 작용, 반작용   **실험 시간** 45분   **난이도** ★★★

준비물

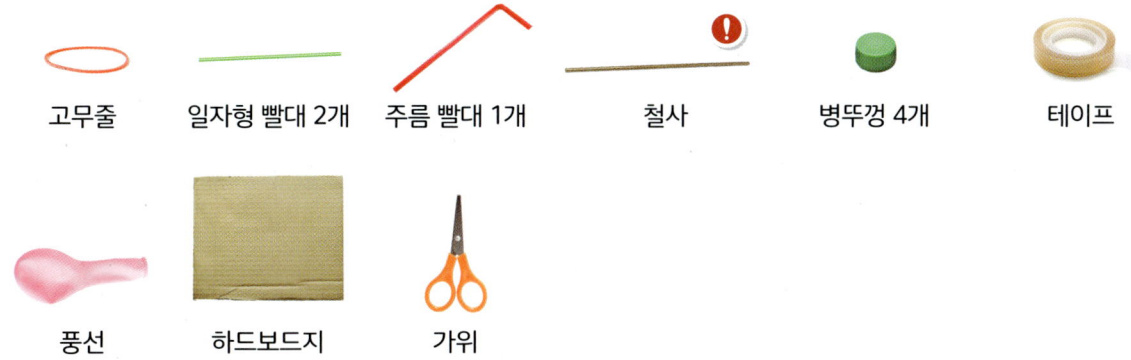

고무줄   일자형 빨대 2개   주름 빨대 1개   철사   병뚜껑 4개   테이프

풍선   하드보드지   가위

실험 방법

1. 먼저 차의 바퀴를 만들 거예요. 하드보드지 위아래에 일자형 빨대를 하나씩 놓고 테이프로 붙여요.
2. 각 빨대에 철사를 집어넣어요.
3. 철사에 병뚜껑을 붙여서 고정하면 바퀴는 완성이에요.
4. 풍선 입구에 주름 빨대를 연결해요. 풍선이랑 빨대가 분리되지 않게 고무줄을 묶어 고정해요.
5. 빨대를 하드보드지에 테이프로 붙여요.
6. 빨대로 풍선을 불고 나서 입에서 놓아요. 자동차가 움직이는 모습을 볼 수 있어요.

💡 **방금 무슨 일이 일어났나요?** 입에서 빨대를 놓으면 풍선의 공기가 빨대에서 나와요. 자동차는 공기가 나오는 방향과 반대로 움직이지요. 이때 풍선이 공기를 밖으로(뒤로) 세게 밀어 내는 힘을 '작용', 이 힘만큼 공기가 풍선을 앞으로 미는 힘을 '반작용'이라고 합니다.

중력 / 공기 / 빛 / 압력

146. 고집이 센 공

교과 단원 5학년 2학기 2단원 날씨와 우리 생활　**핵심 개념** 베르누이의 원리　**실험 시간** 5분　**난이도** ★☆☆

준비물

종이

페트병

실험 방법

1. 페트병을 옆으로 눕혀요.
2. 병 입구의 절반 크기 정도로 작은 종이공을 만들어요.
3. 종이공을 병 입구에 두고 안으로 불어 넣어 봐요.
4. 아무리 세게 불어도 종이공이 다시 밖으로 튀어나와요!

💡 **방금 무슨 일이 일어났나요?** 움직이는 공기는 가만히 있는 공기보다 압력이 낮아요. 공에 입김을 불면 공 주변의 공기 흐름이 빨라져 압력이 낮아져요. 상대적으로 페트병 안쪽은 압력이 높아요. 이 압력 차이 때문에 종이공은 밖으로 튀어나오게 됩니다. 이처럼 공기의 속도가 빠르면 압력이 낮아지고 속도가 느리면 압력이 높아지는 원리를 '베르누이의 원리'라고 합니다.

147. 서로 끌어당기는 사과

교과 단원 5학년 2학기 2단원 날씨와 우리 생활　**핵심 개념** 공기의 흐름　**실험 시간** 10분　**난이도** ★☆☆

준비물

사과 2개

끈

실험 방법

1. 사과 두 개를 각각 끈으로 묶어요.
2. 사과 두 개를 커튼 봉 같은 높은 곳에 매달아요. 사이를 약 5cm 떨어뜨려요.
3. 사과와 사과 사이로 입김을 세게 불어요. 사과끼리 맞닿을 거예요.

💡 **방금 무슨 일이 일어났나요?** 사과 두 개 사이로 입김을 불면 사과 사이의 공기의 흐름이 빨라져 기압이 낮아져요. 그러면 주변의 공기가 사과를 밀어서 두 개가 만나게 하지요.

148. 쑥 줄어든 마시멜로

교과 단원 4학년 2학기 3단원 여러 가지 기체 　**핵심 개념** 공기, 기압 　**실험 시간** 20분 　**난이도** ★★☆

준비물

빨대 　거울 　찰흙 　못 　망치 　마시멜로 　뚜껑이 있는 유리병

실험 방법

1. 유리병 뚜껑 가운데에 못과 망치로 구멍을 뚫어요. 어른에게 부탁하세요!
2. 뚜껑 구멍에 빨대를 넣고 찰흙으로 빈틈을 메워요.
3. 유리병에 마시멜로를 넣고 뚜껑을 닫아요.
4. 마시멜로가 보이도록 병 앞에 거울을 놓아요.
5. 빨대로 공기를 빨아들여요. 마시멜로가 줄어들어요!

우리 주변의 과학

마시멜로는 어떻게 만들어지나요?

마시멜로는 설탕과 물 등을 섞어 스펀지 형태로 만든 과자예요. 그래서 아주 부드럽고 푹신푹신하지요. 마시멜로를 전자레인지에 넣고 20초 정도 돌리면 공기가 팽창해서 크기가 아주 커져요! 한번 해 보세요.

💡 **방금 무슨 일이 일어났나요?** 마시멜로는 스펀지처럼 안에 공기 주머니가 많아요. 단단한 물체도 아니지요. 따라서 유리병에서 공기를 빨아들이면 병 안의 기압이 낮아져 마시멜로의 크기가 줄어들어요.

149. 알록달록 병 안의 분수

교과 단원 5학년 2학기 2단원 날씨와 우리 생활 **핵심 개념** 기압, 대기압 **실험 시간** 30분 **난이도** ★★★

준비물

뚜껑이 있는 유리병 2개 | 빨대 2개 | 물 | 노란색 식용 색소, 파란색 식용 색소 | 오븐 팬 또는 그릇 | 찰흙 | 드릴

실험 방법

1. 드릴로 유리병 뚜껑 하나에 구멍 두 개를 뚫어요. 어른에게 부탁하세요.
2. 빨대 하나를 반으로 잘라요. 빨대 두 개를 뚜껑 구멍에 하나씩 집어넣어요.
3. 찰흙으로 빈틈을 메워요.
4. 유리병에 물을 절반 채우고 노란색 식용 색소를 넣어요. 뚜껑을 닫아요.
5. 다른 유리병에도 물을 절반 채우고 파란색 식용 색소를 넣어요.
6. 파란 물이 든 유리병을 오븐 팬에 놓아요.
7. 노란 물이 들어 있는 유리병을 거꾸로 뒤집어요. 이때 긴 빨대가 파란 물이 든 유리병에 들어가야 해요.
8. 짧은 빨대에서 밖으로 노란 물이 나오고, 긴 빨대에서는 파란 물이 솟아오를 거예요.

💡 **방금 무슨 일이 일어났나요?** 뚜껑을 닫은 유리병의 노란 물이 빨대를 통해 밖으로 빠지면, 병 안의 기압이 줄어들어요. 그러면 병 밖의 대기압이 파란 물을 눌러, 파란 물이 빨대를 통해 노란 물이 들어 있는 유리병으로 이동하지요.

150. 풍선 묘기하기

교과 단원 5학년 2학기 2단원 날씨와 우리 생활 **핵심 개념** 베르누이의 원리 **실험 시간** 10분 **난이도** ★☆☆

준비물

풍선

헤어드라이어

실험 방법

1. 풍선을 불어요.
2. 헤어드라이어를 켜요.
3. 헤어드라이어 바람 출구를 위로 향하게 하고 그 위에 풍선을 두어요.
4. 헤어드라이어가 움직이는 대로 풍선이 따라갈 거예요.

💡 **방금 무슨 일이 일어났나요?** 풍선 아래에서 움직이는 공기는 풍선 옆에 가만히 있는 공기보다 압력이 낮아요. 따라서 풍선은 바깥에서 안쪽으로 힘을 받아서 다른 곳으로 날아가지 않고 공중에 뜰 수 있어요.

151. 공기가 든 유리컵

교과 단원 5학년 2학기 2단원 날씨와 우리 생활 **핵심 개념** 기압, 대기압 **실험 시간** 10분 **난이도** ★☆☆

준비물

유리컵

그릇

물

실험 방법

1. 그릇에 물을 넉넉히 부어요.
2. 유리컵을 그릇에 거꾸로 엎어요. 물이 유리컵 안으로 들어갈 거예요.
3. 거꾸로 된 유리컵을 위로 살짝 들어 올려요. 이때 컵의 입구가 계속 물속에 있어야 합니다.
4. 유리컵 안의 물이 내려가지 않고 그대로 남아 있는 모습을 볼 수 있어요!

💡 **방금 무슨 일이 일어났나요?** 컵 밖의 대기압은 언제나 물을 누르고 있어요. 물이 아래로 내려가려는 힘보다 대기압이 강해서 물이 유리컵 안에 남아 있어요.

152. 딱 달라붙은 접시

교과 단원 5학년 2학기 2단원 날씨와 우리 생활　**핵심 개념** 연소, 기압, 대기압　**실험 시간** 5분　**난이도** ★★☆

준비물

가벼운 접시　　유리병　　키친타월　　종이　　물　　성냥개비

실험 방법

1. 키친타월을 물에 적신 다음 접시 가운데에 놓아요.
   이때 키친타월은 유리병 입구보다 조금 더 커야 해요.
2. 종이를 찢어 불을 붙인 후 유리병에 떨어뜨려요.
3. 유리병을 조심스럽게 뒤집어서 적신 키친타월 위에 놓아요. 종이가 다 탈 때까지 그대로 두어요. 시간이 조금 지난 뒤 유리병을 들어 올리면 접시도 같이 들려요!

💡 **방금 무슨 일이 일어났나요?** 유리병 안에서 종이가 타면서 병 안의 기압이 높아져요. 종이가 다 타고 나서 공기가 식으면 기압이 낮아지지요. 병 밖의 대기압이 더 커서 접시가 병에 딱 달라붙습니다.

153. 누가 더 빨리 날아갈까? 풍선 로켓

교과 단원 6학년 1학기 2단원 물체의 운동　**핵심 개념** 작용, 반작용, 추진력　**실험 시간** 20분　**난이도** ★☆☆

준비물

  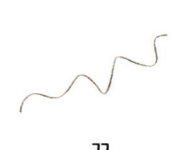 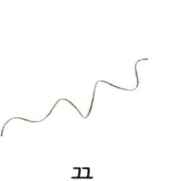   

풍선　　끈　　의자　　빨대　　테이프

실험 방법

1. 끈을 의자 다리에 묶어요.
2. 풍선을 불어서 끝을 꽉 잡은 채 테이프로 빨대를 붙여요.
3. 끈을 빨대에 집어넣어요.
4. 끈을 팽팽히 잡아당겨요.
5. 풍선을 잡은 손을 놓아요. 풍선이 로켓처럼 슝 날아가는 모습을 볼 수 있어요!

💡 **방금 무슨 일이 일어났나요?** 풍선에서 공기가 빠져나가면서(작용) 풍선이 앞으로 나아갑니다(반작용). 이런 힘을 '추진력'이라고 합니다.

154. 내가 직접 만드는 기압계

| 교과 단원 | 5학년 2학기 2단원 날씨와 우리 생활 | 핵심 개념 | 대기압 | 실험 시간 | 일주일 | 난이도 | ★★☆ |

준비물

입구가 좁은 유리병 　냄비 　종이 　물

실험 방법
1. 유리병의 $\frac{3}{4}$을 물로 채워요. 냄비는 물을 절반 정도 채워요.
2. 유리병 입구를 엄지손가락으로 막은 채 뒤집어서 냄비에 넣어요.
3. 병에 종이를 붙여 길이를 표시하고 시간, 날씨에 따라 달라지는 물 높이를 기록해요.
4. 날씨에 따라 병 안의 물 높이가 어떻게 달라지는지 비교해요.

> 💡 **방금 무슨 일이 일어났나요?** 병 밖의 대기압이 높을수록 병 안으로 물이 많이 들어와서 물 높이가 높아지고, 대기압이 낮을수록 병 안에서 물이 밖으로 나가 물 높이가 낮아집니다. 대기압에 따라 병 안의 물 높이가 오르락내리락 변하지요. 보통 저기압일 때는 흐리거나 비가 내리고 고기압일 때는 맑습니다.

155. 배고픈 유리병 🚨

| 교과 단원 | 5학년 2학기 2단원 날씨와 우리 생활 | 핵심 개념 | 연소, 기압 | 실험 시간 | 10분 | 난이도 | ★★☆ |

준비물

바나나 　종이 　성냥개비 　식용유 　유리병

실험 방법
1. 종이를 잘게 찢어서 유리병에 넣어요.
2. 유리병에 식용유를 조금 부어요. 이때 바나나는 껍질을 살짝 벗겨 두어요.
3. 성냥개비에 불을 붙여서 병 안에 떨어뜨려요.
4. 재빨리 바나나를 병 위에 올려놓아요. 이때 바나나의 알맹이는 병 안에, 껍질은 병 밖에 걸쳐 두어요.
5. 유리병이 배고픈 듯 바나나를 먹는 모습을 지켜보세요!

> 💡 **방금 무슨 일이 일어났나요?** 불에 타는 종이가 병 속의 공기를 데우고 산소도 모두 써 버렸어요. 그래서 병 안의 기압이 낮아졌지요. 공기는 고기압에서 저기압으로 흐르기 때문에 바나나를 병 안으로 밀어 넣은 거예요.

156. 물이 뿜어져 나오는 빨대 분수

교과 단원 4학년 2학기 3단원 여러 가지 기체　**핵심 개념** 압력, 팽창　**실험 시간** 10분　**난이도** ★★☆

준비물

빨대　코르크　병　물　못

실험 방법

1. 못으로 코르크 가운데에 빨대가 들어갈 크기의 구멍을 뚫어요. 어른에게 부탁하세요.
2. 병의 절반을 물로 채우고 코르크로 막아요. 코르크에 빨대를 넣어요.
3. 빨대를 불자마자 멀리 피해요.
4. 물이 뿜어져 나와요.

💡 **방금 무슨 일이 일어났나요?** 빨대로 공기를 불어 넣으면 병 안의 공기가 압축되어서 압력이 증가합니다. 불다가 멈추면 압축된 공기가 다시 팽창해서 물이 빨대 위로 뿜어져 나와요.

157. 착 달라붙은 유리컵

교과 단원 5학년 2학기 2단원 날씨와 우리 생활　**핵심 개념** 연소, 기압　**실험 시간** 10분　**난이도** ★☆☆

준비물

고무줄　유리컵 2개　종이　성냥개비

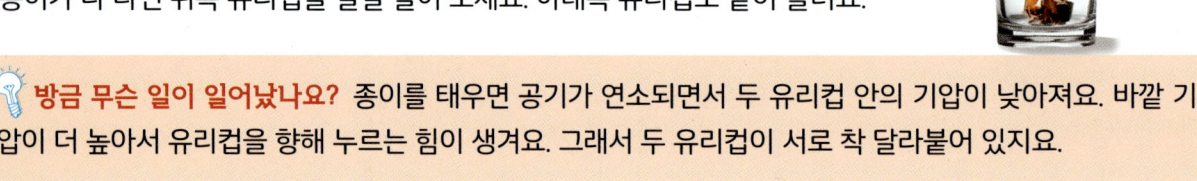

실험 방법

1. 고무줄을 물에 적셔서 유리컵 입구에 맞게 잘 늘여서 올려요.
2. 불을 붙인 종이를 유리컵에 넣자마자 다른 컵을 뒤집어서 그 위에 올려요.
3. 종이가 다 타면 위쪽 유리컵을 살살 들어 보세요. 아래쪽 유리컵도 같이 들려요.

💡 **방금 무슨 일이 일어났나요?** 종이를 태우면 공기가 연소되면서 두 유리컵 안의 기압이 낮아져요. 바깥 기압이 더 높아서 유리컵을 향해 누르는 힘이 생겨요. 그래서 두 유리컵이 서로 착 달라붙어 있지요.

158. 감자를 쏘아 올리자!

교과 단원 4학년 2학기 3단원 여러 가지 기체　**핵심 개념** 압력, 압축　**실험 시간** 10분　**난이도** ★☆☆

준비물

삶은 감자

키친타월 심 또는
두꺼운 빨대

연필

실험 방법

1. 키친타월 심의 한쪽 끝에 감자를 밀어 넣어요. 감자로 입구를 빈틈없이 막아야 해요.
2. 반대쪽도 똑같이 감자로 막아요.
3. 이제 연필로 감자를 빠르게 밀어 봐요.
4. 반대쪽 감자가 쑥 날아갈 거예요.

💡 **방금 무슨 일이 일어났나요?** 방금 만든 것은 아주 간단한 공기총이에요! 한쪽 끝에서 감자를 밀어서 통 안의 공기를 압축했어요. 안에 압력이 높아져 반대쪽 감자를 강하게 밀어 냈어요.

159. 후~ 불지 않고 불을 끄는 마술

교과 단원 6학년 2학기 2단원 물질의 연소　**핵심 개념** 연소, 산성, 염기성　**실험 시간** 20분　**난이도** ★★☆

준비물

냄비

식초 1컵

베이킹 소다
1큰술

양초

성냥개비

유리병

실험 방법

1. 냄비 한가운데에 양초를 놓은 다음 불을 붙여요.
2. 유리병에 베이킹 소다를 넣은 다음 식초를 부어요.
   그러면 부글부글 거품이 일어요. 이 거품을 냄비에 부으면 촛불이 꺼질 거예요.

💡 **방금 무슨 일이 일어났나요?** 베이킹 소다와 식초가 반응해서 이산화 탄소라는 기체를 만들었어요. 불꽃이 계속 타려면 산소가 필요한데 이산화 탄소가 많아져 촛불이 꺼졌어요.

160. 작은 풍선이 이길까? 큰 풍선이 이길까?

교과 단원 5학년 2학기 2단원 날씨와 우리 생활　**핵심 개념** 고기압, 저기압　**실험 시간** 10분　**난이도** ★★☆

준비물

풍선 2개

고무호스 또는 굵은 빨대

실험 방법

1. 풍선 하나를 불어요. 다 분 풍선은 묶지 말고 끝을 잡고 있어요.
2. 다른 풍선은 절반 크기로 불어요.
3. 고무호스 양쪽 끝에 풍선을 하나씩 연결해요. 풍선 바람이 빠지지 않도록 끝을 놓지 말아요.
4. 작은 풍선, 큰 풍선의 끝을 동시에 놓아요. 무슨 일이 생기는지 지켜봐요.
   작은 풍선에서 바람이 다 빠질 거예요!

💡 **방금 무슨 일이 일어났나요?** 큰 풍선에서 작은 풍선으로 공기를 밀어 넣을 것이라고 예상했나요? 사실 그 반대랍니다. 풍선 불 때를 떠올려 보세요! 처음에 불 때가 더 힘들지요? 작은 풍선이 큰 풍선보다 압력이 높은 상태이기 때문이에요. 또 공기는 항상 고기압에서 저기압으로 이동해요. 그래서 공기가 작은 풍선에서 큰 풍선으로 이동합니다.

161. 풍선으로 책 들어 올리기

교과 단원 5학년 2학기 2단원 날씨와 우리 생활   핵심 개념 공기, 기압   실험 시간 10분   난이도 ★☆☆

준비물

풍선   책   식탁

실험 방법

1. 식탁에 풍선을 올려놓아요. 입구를 식탁 끝에 오게 합니다.
2. 풍선 위에 책을 비스듬히 올려놓아요.
3. 이제 풍선을 불어요. 풍선이 책을 들어 올릴 거예요.

💡 **방금 무슨 일이 일어났나요?** 풍선을 불면 풍선 안의 기압이 증가해요. 이 기압은 책에 가해지는 기압보다 더 커요. 그래서 쉽게 책을 들어 올려요.

162. 병 안의 풍선

교과 단원 5학년 2학기 2단원 날씨와 우리 생활   핵심 개념 공기, 기압   실험 시간 10분   난이도 ★☆☆

준비물

풍선   페트병   핀 ❗

실험 방법

1. 페트병에 풍선을 넣고, 풍선 입구를 병 입구에 씌워요.
2. 풍선을 불어 봐요. 불 수 없을 거예요.
3. 이제 페트병 바닥에 핀으로 구멍을 뚫은 후에 다시 불어 봐요.
4. 이제 풍선을 불 수 있어요.

💡 **방금 무슨 일이 일어났나요?** 페트병 바닥에 구멍이 없으면 페트병 안의 공기가 풍선에 압력을 가하기 때문에 풍선을 불 수 없어요. 구멍을 낸 다음에는 풍선이 페트병 안의 공기를 밀어 낼 수 있어서 커졌어요.

163. 공을 공중에 뜨게 하자!

교과 단원 5학년 2학기 2단원 날씨와 우리 생활　**핵심 개념** 베르누이의 원리　**실험 시간** 5분　**난이도** ★☆☆

준비물

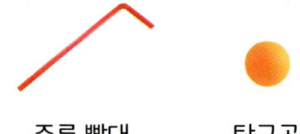

주름 빨대　　탁구공

실험 방법

1. 빨대를 L자 모양으로 구부려요.
2. 빨대의 긴 쪽을 입에 물어요.
3. 짧은 쪽 빨대 위에 탁구공을 올려놓고 입으로 불어요. 탁구공이 공중에 뜨는 것을 봐요!

💡 **방금 무슨 일이 일어났나요?** 움직이는 공기는 가만히 있는 공기보다 기압이 낮아요. 주변의 높은 기압의 공기가 탁구공 쪽을 밀기 때문에 탁구공은 빨대 위에 계속 떠 있어요.

164. 풍선으로 유리병을 들어 올리기

교과 단원 5학년 2학기 2단원 날씨와 우리 생활　**핵심 개념** 연소, 기압　**실험 시간** 15분　**난이도** ★★☆

준비물

풍선　　　종이　　　유리병　　성냥개비

실험 방법

1. 풍선을 유리병 입구보다 크게 불어서 묶어요.
2. 종이에 불을 붙여서 병 안에 넣어요.
3. 풍선을 병 입구에 껴요.
4. 불이 꺼지면 풍선을 들어 올려요. 유리병도 같이 들려요!

💡 **방금 무슨 일이 일어났나요?** 유리병 안에서 불꽃이 타면서 병 속의 공기를 뜨겁게 데우고 산소도 다 써 버려 병 안의 기압이 낮아졌어요. 바깥 공기가 병 안의 공기보다 압력이 높아져 풍선을 병 안으로 밀어 넣었지요. 풍선이 병 입구에 껴서 무거운 유리병을 들어 올릴 수 있었어요.

165. 서핑하는 풍선

교과 단원 6학년 1학기 2단원 물체의 운동　**핵심 개념** 작용, 반작용　**실험 시간** 20분　**난이도** ★☆☆

준비물

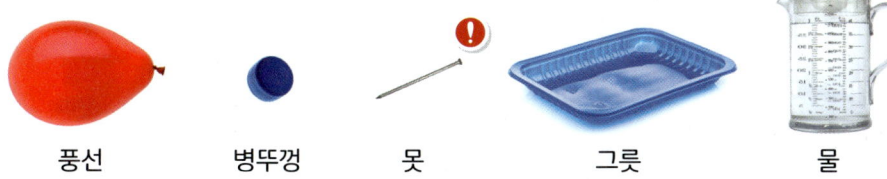

풍선　　병뚜껑　　못　　그릇　　물

실험 방법
1. 못으로 병뚜껑에 구멍을 뚫어요. 어른에게 부탁하세요.
2. 풍선을 분 다음 풍선 입구를 잡은 채 병뚜껑에 씌워요.
3. 병뚜껑 구멍을 손으로 막은 채 물이 담긴 그릇에 풍선을 놓아요.
4. 구멍에서 손을 떼면 풍선이 움직일 거예요.

💡 **방금 무슨 일이 일어났나요?** 풍선을 놓으면 병뚜껑의 구멍으로 공기가 빠져나와요(작용). 그러면 풍선이 바람이 빠지는 반대 방향으로 나아갑니다(반작용).

166. 풍선 바람개비

교과 단원 6학년 1학기 2단원 물체의 운동　**핵심 개념** 작용, 반작용　**실험 시간** 20분　**난이도** ★★☆

준비물

주름 빨대　　풍선　　테이프　　지우개 달린 연필　　핀

실험 방법
1. 빨대의 긴 쪽에 풍선을 씌워 테이프로 고정해요. 풍선은 나중에 불어요.
2. 사진처럼 핀으로 빨대를 뚫고 연필에 꽂아요.
3. 빨대의 짧은 쪽으로 풍선을 불어요.
4. 풍선을 충분히 불었으면 입을 떼요. 풍선 바람개비가 빙글빙글 돌아요.

💡 **방금 무슨 일이 일어났나요?** 공기가 풍선에서 밀려 나와요(작용). 이 힘으로 풍선 바람개비가 빙글빙글 돌아갑니다(반작용).

중력 / 공기 / 빛 / 압력

167. 신문지는 젖을까? 안 젖을까?

교과 단원 4학년 2학기 3단원 여러 가지 기체　**핵심 개념** 공기, 기압　**실험 시간** 10분　**난이도** ★☆☆

준비물

신문지　　유리컵　　냄비　　물

실험 방법
1. 유리컵에 신문지를 구겨 넣어요. 이때 유리컵 가득 채우지는 않아요.
2. 유리컵을 뒤집어서 물이 담긴 냄비에 빠르게 담가요. 유리컵을 기울이지 말아요.
3. 10초간 두었다가 꺼내요. 놀랍게도 신문지가 젖지 않았어요.

💡 **방금 무슨 일이 일어났나요?** 컵 속에는 공기가 들어 있어요. 컵 안에 갇힌 공기 덕분에 신문지가 젖지 않았어요.

168. 빨대 분무기

교과 단원 5학년 2학기 2단원 날씨와 우리 생활　**핵심 개념** 공기, 기압　**실험 시간** 15분　**난이도** ★☆☆

준비물

빨대 2개　　유리컵　　물

실험 방법
1. 물이 절반 담긴 유리컵에 빨대를 넣어요.
2. 이 빨대와 직각이 되게끔 다른 빨대를 두어요. 그 빨대를 세게 불어요.
3. 물에 담긴 빨대에서 물이 올라와 빨대와 빨대 사이에서 물이 분무기처럼 나와요!

💡 **방금 무슨 일이 일어났나요?** 빨대를 불면 바람이 나오는 곳의 압력이 낮아져서 높은 압력의 대기압이 컵 속의 물을 누릅니다. 이 힘 때문에 물에 담긴 빨대에서 물이 올라옵니다. 바람에 의해 물이 물방울 형태로 흩어져요.

3장

눈으로 직접 봐도 신기해! 밀도, 정전기, 식물, 우리 몸 실험

껍질을 벗긴 오렌지가 가라앉고, 껍질이 있는 오렌지가 뜨는 이유는 무엇일까요? 컵 속에 작은 용암을 만들면서 신기한 밀도의 비밀을 파헤쳐 봐요. 손끝에서 찌릿찌릿 전기가 생기고, 풍선 하나로 물줄기를 휘게 만드는 정전기 마법도 부릴 수 있어요.

흙 없이도 콩을 키우고, 나뭇잎이 녹색인 이유를 알아보며 식물이 어떻게 살아가는지 배워 봐요. 우리 몸의 심장 박동과 딸기의 DNA까지 직접 관찰해 볼 수 있답니다. 눈으로 직접 보고도 믿기 힘든 신기한 과학의 세계로 떠나 볼까요?

겉모습만으로는 알 수 없어요! 밀도 실험

우리는 종종 물건의 크기만 보고 무게를 짐작하곤 해요. 때로는 작은 물건이 무겁거나 큰 물건이 가벼워서 놀랄 때도 있어요. 이처럼 겉모습만으로는 알 수 없는 물체의 비밀은 바로 밀도 때문입니다.

밀도는 같은 부피에 얼마나 많은 물질이 빽빽하게 채워져 있는지를 나타내는 값이에요. 같은 크기의 금과 나무토막 중에 금이 더 무거운 이유도 금이 나무보다 밀도가 더 높기 때문이지요. 돌멩이와 지우개, 쇠구슬과 유리구슬처럼 크기는 비슷한데 무게 차이가 많이 나는 물질들을 찾아보고 직접 비교해 보세요!

169. 어떤 오렌지가 떠오를까?

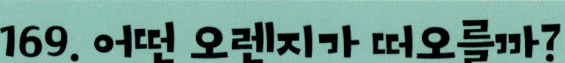

교과 단원 3학년 2학기 1단원 물체와 물질   핵심 개념 밀도, 부력   실험 시간 5분   난이도 ★☆☆

준비물

오렌지 2개

냄비

물

실험 방법

1. 냄비를 물로 채워요.
2. 오렌지 하나는 껍질을 벗겨 냄비에 넣어요.
3. 다른 하나는 껍질을 벗기지 않고 그대로 냄비에 넣어요.
   어떤 오렌지가 떠오를지 지켜봐요. 껍질을 벗겨 더 가벼워진 오렌지가 위로 뜰까요?
4. 예상과 달리 껍질이 있는 오렌지가 둥둥 뜨고, 껍질을 벗긴 오렌지는 가라앉아요.

💡 **방금 무슨 일이 일어났나요?** 오렌지 껍질에는 작은 공기 주머니가 가득해서 오렌지가 물 위에 둥둥 뜰 수 있어요. 공기는 물보다 밀도가 낮기 때문이지요. 껍질을 벗기면 공기 주머니가 사라지고 밀도가 높아져서 가라앉아요. 따라서 껍질을 벗긴 오렌지가 껍질이 있는 오렌지보다 가볍더라도 가라앉아요.

170. 눈 결정을 크게 만들어 보자!

교과 단원 5학년 1학기 3단원 용해와 용액   **핵심 개념** 용해   **실험 시간** 48시간   **난이도** ★★★

준비물

 끈    내열 강화 유리병    뜨거운 물   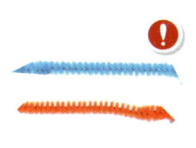 모루 철사    설탕 2컵   연필    니퍼

실험 방법

1. 모루 철사를 3등분으로 잘라요.
2. 자른 조각으로 눈 결정 구조를 만들어요.
3. 결정 모양 가운데에 끈을 묶어요.
4. 끈 반대편에는 연필을 묶어요.
5. 유리병에 뜨거운 물을 절반 정도 채워요.
6. 유리병에 설탕을 많이 부어요. 설탕이 더 안 녹을 때까지 녹여요.
7. 눈 결정 구조를 설탕물에 넣고 유리병 위에 연필을 걸쳐 두어요.
8. 하룻밤 동안 그대로 두어요. 다음 날 아침에 보면 눈 결정 구조가 하얗게 덮여 있을 거예요.

우리 주변의 과학

눈송이는 어떻게 만들어질까?

눈송이는 구름 속의 수증기가 찬 공기와 만나 얼음 결정으로 변하면서 생겨요. 눈송이는 방금 만든 설탕 송이처럼 육각형 구조로 되어 있어요. 아주 놀라운 사실은 완전히 똑같은 모양의 눈송이는 단 하나도 없다는 거예요!

💡 **방금 무슨 일이 일어났나요?** 설탕은 찬물보다 뜨거운 물에서 더 많이 녹아요. 뜨거운 용액이 차가워지면서 물 분자끼리 서로 가까워져 뜨거운 물만큼 설탕을 많이 가지고 있을 수 없어요. 더는 물에 녹아 있을 수 없게 된 설탕 분자들은 물이 식는 동안 서로 뭉쳐서 규칙적인 배열을 이루며 결정을 만들어요.

밀도 / 정전기 / 식물 / 우리 몸

171. 아래위로 움직이는 케첩 잠수함

교과 단원 3학년 1학기 1단원 힘과 우리 생활　**핵심 개념** 부력　**실험 시간** 5분　**난이도** ★☆☆

준비물

소금　　일회용 케첩　　페트병　　물

실험 방법
1. 페트병에 물을 채우고 일회용 케첩을 봉지째 넣어요.
2. 케첩이 물에 뜰 때까지 페트병에 소금을 넣어요.
3. 케첩이 물 위에 뜨면 뚜껑을 닫고 페트병을 꽉 쥐어요.
4. 페트병을 꽉 쥐면 케첩은 가라앉고, 힘을 풀면 위로 올라갑니다.

💡 **방금 무슨 일이 일어났나요?** 케첩 봉지 안에는 공기가 조금 들어 있어요. 페트병을 꽉 쥐면 케첩 안에 공기 부피가 압축되면서 물에 뜨는 힘인 부력이 줄어들어 가라앉는 거예요. 반대로 힘을 풀면 공기 부피가 다시 커져서 부력이 생기고 물에 뜨는 것이랍니다.

172. 컵 속의 작은 용암

교과 단원 3학년 2학기 1단원 물체와 물질　**핵심 개념** 밀도　**실험 시간** 10분　**난이도** ★☆☆

준비물

유리컵　　소금　　물 $\frac{3}{4}$컵　　식용유 $\frac{1}{4}$컵　　식용 색소

실험 방법
1. 유리컵에 식용 색소와 식용유를 넣어요.
2. 식용유 위에 소금을 뿌려요.
3. 색소 덩어리가 용암처럼 유리컵 안에서 아래위로 움직이는 모습을 지켜봐요!

💡 **방금 무슨 일이 일어났나요?** 기름(식용유)은 물보다 가벼워서 물 위에 뜹니다. 이때 소금을 뿌리면 소금이 약간의 기름을 흡수하며 물에 가라앉아요. 가라앉은 소금이 물에 녹으면서 기름이 위로 올라오지요.

173. 내 손 안의 바다

| 교과 단원 | 3학년 2학기 1단원 물체와 물질 | 핵심 개념 | 밀도 | 실험 시간 | 15분 | 난이도 | ★☆☆ |

준비물

뚜껑이 있는 병 / 물 / 식용 색소 10방울 / 반짝이 가루 / 베이비오일 / 가벼운 플라스틱 장난감

실험 방법
1. 병에 물을 절반쯤 채우고, 식용 색소와 반짝이 가루를 넣어요.
2. 병의 $\frac{3}{4}$까지 베이비오일을 채워요.
3. 오일 위에 장난감을 띄운 다음 뚜껑을 꽉 닫아요.
4. 조심스럽게 병을 흔들어요. 내 손 안의 바다를 만들었어요!

💡 **방금 무슨 일이 일어났나요?** 물은 기름(오일)보다 밀도가 높아요. 또 두 액체는 섞이지 않지요. 병을 흔들면 물과 기름이 서로를 밀어 내서 파도처럼 일렁여요.

174. 줄로 이어진 눈 결정 만들기

| 교과 단원 | 6학년 1학기 3단원 식물의 구조와 기능 | 핵심 개념 | 모세관 현상 | 실험 시간 | 일주일 | 난이도 | ★★☆ |

준비물

내열 강화 유리병 2개 / 클립 / 털실 / 베이킹 소다 4큰술 / 접시 / 숟가락 / 뜨거운 물

실험 방법
1. 두 유리병을 뜨거운 물로 채워요.
2. 베이킹 소다가 더 녹지 않을 때까지 넣으면서 저어요.
3. 털실 끝에 클립을 하나씩 달아요.
4. 털실이 두 유리병에 걸쳐 있도록 클립을 유리병 안에 하나씩 넣어요.
5. 병 사이에 털실이 축 처진 곳 아래에 접시를 놓아요.
   일주일 정도 그대로 두면 털실의 가운데에 베이킹 소다 결정이 생깁니다.

💡 **방금 무슨 일이 일어났나요?** 모세관 현상 때문에 베이킹 소다 용액이 털실을 통해 이동했어요. 양쪽에서 올라온 베이킹 소다가 털실 가운데에서 뭉쳐서 아래로 떨어져요.

175. 멋진 라바 램프

교과 단원 3학년 2학기 1단원 물체와 물질   핵심 개념 밀도, 기포   실험 시간 30분   난이도 ★★☆

준비물

페트병   식용유   식용 색소   제산제   물

실험 방법

1. 페트병에 물과 식용유를 $\frac{1}{3}$씩 채워요.
2. 식용유와 물이 분리될 때까지 기다린 후에 식용 색소를 넣어요.
3. 제산제를 갈라서 $\frac{1}{5}$ 조각을 페트병에 넣어요.
4. 색깔 있는 기포가 위로 떠오르는 모습을 볼 수 있어요.
5. 손전등으로 페트병의 바닥을 비추면 더 멋진 장면을 볼 수 있지요.

우리 주변의 과학

라바 램프의 원리

라바 램프에는 투명한 액체에 왁스가 들어 있습니다. 바닥에 놓인 전구의 열로 왁스가 가열되면 위로 올라갔다가 식은 다음에 다시 아래로 떨어집니다. 이 움직임을 반복하지요.

💡 **방금 무슨 일이 일어났나요?** 기름은 밀도가 낮아서 물 위에 뜹니다. 식용 색소는 페트병 아래에서 물과 섞이지요. 제산제 조각이 물과 만나 만들어지는 작은 이산화 탄소 기포는 색소 물방울과 함께 위로 올라갑니다. 위에서 기포가 터지면 색소 물이 아래로 내려가고, 이를 반복합니다.

176. 어떤 콜라가 더 가벼울까?

교과 단원 3학년 2학기 1단원 물체와 물질　**핵심 개념** 밀도　**실험 시간** 5분　**난이도** ★☆☆

준비물

콜라 캔　　다이어트 콜라 캔　　물　　어항 또는 대야
　　　　　또는 제로 콜라 캔

실험 방법
1. 콜라 캔과 다이어트 콜라 캔의 무게를 재요.
2. 어항에 물을 채우고 두 캔을 넣어요. 둘 다 물에 뜰까요?

💡 **방금 무슨 일이 일어났나요?** 예상과 달리 다이어트 콜라가 물에 뜨고 일반 콜라는 가라앉았어요. 다이어트 콜라보다 단맛을 내는 감미료가 많이 들어 있는 일반 콜라는 물보다 밀도가 커서 가라앉아요.

177. 눈으로 확인하는 밀도의 차이

교과 단원 3학년 2학기 1단원 물체와 물질　**핵심 개념** 밀도　**실험 시간** 30분　**난이도** ★★☆

준비물

꿀　　주방 세제　　물　　식용유　　소독용 알코올　　긴 유리컵　　파란색 식용 색소

실험 방법
1. 유리컵에 꿀을 $\frac{1}{4}$만큼 부어요.
2. 주방 세제를 살살 넣어요.
3. 식용 색소와 물을 섞은 다음 살살 부어요.
4. 그 위에 식용유를 넣어요.
5. 마지막으로 소독용 알코올을 넣어요.

💡 **방금 무슨 일이 일어났나요?** 밀도가 높은 액체는 바닥에 가라앉고 밀도가 낮은 액체는 위에 뜹니다. 소독용 알코올, 기름, 물, 주방 세제, 꿀 순서로 밀도가 높아집니다.

178. 마법의 옥수수

교과 단원 3학년 2학기 1단원 물체와 물질   핵심 개념 밀도   실험 시간 10분   난이도 ★☆☆

준비물

옥수수 알갱이

무거운 공

플라스틱 공

유리병

실험 방법

1. 유리병에 플라스틱 공을 넣고 옥수수로 채워요.
2. 그 위에 무거운 공을 넣고 마구 흔들어요.
3. 무거운 공은 바닥으로 가라앉고 플라스틱 공은 위로 올라올 거예요.

💡 **방금 무슨 일이 일어났나요?** 무거운 공은 밀도가 높아서 가라앉아요. 공기로 가득 찬 플라스틱 공은 밀도가 낮아서 위로 올라갑니다.

179. 뜨거운 물과 차가운 물이 만날 때

교과 단원 3학년 2학기 1단원 물체와 물질   핵심 개념 밀도   실험 시간 10분   난이도 ★★☆

준비물

내열 강화
유리병 2개

뜨거운 물

찬물

하드보드지

빨간색 식용 색소,
파란색 식용 색소

실험 방법

1. 유리병에 뜨거운 물을 부은 후 빨간색 식용 색소를 넣어요.
2. 다른 유리병에는 찬물을 부은 후 파란색 식용 색소를 넣어요.
3. 파란색 유리병 입구를 하드보드지로 덮어요.
4. 파란색 유리병을 뒤집어 빨간색 유리병 위에 올려요. 그다음 하드보드지를 쏙 빼요.
5. 빨간색 물이 위로 올라가고 파란색 물이 아래로 내려갑니다.

💡 **방금 무슨 일이 일어났나요?** 뜨거운 물은 찬물보다 밀도가 낮아서 더 가볍습니다. 따라서 빨간색의 뜨거운 물은 위로 올라가고 파란색의 찬물이 아래로 내려와요.

180. 내가 움직이는 대로 따라오는 코르크

교과 단원 3학년 2학기 1단원 물체와 물질　**핵심 개념** 밀도　**실험 시간** 10분　**난이도** ★☆☆

준비물

 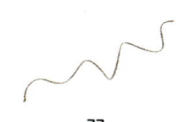   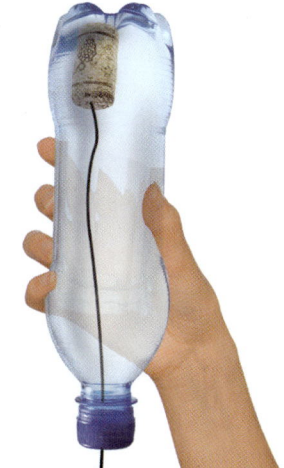

코르크　　끈　　압핀　　2L 페트병　　물

실험 방법

1. 압핀에 끈을 묶고 코르크에 찔러 넣어요.
2. 페트병에 물을 채운 다음 코르크를 넣어요. 실을 밖으로 뺀 후에 뚜껑을 닫아요.
3. 페트병을 뒤집은 채 방 안을 돌아다녀 보세요. 여러분이 움직이는 방향이 어디든 물속에서 코르크가 그 방향으로 움직일 거예요.

> 💡 **방금 무슨 일이 일어났나요?** 물은 코르크보다 밀도가 커요. 따라서 여러분이 움직이면 물이 그 방향으로 움직여 코르크를 미는 것이랍니다.

181. 찬물 안에 뜨거운 물을 넣으면?

교과 단원 3학년 2학기 1단원 물체와 물질　**핵심 개념** 밀도　**실험 시간** 15분　**난이도** ★★☆

준비물

작은 내열 강화 유리병　어항　빨간색 식용 색소, 파란색 식용 색소　실　뜨거운 물　찬물

실험 방법

1. 어항에 찬물을 붓고 파란색 식용 색소를 넣어요.
2. 작은 유리병에 뜨거운 물을 채운 후 빨간색 식용 색소를 넣어요.
3. 작은 유리병을 실로 매달아서 어항에 천천히 넣어요.
4. 빨간 물이 유리병에서 올라올 거예요.

> 💡 **방금 무슨 일이 일어났나요?** 뜨거운 물은 찬물보다 밀도가 낮아서 가벼워요. 그래서 빨간색의 뜨거운 물이 찬물 위로 올라가지요.

182. 무지개 소금물 만들기

교과 단원 3학년 2학기 1단원 물체와 물질 **핵심 개념** 용해, 밀도 **실험 시간** 15분 **난이도** ★★☆

준비물

컵 7개 / 소금 / 식용 색소 7종 / 빨대 / 물

실험 방법

1. 첫 번째 컵에 소금을 1큰술 넣고, 두 번째 컵에는 2큰술 넣어요. 이런 식으로 소금을 넣어 마지막 일곱 번째 컵에는 7큰술을 넣어요.
2. 컵마다 다른 색깔의 식용 색소를 풀어요.
3. 첫 번째 컵에 빨대를 담가요.
4. 빨대의 위쪽을 엄지손가락으로 막고 컵에서 꺼내요.
5. 그 빨대를 일곱 번째 컵에 담근 후 엄지손가락을 떼요.
6. 나머지 컵에서도 빨대로 색소 물을 마지막 컵으로 옮겨요.

💡 **방금 무슨 일이 일어났나요?** 뒤로 갈수록 소금물의 밀도가 높아져요. 각 컵에서 색소 물을 다 옮기고 나면 일곱 번째 컵에 색소 층이 일곱 개로 나뉘어 있을 거예요.

183. 와작와작 얼음 사탕

교과 단원 5학년 1학기 3단원 용해와 용액 **핵심 개념** 용해, 결정 **실험 시간** 일주일 **난이도** ★★☆

준비물

식용 색소 / 프라이팬 / 물 / 설탕 2컵 / 내열 강화 유리병 / 나무젓가락 / 숟가락

실험 방법

1. 프라이팬에 물과 설탕, 식용 색소를 넣어요.
2. 프라이팬에 불을 켜고 설탕이 다 녹을 때까지 계속 저으면서 끓여요.
3. 만든 시럽을 유리병에 붓고 나무젓가락을 꽂아요.
4. 일주일 동안 건드리지 않고 그대로 두어요. 나무젓가락 위에 얼음 사탕이 생겼을 거예요.

💡 **방금 무슨 일이 일어났나요?** 뜨거운 물에서는 설탕이 더 많이 녹아요. 하지만 물이 식으면서 물 분자끼리 가까워져 뜨거운 물만큼 설탕을 충분히 갖고 있지 못해요. 따라서 설탕이 물에서 빠져나와 젓가락 끝에서 결정을 이루었어요. 얼음처럼 단단하게 굳었지요.

184. 곰 젤리가 커지는 마술

교과 단원 6학년 1학기 3단원 식물의 구조와 기능　**핵심 개념** 삼투 현상　**실험 시간** 24시간　**난이도** ★☆☆

준비물

곰 모양 젤리　　냄비　　물

실험 방법

1. 냄비의 절반을 물로 채워요.
2. 곰 모양 젤리 하나를 냄비에 넣어요.
3. 하룻밤 동안 그대로 두어요.
4. 다음 날 아침이면 젤리의 크기가 두 배로 커졌을 거예요!

💡 **방금 무슨 일이 일어났나요?** 젤리는 설탕 같은 물질이 많이 들어 있어 물보다 농도가 높아요. 농도가 낮은 곳에서 농도가 높은 곳으로 물 분자들이 이동하는 삼투 현상 때문에 젤리가 부풀어요. 농도는 얼마나 많이 녹아 있는지를 나타내고, 밀도는 공간이 얼마나 빽빽하게 채워져 있는지를 나타냅니다.

185. 삼색 컵에 코르크가 둥둥!

교과 단원 3학년 2학기 1단원 물체와 물질　**핵심 개념** 밀도　**실험 시간** 30분　**난이도** ★☆☆

준비물

건포도　포도　코르크　동전　꿀　식용유　물　긴 유리컵

실험 방법

1. 긴 유리컵에 꿀, 식용유, 물을 $\frac{1}{3}$씩 넣어요. 꿀, 물, 식용유 순서로 분리될 거예요.
2. 건포도, 포도, 코르크, 동전을 유리컵에 떨어뜨려요.
3. 코르크는 위에 뜨고, 동전은 바닥에 가라앉지만, 건포도는 중간에 떠 있을 거예요.

💡 **방금 무슨 일이 일어났나요?** 건포도, 포도, 코르크, 동전은 밀도가 다 달라서 밀도에 따라 다른 층에 떠 있습니다.

밀도 / 정전기 / 식물 / 우리 몸

186. 점점 내려가는 골프공

교과 단원 3학년 2학기 1단원 물체와 물질 **핵심 개념** 밀도 **실험 시간** 10분 **난이도** ★☆☆

준비물

골프공   소금   유리병   물

실험 방법

1. 유리병의 반을 물로 채워요.
2. 유리병에 소금을 넣어요. 소금이 더 녹지 않을 때까지 부어요.
3. 유리병에 골프공을 넣으면 물 위에 둥둥 뜰 거예요.
4. 여기에 맹물을 더 넣어 보세요. 골프공이 점점 내려와 중간에 뜰 거예요.

💡 **방금 무슨 일이 일어났나요?** 소금물은 골프공보다 밀도가 더 높아요. 그래서 골프공이 위에 뜨지요. 하지만 맹물을 더 부으면 소금물의 밀도가 낮아져서 골프공이 중간으로 내려와요.

187. 기름에 빠진 얼음

교과 단원 3학년 2학기 1단원 물체와 물질 **핵심 개념** 밀도 **실험 시간** 30분 **난이도** ★☆☆

준비물

식용 색소   식용유
(식물성 기름)   베이비오일   얼음   유리컵

실험 방법

1. 유리컵에 식용 색소 두 방울을 넣어요.
2. 유리컵에 식용유, 베이비오일을 반씩 부어요.
두 기름의 밀도가 달라서 분리될 거예요.
3. 컵에 얼음을 떨어뜨리면 얼음은 유리컵 가운데에 머무를 거예요.
4. 얼음이 녹는 모습을 지켜봐요.
5. 물방울이 천천히 가라앉으면서 식용 색소와 섞여요.

💡 **방금 무슨 일이 일어났나요?** 베이비오일은 밀도가 낮아서 식용유 위에 떠요. 얼음은 식용유보다 밀도가 낮지만 베이비오일보다 밀도가 높아서 가운데에 떠 있어요. 하지만 물은 얼음보다 밀도가 높아서 바닥으로 가라앉아요. 베이비오일, 얼음, 식용유, 물 순서로 밀도가 점점 높아짐을 알 수 있어요.

188. 달걀 껍데기를 보석 원석처럼 만들기

교과 단원 5학년 1학기 3단원 용해와 용액　　**핵심 개념** 용해　　**실험 시간** 48시간　　**난이도** ★★★

준비물

달걀 껍데기　　목공 풀　　명반(백반) 가루　　나무 숟가락　　뜨거운 물　　계량컵　　식용 색소

실험 방법

1. 달걀 껍데기를 두 조각으로 갈라요.
2. 껍데기 안쪽에 목공 풀을 얇게 펴 발라요.
3. 풀이 마르기 전에 위에 명반 가루를 뿌려요.
   달걀 껍데기를 하룻밤 동안 말려요!
4. 다음 날 계량컵에 뜨거운 물 두 컵을 붓고
   식용 색소 다섯 방울을 넣어요.
5. 물에 명반 가루를 붓고 녹을 때까지 저어요.
   여기에 달걀 껍데기를 넣고 하룻밤 동안 식혀요.
6. 다음 날 확인해 보세요. 예쁜 색깔의 결정들이 생겼을 거예요!
   보석의 원석 같지 않나요?

💡 **방금 무슨 일이 일어났나요?** 뜨거운 물에서는 찬물보다 명반 가루를 더 많이 녹일 수 있어요. 뜨거운 물이 식기 시작하면 명반이 들어갈 곳이 없어져 달걀 껍데기에 붙어 결정이 되지요.

밀도 / 정전기 / 식물 / 우리 몸

189. 무거운 쌀 병을 들어 올리는 마법

교과 단원 3학년 2학기 1단원 물체와 물질　**핵심 개념** 밀도, 마찰력　**실험 시간** 10분　**난이도** ★☆☆

준비물

쌀

젓가락

페트병

실험 방법

1. 페트병에 쌀을 입구까지 가득 채워요.
2. 병을 톡톡 쳐서 틈이 없게 하고, 쌀을 더 부어요. 페트병이 완전히 다 찰 때까지 이 과정을 반복해요.
3. 사진처럼 젓가락을 눌러 꽂아요. 젓가락을 움직이기 힘들 만큼 쌀로 충분히 꽉 채웠다면 페트병을 들어 보세요.

💡 **방금 무슨 일이 일어났나요?** 페트병은 쌀로 빽빽하게 채워진 상태입니다. 쌀이 움직일 만한 공간이 거의 없고, 쌀과 젓가락 사이에 마찰력이 커져서 젓가락으로 무거운 쌀 병을 들 수 있어요.

190. 마시며 밀도를 느껴 봐요!

교과 단원 3학년 2학기 1단원 물체와 물질　**핵심 개념** 밀도　**실험 시간** 10분　**난이도** ★★☆

준비물

백포도 주스, 오렌지 주스, 석류 주스

스포이트

유리컵

실험 방법

1. 유리컵에 백포도 주스를 부어요.
2. 스포이트로 그 위에 오렌지 주스를 살살 떨어뜨려요.
3. 마지막으로 석류 주스를 살살 떨어뜨려요.

💡 **방금 무슨 일이 일어났나요?** 주스에는 설탕이 녹아 있어요. 주스마다 녹은 설탕의 양이 달라서 밀도가 달라요. 백포도 주스는 설탕이 가장 많이 들어 있고, 석류 주스는 설탕이 가장 적어요.

찌릿! 정전기를 활용한 놀라운 실험

건조한 겨울 아침에 목도리를 만지자마자 찌릿 하고 전기가 통한 적 있을 거예요. 바로 정전기이지요.
정전기란 서로 다른 두 물체가 만났을 때 한 물체에 있던 작은 음전하 입자(전자)가 다른 물체로 이동해 양전하와 음전하의 양이 같지 않을 때 생기는 현상이에요. 이 정전기 현상으로 물줄기를 휘게 할 수도 있고 손을 안 대고 캔을 움직일 수도 있어요. 신기한 정전기를 직접 만들어 보고 느낄 수 있는 실험을 해 봅시다!

191. 이리저리 휘어지는 물

교과 단원 6학년 2학기 3단원 전기의 이용　**핵심 개념** 정전기 유도　**실험 시간** 5분　**난이도** ★☆☆

준비물

플라스틱 빗

실험 방법

1. 욕실에서 수돗물을 약하게 틀어요. 물줄기가 가늘어야 해요.
2. 플라스틱 빗으로 머리를 여러 번 빗어요.
3. 빗을 천천히 물 앞으로 가져가되 물에 대지는 않아요.
4. 물이 휘어지는 모습을 볼 수 있어요.

💡 **방금 무슨 일이 일어났나요?** 플라스틱 빗으로 머리를 빗으면 빗이 음전하를 띠어요. 빗이 음전하나 양전하를 띠지 않는 중성 상태인 물의 양전하를 끌어당겨서 물줄기가 빗 쪽으로 휘어지게 만들어요. 이처럼 음전하나 양전하를 띤 물체가 중성 물체를 끌어당기는 현상을 '정전기 유도'라고 합니다.

밀도 / 정전기 / 식물 / 우리 몸

192. 풍선을 따라다니는 캔

교과 단원 6학년 2학기 3단원 전기의 이용　**핵심 개념** 정전기 유도, 인력　**실험 시간** 10분　**난이도** ★☆☆

준비물

풍선

탄산음료 캔

목도리

실험 방법
1. 목도리로 풍선을 문질러요.
2. 탄산음료 캔을 눕혀요.
3. 풍선을 캔에 가까이 가져가요. 캔이 풍선 쪽으로 오는 모습을 지켜봐요.
4. 천천히 풍선으로 캔을 움직여 보세요.

💡 **방금 무슨 일이 일어났나요?** 목도리로 풍선을 문지르면 목도리의 전자가 풍선으로 이동해 풍선이 음전하를 띱니다. 캔에 음전하를 띠는 풍선을 가져다 대면 캔의 음전하들이 멀어지고, 풍선 가까운 쪽에 양전하들이 남아요. 음전하와 양전하는 서로 끌어당기기 때문에 캔이 풍선을 따라다닙니다.

193. 정전기 마법

교과 단원 6학년 2학기 3단원 전기의 이용　**핵심 개념** 정전기 유도, 인력　**실험 시간** 10분　**난이도** ★☆☆

준비물

목도리

플라스틱 빨대

스티로폼 공

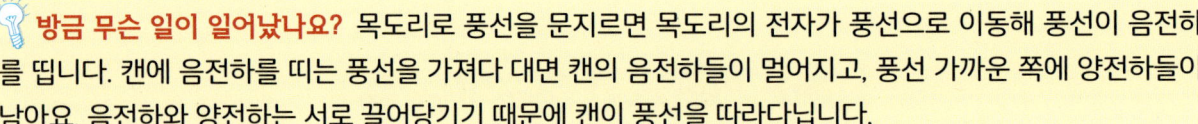

실험 방법
1. 목도리로 플라스틱 빨대를 감싼 채 20번 정도 문질러요.
2. 이제 마법의 빨대를 스티로폼 공 위로 가져가요. 움직여 보세요. 공이 신기하게 통통 튈 거예요.

💡 **방금 무슨 일이 일어났나요?** 플라스틱 빨대를 목도리로 문지르면 빨대가 음전하를 띠어요. 그래서 빨대가 중성인 스티로폼 공의 양전하 부분을 끌어당겨 공이 움직여요.

194. 찌릿찌릿 전기 충격

교과 단원 6학년 2학기 3단원 전기의 이용   **핵심 개념** 전도체, 절연체   **실험 시간** 20분   **난이도** ★★★

준비물

털 담요

수도꼭지

실험 방법

1. 건조한 날, 화장실로 가요. 고무로 된 욕실화를 신고 수도꼭지 앞에 서요.
2. 가족이나 친구에게 털 담요로 등을 문질러 달라고 해요. 정전기를 일으키는 중이에요!
3. 이제 천천히 손가락을 수도꼭지로 가까이 가져가요. 정전기가 통하면 찌릿 하는 느낌이 들 거예요. 정전기가 세면 스파크도 볼 수 있어요.

💡 **방금 무슨 일이 일어났나요?** 가족이나 친구가 털 담요로 등을 문질렀을 때 우리 몸은 전기가 통하는 '전도체'가 돼요. 전기를 잘 전달하지 않는 물체는 '절연체'라고 합니다.

195. 혼자 움직이는 휴지

교과 단원 6학년 2학기 3단원 전기의 이용   **핵심 개념** 정전기 유도, 인력   **실험 시간** 10분   **난이도** ★☆☆

준비물

투명 파일

두꺼운 책 2권

목도리

휴지 또는 색종이

접시

실험 방법

1. 두꺼운 책 2권 사이에 접시를 놓고, 책 위에 투명 파일을 얹어요.
2. 휴지를 잘게 찢어서 접시에 두어요.
3. 목도리로 파일 위를 문질러요.
4. 휴지가 춤을 추는 모습을 지켜봐요.

💡 **방금 무슨 일이 일어났나요?** 목도리로 파일을 문지르자 파일이 음전하를 띠어 휴지를 끌어당겼어요.

196. 후추가 날아올라요!

교과 단원 6학년 2학기 3단원 전기의 이용　**핵심 개념** 정전기 유도, 인력　**실험 시간** 10분　**난이도** ★☆☆

준비물

후추　　플라스틱 상자　　목도리

실험 방법
1. 작은 플라스틱 상자 안에 후추를 뿌려요.
2. 상자를 닫고 목도리로 뚜껑을 문질러요.
3. 상자 안에 후추가 날아올라 뚜껑에 달라붙어 있어요.

💡 **방금 무슨 일이 일어났나요?** 목도리로 플라스틱 상자 뚜껑을 문지르자 뚜껑이 음전하를 띠어 후추를 끌어당겼어요.

197. 소금과 후추를 분리하는 가장 쉬운 방법

교과 단원 6학년 2학기 3단원 전기의 이용　**핵심 개념** 정전기 유도, 인력　**실험 시간** 10분　**난이도** ★☆☆

준비물

소금　　후추　　플라스틱 숟가락　　목도리　　접시

실험 방법
1. 접시에 소금과 후추를 뿌려서 섞어요.
2. 목도리로 플라스틱 숟가락을 문질러요.
3. 소금과 후추 위로 숟가락을 들고 있다가 천천히 내려요.
4. 후추가 위로 날아올라 숟가락에 착 달라붙을 거예요.

💡 **방금 무슨 일이 일어났나요?** 숟가락이 음전하를 띠면, 소금과 후추가 숟가락에 끌리게 됩니다. 후추가 소금보다 가볍기 때문에 숟가락을 천천히 내리면 후추가 먼저 달라붙어요.

198. 도망가는 시리얼

교과 단원 6학년 2학기 3단원 전기의 이용   핵심 개념 정전기 유도, 척력   실험 시간 10분   난이도 ★☆☆

준비물

- 빗
- 실
- 시리얼
- 문손잡이 또는 빨래 건조대

실험 방법

1. 실 한쪽 끝에 시리얼 하나를 묶어요.
2. 문손잡이 또는 높은 곳에 실을 매달아요.
3. 빗으로 머리를 빠르게 20번쯤 빗어요.
4. 이제 빗을 시리얼 가까이 가져가요. 처음에는 시리얼이 빗 쪽으로 움직일 거예요.
5. 몇 초 기다리면 시리얼이 빗에서 도망갈 거예요.
6. 빗이 시리얼에 닿으려고 할 때마다 시리얼은 멀어져요.
7. 시리얼을 가까이 오게 했다가 멀어지게 했다가 반복하며 규칙을 찾아보세요.

우리 주변의 과학

정전기를 이용하는 복사기

복사기는 정전기를 이용해 복사해요. 복사기 안에 롤러가 있는데, 이 롤러에 글자 모양대로 정전기를 만들어요. 이 롤러에 음전하를 띠는 토너 가루를 뿌리면 정전기를 띤 글자 모양에만 달라붙어요. 이 롤러가 종이 위를 구른 다음, 뜨거운 열과 압력으로 토너 가루를 종이에 고정시킵니다.

💡 **방금 무슨 일이 일어났나요?** 머리를 빗으면 빗이 음전하를 띠어요. 빗을 시리얼 가까이 가져가면 시리얼의 양전하를 끌어당겨 정전기 유도가 일어나요. 빗과 시리얼이 닿는 순간 전자가 빗에서 시리얼로 이동했어요. 시리얼도 음전하를 띠자 빗과 시리얼 서로 밀어 내게 됩니다. 같은 전하끼리 밀어 내는 힘을 '척력'이라고 합니다. 이렇게 정전기 유도 현상이 일어났다가 같은 음전하를 띠게 돼 밀어 내곤 합니다.

밀도 / 정전기 / 식물 / 우리 몸

199. 빗으로 스파크 일으키기

교과 단원 6학년 2학기 3단원 전기의 이용　**핵심 개념** 방전, 스파크　**실험 시간** 5분　**난이도** ★☆☆

준비물

빗　　　　금속 문손잡이

실험 방법

1. 건조한 날 머리를 빠르게 빗어요.
2. 어두운 방에서 문손잡이의 근처에 빗 끝을 가져다 대요.
3. 아주 작은 스파크가 튀어 오르는 것을 볼 수 있어요.

💡 **방금 무슨 일이 일어났나요?** 머리를 빗으면 빗이 음전하를 띠어요. 빗에 있던 전자가 공기를 이동하면서 문손잡이 근처에서 반짝 빛이 나는 스파크를 일으켜요. 이처럼 정전기가 빠르게 이동하는 현상을 '정전기 방전'이라고 합니다.

200. 정전기 일으키기

교과 단원 6학년 2학기 3단원 전기의 이용　**핵심 개념** 방전, 스파크　**실험 시간** 10분　**난이도** ★☆☆

준비물

레코드판　　목도리　　나무 자　　금속 뚜껑　　테이프

실험 방법

1. 자 끝에 금속 뚜껑을 테이프로 붙여 고정해요.
2. 레코드판을 목도리로 15초간 문질러요.
3. 자를 잡아 금속 뚜껑을 레코드판 위에 얹어요.
4. 반대쪽 손으로 금속 뚜껑과 레코드판을 동시에 만져요.
5. 손끝에 스파크가 튀는 것을 볼 수 있어요.

💡 **방금 무슨 일이 일어났나요?** 음전하가 된 레코드판에 뚜껑을 대면 뚜껑도 음전하를 띠어요. 손으로 레코드판과 뚜껑을 만지면 뚜껑의 전자가 손끝으로 이동하며 정전기가 방전되어 스파크가 튀었어요.

201. 정전기가 통해야 피는 꽃?

교과 단원 6학년 2학기 3단원 전기의 이용 **핵심 개념** 음전하, 척력 **실험 시간** 15분 **난이도** ★★☆

준비물

풍선 / 철사 / 휴지 또는 종이 / 연필 / 테이프 / 가위

실험 방법

1. 휴지를 한 칸씩 뜯어서 철사 끝에 가운데 부분을 꽂아요. 꽃잎 모양이 되도록 휴지를 접어요.
2. 다치지 않게 철사 양쪽 끝을 살짝 구부려 두어요.
3. 철사의 가운데에 테이프를 붙여 연필을 고정해요. 연필이 손잡이예요.
4. 풍선을 분 다음 머리에 문질러서 정전기를 일으켜요.
5. 손으로 연필을 잡고 휴지가 달리지 않은 철사 반대쪽에 풍선을 가져다 대요.
6. 휴지로 만든 꽃잎이 펼쳐지는 모습을 볼 수 있어요.

우리 주변의 과학

정전기는 자동차를 칠할 때도 쓰여요!

자동차에 페인트를 뿌리는 기계도 정전기를 이용해요. 자동차의 금속 몸체는 음전하를 띠게 하고, 페인트 입자는 양전하를 띠게 해요. 양전하와 음전하는 서로 끌어당기기 때문에 페인트를 뿌리면 자동차에 칠이 고르게 되지요.

💡 **방금 무슨 일이 일어났나요?** 음전하를 띤 풍선은 철사를 통해 휴지 꽃잎으로 전자를 전달해요. 음전하를 띤 꽃잎들이 서로 밀어 내며 마치 꽃잎이 피듯 펼쳐진답니다.

202. 춤추는 휴지 인형

교과 단원 6학년 2학기 3단원 전기의 이용　**핵심 개념** 정전기 유도, 척력　**실험 시간** 15분　**난이도** ★☆☆

준비물

| 휴지 | 가위 | 식탁 | 수건 | 두꺼운 책 2권 | L자 파일 |

실험 방법

1. 휴지를 귀여운 인형 모양으로 두 개 오려요.
2. 식탁에 책 두 권을 놓고 그 위에 파일을 올려요.
3. 파일 아래에 휴지 인형 두 개를 놓아요.
4. 수건으로 파일을 문지른 후 인형이 춤추는 모습을 지켜봐요.

💡 **방금 무슨 일이 일어났나요?** 음전하를 띤 파일이 인형의 양전하 부분을 끌어당겨서 인형이 움직였어요. 인형이 파일에 닿으면 전자가 인형으로 이동해 인형도 음전하를 띠어요. 같은 음전하인 인형과 파일은 이제 서로 밀어 내지요.

203. 빙빙 도는 회전목마

교과 단원 6학년 2학기 3단원 전기의 이용　**핵심 개념** 정전기 유도, 인력　**실험 시간** 15분　**난이도** ★★☆

준비물

   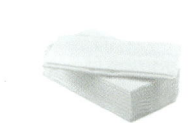  

| 유리컵 | 코르크 | 목도리 | 종이 | 바늘 | 가위 |

실험 방법

1. 종이를 원하는 모양으로 오려요. 가운데가 넓거나 좌우가 대칭이면 좋아요.
2. 바늘을 코르크에 찔러 넣어요. 바늘 위에서 종이의 균형을 잡아요.
   이 위로 유리컵을 뒤집어엎어요.
3. 목도리로 유리컵을 문지른 후 종이가 빙빙 도는 모습을 지켜봐요.

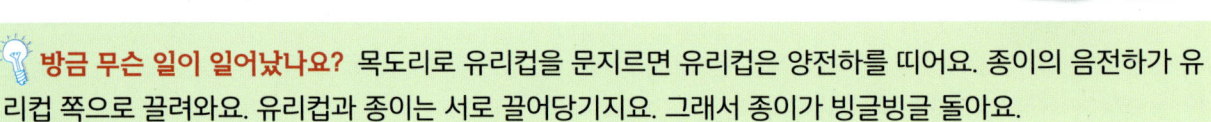

💡 **방금 무슨 일이 일어났나요?** 목도리로 유리컵을 문지르면 유리컵은 양전하를 띠어요. 종이의 음전하가 유리컵 쪽으로 끌려와요. 유리컵과 종이는 서로 끌어당기지요. 그래서 종이가 빙글빙글 돌아요.

204. 손을 대지 않고 자를 떨어뜨리기!

교과 단원 6학년 2학기 3단원 전기의 이용 **핵심 개념** 정전기 유도, 인력 **실험 시간** 15분 **난이도** ★☆☆

준비물

종이 긴 나무 자 의자

실험 방법
1. 의자 등받이 위에 자를 놓고 균형을 잡아요.
2. 종이를 머리에 문지른 후에 자의 바로 밑에 가져가요.
3. 자를 건드리지 않아도 자가 흔들리다가 아래로 떨어질 거예요.

💡 **방금 무슨 일이 일어났나요?** 종이를 머리에 문지르면 종이가 음전하를 띠어요. 종이를 자에 가까이 가져가자 자의 음전하들이 종이에서 멀어지고, 양전하들이 남아요. 양전하와 음전하는 서로 끌어당기기 때문에 자가 종이 쪽으로 움직여 균형을 잃고 떨어졌어요.

205. 전기로 흔들리는 추

교과 단원 6학년 2학기 3단원 전기의 이용 **핵심 개념** 정전기 유도, 인력 **실험 시간** 15분 **난이도** ★☆☆

준비물

 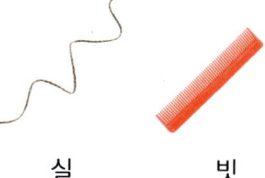 

코르크 2개 유리병 실 빗 구리 선 또는 철사

실험 방법
1. 코르크로 유리병을 막아요.
2. 구리 선을 코르크에 꽂은 다음 옆으로 꺾어 사진처럼 곧게 펴요.
3. 다른 코르크를 실로 묶어요.
4. 실 반대편을 구리 선에 묶어요.
5. 빗으로 머리를 빗고서 실에 매달려 있는 코르크 가까이 가져가요. 코르크 추를 이리저리 움직여요.

💡 **방금 무슨 일이 일어났나요?** 음전하를 띤 빗이 코르크를 끌어당겼어요.

밀도 / 정전기 / 식물 / 우리 몸

206. 손 안 대고 포일 펼치기

| 교과 단원 | 6학년 2학기 3단원 전기의 이용 | 핵심 개념 | 정전기 유도, 척력 | 실험 시간 | 15분 | 난이도 | ★★★ |

준비물

유리병, 알루미늄 접시, 구리 선, 알루미늄 포일, 빗

실험 방법

1. 구리 선을 알파벳 S 모양으로 구부려요.
2. 구리 선을 유리병에 넣고 입구에 걸쳐 두어요.
3. 알루미늄 포일을 손가락만 한 크기로 접어서 구리 선 아래쪽에 걸어요.
4. 그 위에 알루미늄 접시를 올려서 눌러요.
5. 머리를 빗은 빗을 구리 선 가까이 가져가요.
6. 병 속 알루미늄 포일이 갑자기 펼쳐지는 모습을 볼 수 있어요.

💡 **방금 무슨 일이 일어났나요?** 머리를 빗어 음전하를 띤 빗을 구리 선에 가까이 가져가면 구리 선과 안에 든 알루미늄 포일에 있는 전자들이 멀어집니다. 끝에 접혀 있는 알루미늄 포일의 양 끝 모두 음전하를 띠게 됩니다. 같은 전하끼리는 서로 밀어 내므로 접힌 알루미늄 포일이 서로 밀어 내 펼쳐집니다.

207. 무슨 모양까지 만들어 봤니?

교과 단원 6학년 2학기 3단원 전기의 이용　**핵심 개념** 정전기 유도, 인력　**실험 시간** 15분　**난이도** ★☆☆

준비물

　　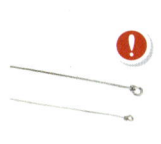　

빗　　비눗방울 용액　　철사　　의자 또는 책상

실험 방법

1. 철사를 원하는 모양으로 구부려요. 끝과 끝이 이어져야 하고, 손잡이도 있어야 해요.
2. 평평한 바닥에 비눗방울 용액을 부어요.
3. 철사에 비눗방울 용액을 묻힌 다음 위로 움직여 비눗방울을 만들어요.
4. 빗으로 머리를 빗고서 비눗방울에 가까이 가져가요.
5. 빗에 끌리는 비눗방울이 재미있는 모양을 만들어요.

 방금 무슨 일이 일어났나요? 음전하를 띠는 빗이 비눗방울을 끌어당겨서 비눗방울의 모양을 바꾸었어요.

208. 마법 지팡이

교과 단원 6학년 2학기 3단원 전기의 이용　**핵심 개념** 음전하, 척력　**실험 시간** 15분　**난이도** ★☆☆

준비물

연필　　플라스틱 관　　스티로폼 판　　목도리　　가위　　테이프

실험 방법

1. 스티로폼 판을 가늘고 길게 잘라요.
2. 양쪽 끝을 붙여서 고리를 만들어요.
3. 플라스틱 관에 연필을 넣고 테이프로 고정해 손잡이를 만들어요. 지팡이 완성!
4. 목도리로 지팡이와 고리를 문질러요.
5. 지팡이로 고리를 들어 올려 공중에 던져요.
6. 재빨리 고리 밑으로 지팡이를 가져가요. 고리가 공중에 뜨면 성공이에요.

 방금 무슨 일이 일어났나요? 지팡이와 스티로폼 고리 모두 음전하를 띠어 서로 밀어 내요.

밀도 / 정전기 / 식물 / 우리 몸

209. 손을 대자 도망가는 스티로폼 공

교과 단원 6학년 2학기 3단원 전기의 이용　**핵심 개념** 음전하, 척력　**실험 시간** 15분　**난이도** ★★☆

준비물

스티로폼 구슬

페트병

실험 방법
1. 페트병의 절반을 스티로폼 구슬로 채워요.
2. 페트병 뚜껑을 닫은 다음 페트병을 머리카락에 문질러요.
3. 스티로폼 구슬이 어떻게 움직이는지 지켜봐요.

💡 **방금 무슨 일이 일어났나요?** 페트병을 머리에 문질렀을 때 페트병은 음전하를 띠어요. 페트병이 음전하를 띠자 중성인 스티로폼 구슬의 양전하 부분이 페트병 벽에 달라붙어요. 이후에 전자가 페트병에서 스티로폼 구슬로 이동해 스티로폼 구슬이 같은 음전하를 띠는 페트병 벽에서 떨어져 도망가는 것처럼 보여요.

210. 신성한 풍선!

교과 단원 6학년 2학기 3단원 전기의 이용　**핵심 개념** 음전하, 척력　**실험 시간** 10분　**난이도** ★☆☆

준비물

가위

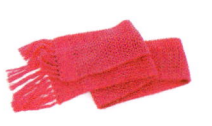
목도리

비닐봉지

풍선

실험 방법
1. 비닐봉지 가운데를 잘라 고리를 만들어요.
2. 풍선을 불어서 묶어요.
3. 목도리로 풍선을 문질러요.
4. 목도리로 비닐봉지 고리를 문질러요.
5. 풍선 위에 고리를 들고 있다가 놓아요. 고리가 풍선 위에 그대로 떠 있을 거예요. 마치 천사 머리 위에 떠 있는 빛 같지 않나요?

💡 **방금 무슨 일이 일어났나요?** 비닐봉지와 풍선을 문지르면 둘 다 음전하를 띠게 되어 서로 밀어 내지요.

211. 빙글빙글 도는 성냥개비

교과 단원 6학년 2학기 3단원 전기의 이용　**핵심 개념** 정전기 유도, 인력　**실험 시간** 15분　**난이도** ★★☆

준비물

10원짜리 동전 2개　　성냥개비　　플라스틱 컵　　풍선

실험 방법

1. 동전 하나는 눕혀 놓고, 그 위에 다른 동전을 수직으로 세워요.
2. 수직으로 세운 동전 위에 조심스레 성냥개비를 수평으로 올려요.
3. 플라스틱 컵을 동전 위에 덮어요.
4. 풍선을 불어서 묶어요.
5. 풍선을 머리에 문지른 후 컵에 가까이 가져가요.
6. 성냥개비가 풍선을 따라다니는 모습을 관찰해요.

💡 **방금 무슨 일이 일어났나요?** 풍선을 머리에 문지르면 풍선이 음전하를 띠어요. 풍선이 가까이 오면 성냥개비 속 음전하가 멀어지고 양전하가 남아요. 음전하와 양전하는 서로 끌어당기므로 성냥개비가 풍선을 따라다니는 거예요.

212. 토르가 되어 보자! 번개 만들기

교과 단원 6학년 2학기 3단원 전기의 이용　**핵심 개념** 방전, 스파크　**실험 시간** 10분　**난이도** ★☆☆

준비물

풍선　　스웨터　　금속 판 또는 알루미늄 포일

실험 방법

1. 풍선을 불고서 어두운 방으로 가요.
2. 풍선을 스웨터로 세게 문질러요.
3. 풍선을 금속판 가까이 가져가요.
4. 풍선과 금속판 사이에서 스파크가 튈 거예요.

💡 **방금 무슨 일이 일어났나요?** 풍선 속 전자가 공기를 통해 금속으로 빠르게 이동하면서 빛을 낸 거예요. 방금 일어난 스파크는 번개보다 에너지 크기는 훨씬 작지만 같은 방전 현상이랍니다.

213. 풍선 뽀뽀!

교과 단원 6학년 2학기 3단원 전기의 이용 **핵심 개념** 정전기 유도, 인력, 척력 **실험 시간** 10분 **난이도** ★☆☆

준비물

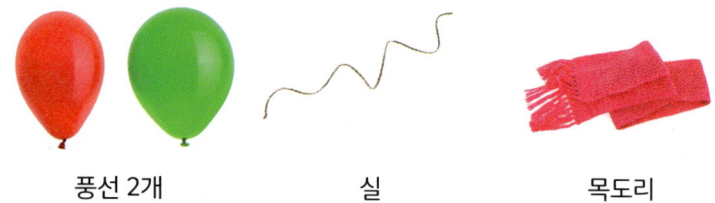

풍선 2개   실   목도리

실험 방법

1. 풍선을 두 개 불어 묶어요. 풍선 입구를 실로 묶어 손잡이를 만들어요.
2. 실을 잡고, 풍선을 들어요. 이때 풍선은 어디에도 끌리지 않는 중성 상태여야 해요.
3. 풍선 하나만 목도리로 문질러요.
4. 두 풍선을 가까이 가져간 다음 풍선이 서로 끌어당기는지 지켜봐요.
5. 이제 다른 풍선도 목도리로 문질러요.
6. 풍선이 서로 밀어 내는지 확인해요.

💡 **방금 무슨 일이 일어났나요?** 풍선을 목도리로 문지르기 전에는 두 풍선이 중성을 띠고 있어서 서로 끌리지도, 밀어 내지도 않았어요. 목도리를 문지른 풍선은 음전하를 띠고, 두 풍선이 가까워지자 가만히 있던 풍선의 전자들이 멀어지고 양전하 부분이 남아 서로 끌어당겼어요. 하지만 나머지 풍선도 목도리로 문지르자 두 풍선 모두 음전하를 띠어서 서로를 밀어 냈어요.

214. 빛나는 풍선

교과 단원 6학년 2학기 3단원 전기의 이용 **핵심 개념** 음전하, 스파크 **실험 시간** 10분 **난이도** ★☆☆

준비물

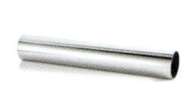
알루미늄 포일

풍선

실험 방법
1. 어두운 방에서 풍선을 5분간 머리에 문질러요.
2. 풍선을 포일에 가져다 대요.
3. 스파크를 볼 수 있어요.

💡 **방금 무슨 일이 일어났나요?** 음전하를 띤 풍선이 포일에 닿았을 때, 전자가 풍선에서 포일로 이동해서 작은 불빛의 스파크를 일으켰어요.

215. 풍선으로 형광등을 켤 수 있다고요?

교과 단원 6학년 2학기 3단원 전기의 이용 **핵심 개념** 정전기 유도, 방전 **실험 시간** 10분 **난이도** ★★☆

준비물

형광등

풍선

실험 방법
1. 어두운 방으로 가요.
2. 풍선을 불어요.
3. 풍선을 머리에 문질러요.
4. 풍선을 형광등 끝에 가져가요.
5. 불이 살짝 켜져요.

⚠️ 깨진 형광등은 사용하지 마세요.

💡 **방금 무슨 일이 일어났나요?** 음전하를 띤 풍선을 형광등 끝(접촉 핀)에 가져다 대면 형광등의 전자들이 멀어지고 양전하 부분이 남아요. 이때 풍선의 전자가 공기를 통해 형광등으로 빠르게 이동하고(방전) 이 방전 에너지가 빛을 냅니다.

216. 풍선 속에서 자유로운 공

교과 단원 6학년 2학기 3단원 전기의 이용   핵심 개념 정전기 유도, 인력, 척력   실험 시간 10분   난이도 ★☆☆

준비물

스티로폼 공   풍선

실험 방법
1. 풍선 안에 스티로폼 공을 넣어 채워요.
2. 풍선을 불어서 묶어요.
3. 풍선을 머리에 문질러요.
4. 풍선 속의 공이 이리저리 날아다니는 모습을 지켜봐요!

💡 **방금 무슨 일이 일어났나요?** 풍선이 음전하를 띠자 스티로폼 공의 전자가 멀어지며 양전하 부분이 벽에 달라붙어요(인력). 하지만 벽에 달라붙는 순간 풍선의 전자가 공으로 이동해 공도 음전하를 띠며 벽에서 떨어져요(척력). 이 과정이 반복되며 공이 계속 움직여요.

217. 정전기로 그린 그림

교과 단원 6학년 2학기 3단원 전기의 이용   핵심 개념 정전기 유도, 인력   실험 시간 20분   난이도 ★★☆

준비물

책 2권   글리세린   작은 붓   유리판   휴지 또는 종이   목도리

실험 방법
1. 책상에 책 두 권을 올려요. 책 간격을 띄어 사이에 유리판을 올려요.
2. 붓을 글리세린에 찍어 유리판에 그리고 싶은 모양을 그려요.
3. 글리세린이 묻은 쪽을 아래로 향하게 뒤집어요.
4. 휴지를 손톱 크기로 잘게 찢어서 유리판 밑에 놓아요.
5. 유리판 위를 목도리로 문질러요. 유리판에 휴지가 붙을 거예요!

💡 **방금 무슨 일이 일어났나요?** 유리판이 음전하를 띠자 휴지의 전자가 멀어지고 양전하 부분이 끌려서 휴지가 위로 올라 착 달라붙었어요. 끈적끈적한 글리세린 덕분에 휴지가 그린 모양에 따라 딱 붙었지요.

알면 알수록 놀라운 식물 실험

식물은 우리처럼 움직이거나 말하진 못해도 분명 살아 있는 생명체예요. 햇빛과 물만 있어도 쑥쑥 자라지요. 이번 실험에서는 식물의 흥미로운 특징은 물론 신기한 비밀들을 파헤쳐 볼 거예요.

혹시 식물이 항상 위로 일자로만 자라지 않는다는 사실, 알고 있었나요? 또 푸른 나뭇잎에서 초록색을 뺄 수 있다는 것은요? 식물이 가진 놀라운 능력을 직접 확인해 볼 수 있는 신나는 실험들을 소개합니다!

218. 잎에서 나오는 다양한 색깔

교과 단원 6학년 1학기 3단원 식물의 구조와 기능　**핵심 개념** 모세관 현상　**실험 시간** 2시간　**난이도** ★☆☆

준비물

 시금치　 유리병　 아세톤　 거름종이 또는 압지

실험 방법

1. 시금치를 잘게 으깬 다음 유리병에 넣어요.
2. 유리병에 아세톤을 부어요.
3. 아세톤에 거름종이가 닿게끔 꽂아 두어요.
4. 몇 시간 후 거름종이가 여러 색으로 물들어 있어요.

💡 **방금 무슨 일이 일어났나요?** 아세톤은 잎에서 초록색, 노란색, 주황색 색소를 뽑아냅니다. 색소는 모세관 현상으로 종이에 흡수되었어요. 종이에서 아세톤이 증발한 이후에도 색소는 남아 있어요.

219. 잎이 녹색인 이유는?!

교과 단원 6학년 1학기 3단원 식물의 구조와 기능 **핵심 개념** 엽록소 **실험 시간** 일주일 **난이도** ★☆☆

준비물

가위 클립 식물 두꺼운 검은색 종이

실험 방법
1. 몇몇 잎 위에 두꺼운 검은색 종이를 덮어 클립으로 고정해요.
2. 햇빛이 많이 들어오는 곳에 식물을 두어요.
3. 일주일 후 검은색 종이를 벗겨요. 덮어 둔 잎은 노란색이나 연한 갈색으로 변해요.

💡 **방금 무슨 일이 일어났나요?** 잎은 원래 녹색이 아니에요. 잎 안에 든 엽록소 때문에 우리가 잎을 녹색으로 보는 거예요. 검은색 종이로 덮여 햇빛을 받지 못한 잎은 엽록소가 사라져 노란색이나 연한 갈색으로 보인답니다.

220. 식물 키우기

교과 단원 6학년 1학기 3단원 식물의 구조와 기능 **핵심 개념** 발아 **실험 시간** 3일 **난이도** ★☆☆

준비물

싹 솜 유리 볼 또는 쟁반 물

실험 방법
1. 유리 볼에 젖은 솜을 깔아요.
2. 젖은 솜 위에 싹을 놓고 햇빛이 잘 드는 창가에 두어요.
3. 솜이 마를 때마다 물로 적셔 주어요.
4. 며칠 뒤에 확인해요. 싹에서 뿌리가 자라고 잎이 났을 거예요.

💡 **방금 무슨 일이 일어났나요?** 싹이 작은 뿌리를 내리며 자라기 시작하는 모습을 볼 수 있어요. 대부분의 식물은 자라는 데 물과 햇빛이 필요해요.

221. 식물이 산소를 만드는 모습

교과 단원 6학년 1학기 3단원 식물의 구조와 기능 **핵심 개념** 광합성 **실험 시간** 2시간 **난이도** ★☆☆

준비물

유리병 수초 물

실험 방법
1. 유리병을 물로 채워요.
2. 유리병에 수초를 넣어요.
3. 햇빛이 잘 드는 곳에 유리병을 두어요.
4. 유리병을 자세히 관찰해요. 기포가 떠오르는 것이 보여요.

💡 **방금 무슨 일이 일어났나요?** 유리병 안의 기포는 산소입니다. 낮에 햇빛을 받는 식물들은 광합성을 하면서 이산화 탄소를 흡수하고 산소를 내보냅니다.

222. 무럭무럭 자라라!

교과 단원 3학년 1학기 3단원 식물의 생활 **핵심 개념** 발아 **실험 시간** 3일 **난이도** ★☆☆

준비물

콩 유리병 솜 물

실험 방법
1. 유리병의 절반을 솜으로 채워요.
2. 병 밖에서 잘 보이도록 솜 사이에 콩을 넣어요.
3. 빈 공간은 전부 솜으로 채워요.
4. 유리병에 물을 부어요.
5. 며칠 동안 콩의 발아 단계를 지켜봐요.

💡 **방금 무슨 일이 일어났나요?** 발아는 식물의 씨앗에서 싹이 트는 것을 말합니다. 뿌리는 밑으로 자라고 싹은 위로 자라지요.

223. 나무 접목하기

| 교과 단원 | 3학년 1학기 3단원 식물의 생활 | 핵심 개념 | 접목 | 실험 시간 | 일주일 | 난이도 | ★★★ |

준비물

점토　　토마토 모종　　감자 모종　　실　　커터 칼

실험 방법

1. 감자와 토마토 모종의 가운데 줄기를 모아요.
2. 모은 줄기의 껍질을 깎아서 관다발이 보이게 해요.
3. 깎아 낸 면이 맞닿게 붙인 다음 실로 단단히 감아요. 그다음 점토로 빈틈없이 둘러싸요.
4. 일주일 후에 감은 부분 아래로 각 줄기를 잘라 내요.
　감자(potato)와 토마토(tomato)가 섞인 포마토(pomato) 모종을 만들었어요!

💡 **방금 무슨 일이 일어났나요?** 종이 다른 두 식물을 교배시키는 과정을 '접목'이라고 합니다. 새로운 식물은 이전 식물의 특징을 둘 다 갖고 있어요. 포마토는 열매로 토마토가 열리고 땅속에서 감자가 열려요.

224. 신문지로 잎맥 지도 만들기

| 교과 단원 | 6학년 1학기 3단원 식물의 구조와 기능 | 핵심 개념 | 잎맥, 탄소 | 실험 시간 | 30분 | 난이도 | ★★☆ |

준비물

바셀린　　유리병　　나뭇잎　　종이　　오븐 장갑　　라이터

⚠️ 불을 사용할 때는 항상 어른에게 부탁하세요.

실험 방법

1. 유리병 옆면에 바셀린을 바른 후 라이터로 그을려요. 그을음이 생기면 불을 꺼요.
2. 병을 조심히 잡고 잎맥 위에서 굴려요.
3. 종이와 종이 사이에 나뭇잎을 끼워요.
4. 그 위로 깨끗한 병을 굴린 다음 종이를 뒤집어요. 잎맥 지도가 완성됐어요.

💡 **방금 무슨 일이 일어났나요?** 바셀린은 탄소로 이루어진 제품이에요. 탄소는 가열하면 그을음이 생겨요. 이 그을음을 물감처럼 활용해 잎맥 지도를 그렸어요.

225. 당근을 심어 보자!

| 교과 단원 | 3학년 1학기 3단원 식물의 생활 | 핵심 개념 | 뿌리 | 실험 시간 | 14일 | 난이도 | ★★☆ |

준비물
당근, 쟁반, 칼, 흙

> ⚠️ 당근을 자를 때는 어른에게 부탁하세요.

실험 방법
1. 당근 뿌리(주황색 부분)를 약 1cm만 남기고 잘라요.
2. 쟁반에 흙을 담고, 자른 면이 아래를 향하게 심어요.
3. 14일 뒤에 당근의 윗부분에서 잎이 자라기 시작해요.

💡 **방금 무슨 일이 일어났나요?** 우리가 당근에서 주로 먹는 주황색 부분은 사실 뿌리입니다. 뿌리를 자르면 뿌리가 더 자라지는 않지만 새로운 잎이 날 수 있지요.

226. 식물도 땀을 흘린다고요?

| 교과 단원 | 6학년 1학기 3단원 식물의 구조와 기능 | 핵심 개념 | 증산 | 실험 시간 | 24시간 | 난이도 | ★☆☆ |

준비물
실, 비닐봉지, 식물

실험 방법
1. 식물의 잎을 비닐봉지로 덮어요.
2. 비닐봉지의 입구를 실로 묶어요.
3. 다음 날 비닐봉지를 확인해요.
4. 비닐봉지에 물방울이 맺힌 것을 볼 수 있어요.

💡 **방금 무슨 일이 일어났나요?** 식물은 쓰고 남은 수분을 잎에서 수증기 형태로 내보내요. 이 수증기는 비닐봉지에서 응결돼 물방울로 맺힙니다. 이처럼 식물의 수분이 수증기 형태로 공기 중으로 빠져나가는 현상을 '증산'이라고 합니다.

227. 생감자와 삶은 감자

교과 단원 6학년 1학기 3단원 식물의 구조와 기능 **핵심 개념** 세포막, 삼투 현상 **실험 시간** 30분 **난이도** ★★☆

준비물

생감자와 삶은 감자 / 칼 / 설탕 1작은술 / 물 / 그릇

실험 방법

1. 생감자와 삶은 감자를 각각 반으로 자른 후 아래쪽은 껍질을 벗겨요.
2. 그릇에 물을 붓고 감자 두 개를 넣어요.
3. 감자 속을 조금 파내요.
4. 파낸 곳에 설탕을 넣어요.
5. 20분 후에 감자를 확인해요.
6. 삶은 감자 속의 설탕은 그대로 남아 있지만, 생감자 속의 설탕은 설탕물이 되어 있을 거예요.

우리 주변의 과학

삼투 현상

삼투 현상은 우리 주변에서 흔히 볼 수 있는 신기한 물의 이동 현상이에요. 물은 농도가 낮은 곳에서 높은 곳으로 이동하려는 성질이 있어요. 방금 실험에서 물이 감자 껍질을 통해 농도가 높은 안으로 이동했지요.
손을 물에 오래 담그면 손이 쭈글쭈글해지지요? 이 현상도 삼투 현상이에요. 몸속 세포가 물보다 농도가 높기 때문에 물에서 피부 속으로 물이 들어와 피부가 부풀어 쭈글쭈글하게 주름이 잡힌 거예요. 감자 껍질이나 우리 피부의 세포막처럼, 작은 물 분자는 통과시키지만 크기가 큰 분자는 통과시키지 못하는 특성을 가진 막을 '반투과성 막'이라고 합니다.

💡 **방금 무슨 일이 일어났나요?** 물이 생감자의 세포막을 통해 이동해 설탕과 만났어요. 삶은 감자는 세포가 죽어서 삼투 현상이 일어나지 않았지요.

228. 나뭇잎을 탁본해 보자!

교과 단원 6학년 1학기 3단원 식물의 구조와 기능　**핵심 개념** 잎맥　**실험 시간** 20분　**난이도** ★★☆

준비물

물감　　흰 종이　　나뭇잎　　쟁반　　고무 롤러　　신문지

실험 방법

1. 쟁반에 물감을 짜고 롤러로 퍼뜨려요.
2. 신문지 위에 잎맥이 튀어나온 뒷면이 위로 오게 나뭇잎을 올려요.
3. 물감을 묻힌 롤러로 잎맥을 문질러요.
4. 흰 종이 위에 나뭇잎을 뒤집어 잎맥이 아래쪽을 향하게 두어요. 깨끗한 롤러로 나뭇잎을 문질러요. 나뭇잎을 걷어 종이를 확인해 보세요. 나뭇잎 탁본 완성!

💡 **방금 무슨 일이 일어났나요?** 잎은 식물이 하는 활동 중 대부분이 일어나는 곳이에요. 여러 나뭇잎을 찍어 내 나뭇잎마다 잎맥이 어떻게 다른지 비교해 보세요.

229. 먹지로 나뭇잎 탁본하기

교과 단원 6학년 1학기 3단원 식물의 구조와 기능　**핵심 개념** 잎맥　**실험 시간** 20분　**난이도** ★★☆

준비물

나뭇잎　　바셀린　　먹지　　흰 종이　　펜　　신문지

실험 방법

1. 나뭇잎 뒷면의 잎맥에 바셀린을 발라요.
2. 신문지 위에 잎맥이 위쪽을 향하게 올려놓고, 먹지의 검은 부분이 아래를 향하게 한 다음 덮어요.
3. 먹지 위에 종이를 깔고 펜으로 부드럽게 문질러요.
4. 나뭇잎을 빼서 새 종이 두 장 사이에 넣고 위에서 펜으로 다시 문질러요.

💡 **방금 무슨 일이 일어났나요?** 먹지 속에 들어 있던 탄소를 나뭇잎에 묻혀 무늬를 뜨는 원리랍니다.

230. 당근을 거꾸로 매달면 잎은 어디로 자랄까?

| 교과 단원 | 6학년 1학기 3단원 식물의 구조와 기능 | 핵심 개념 | 뿌리, 중력 굴성 | 실험 시간 | 10일 | 난이도 | ★★☆ |

준비물

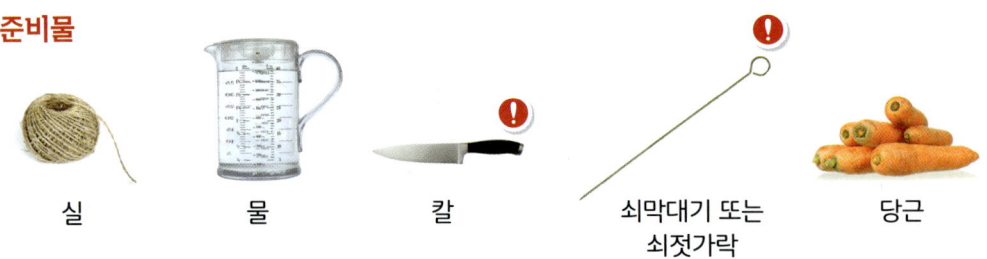

실 / 물 / 칼 / 쇠막대기 또는 쇠젓가락 / 당근

실험 방법

1. 잎이 달린 당근의 아랫부분을 적당히 잘라 내요. 어른에게 부탁하세요.
2. 잘라 낸 부분의 가운데 속을 파내요.
3. 당근 옆면에 쇠젓가락을 찔러 넣고 양쪽 끝에 실을 묶어요.
4. 잎이 아래쪽을 향하도록 당근을 매달아요.
5. 속을 파낸 곳에 물을 부어요.
6. 마를 때마다 계속 물을 채워 주어요.
7. 며칠이 지난 다음 관찰해요.
8. 당근의 잎이 중력을 거슬러 위쪽으로 자랄 거예요.

우리 주변의 과학

왜 식물의 잎은 위로, 뿌리는 아래로 자랄까요?

식물은 중력에 반응해 자라는 성질이 있다고 합니다. 뿌리는 항상 중력이 당기는 방향으로 자라고, 새싹은 항상 중력의 반대로 자라지요. 이러한 성질을 '중력 굴성'이라고 합니다.

💡 **방금 무슨 일이 일어났나요?** 식물의 새싹은 항상 중력을 거슬러 위로 자랍니다. 사실 당근은 식물의 뿌리이므로 흡수한 물이 잎으로 이동해요. 잎이 자라기에 충분한 영양분을 얻었기에 중력을 거슬러 위로 자라지요.

231. 뚜렷하게 보이는 잎맥

교과 단원 6학년 1학기 3단원 식물의 구조와 기능   **핵심 개념** 엽록소, 잎맥   **실험 시간** 14일   **난이도** ★★☆

준비물

베이킹 소다 2작은술 / 책 / 냄비 2개 / 표백제 $\frac{1}{2}$컵 / 검은색 하드보드지 / 나뭇잎 / 따뜻한 물

실험 방법

1. 냄비에 따뜻한 물 2컵과 베이킹 소다를 섞어요.
2. 나뭇잎을 담가요.
3. 2주 정도 햇볕이 잘 드는 곳에 나뭇잎이 담긴 냄비를 두어요.
4. 나뭇잎 물기를 닦은 뒤 책 사이에 끼우고 이틀 동안 두어요.
5. 새 냄비에 따뜻한 물 2컵, 표백제를 넣고 섞어요.
6. 말린 나뭇잎을 냄비에 넣어요. 나뭇잎이 하얗게 될 때까지 기다려요.
7. 나뭇잎을 건져 말린 후 검은색 하드보드지에 올려요. 잎맥이 뚜렷이 보일 거예요.

💡 **방금 무슨 일이 일어났나요?** 베이킹 소다를 섞은 물이 잎(세포벽)을 부드럽게 만들어요. 이후 표백제를 푼 물에 나뭇잎을 담그면, 잎의 기공(공기 구멍)으로 표백제가 스며들어 엽록소를 분해해요. 잎맥은 잎에서 물과 영양분이 지나다니는 통로로, 단단한 섬유질로 이루어져 있어요. 그래서 잎맥은 표백제에도 파괴되지 않고 잘 남아 있어요.

232. 장애물 피하기 우승자는 감자

교과 단원 6학년 1학기 3단원 식물의 구조와 기능   핵심 개념 굴광성   실험 시간 4주   난이도 ★★★

준비물

상자   싹이 난 감자   가위   흙   작은 장난감

실험 방법

1. 상자 한쪽에 구멍을 뚫어요.
2. 상자 중간중간에 사진처럼 종이로 벽을 세워요.
   이때 빛이 살짝 통하도록 종이에는 세로로 틈을 만들어요.
3. 가장 안쪽에 흙을 넣어요.
4. 흙 위에 감자를 올려놓아요.
5. 장애물 역할을 할 작은 장난감을 여기저기에 놓아요.
6. 뚜껑을 덮어서 상자를 창가에 두어요.
7. 4주 후에 상자를 열어요. 싹이 장난감 주위를 지나 빛을 향해 뻗어 있어요.

> 💡 **방금 무슨 일이 일어났나요?** 식물 세포는 빛에 민감해서 어디로 자라야 할지 알아요. 이렇게 식물이 빛을 향해 구부러지며 자라는 성질을 '굴광성'이라고 합니다.

233. 눕혀도 위로 자라는 식물

교과 단원 6학년 1학기 3단원 식물의 구조와 기능   핵심 개념 중력 굴성   실험 시간 한 달 이상   난이도 ★☆☆

준비물

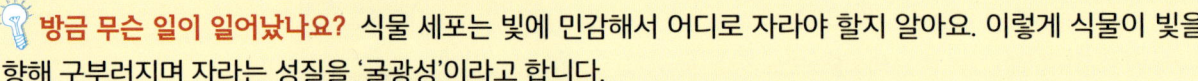

씨앗   흙   화분   물

실험 방법

1. 화분에 흙을 깔고 씨앗을 심어요.
2. 싹이 날 때까지 물을 줍니다.
3. 싹이 10cm 이상 자라면 화분을 옆으로 눕혀요.
4. 몇 주 후, 식물이 휜 채 위로 자라지요!

> 💡 **방금 무슨 일이 일어났나요?** 식물은 중력을 감지할 수 있어요. 그래서 줄기는 위로, 뿌리는 아래로 자라는 성질을 '중력 굴성'이라고 합니다. 화분의 방향을 바꾸었더니 식물이 자라는 방향도 바뀌었어요.

234. 식물이 자라는 벽돌

교과 단원 3학년 1학기 3단원 식물의 생활　**핵심 개념** 씨앗, 뿌리　**실험 시간** 14일　**난이도** ★★☆

준비물

흙벽돌　　　씨앗　　　오븐 팬　　　물

실험 방법

1. 오븐 팬에 물과 벽돌을 넣고 하룻밤 기다려요. 벽돌이 물을 흡수할 거예요.
2. 벽돌 위에 씨앗을 뿌려요.
3. 그릇의 절반을 물로 채우고 햇볕이 잘 드는 곳에 그릇을 두어요.
   며칠 후에는 벽돌에서 싹이 날 거예요!

💡 **방금 무슨 일이 일어났나요?** 식물은 보통 영양분이 없는 벽돌에서 자라지 않지만 환경에 적응을 잘한답니다. 어려운 환경에서도 살아남을 수 있어요.

235. 잔디 인형 만들기

교과 단원 3학년 1학기 3단원 식물의 생활　**핵심 개념** 씨앗　**실험 시간** 5일　**난이도** ★★☆

준비물

찰흙　　　씨앗　　　흙

실험 방법

1. 찰흙을 납작하게 펴요.
2. 찰흙 가운데에 씨앗과 약간의 흙을 뿌려요.
3. 찰흙 테두리를 안쪽으로 접어 씨앗과 흙을 덮어요. 그다음 동그랗게 굴려서 공처럼 만들어요. 그럼 잔디 인형 완성이에요! 한쪽을 뾰족하게 해서 고슴도치 모양으로 만들어도 좋아요.
4. 빛이 잘 들어오는 베란다에 두어요. 물 주는 것도 잊지 마세요.
   어느 날 잔디 인형에서 잎이 자라서 가시가 돋은 고슴도치가 될 거예요.

💡 **방금 무슨 일이 일어났나요?** 잔디 인형을 마당에 두어도 좋아요. 찰흙은 씨앗을 보호하고 흙은 씨앗에 영양분을 공급해 주어요. 찰흙이 물을 흡수하기 때문에 씨앗은 안전하게 무럭무럭 자랄 수 있어요.

내 몸이지만 너무 궁금해! 우리 몸 실험

생물 중에서도 우리 몸은 과학적으로 가장 놀라운 기적이라고 할 수 있어요. 심장이 하루에만 10만 번 뛴다는 사실을 알고 있나요? 몸속의 모든 혈관을 처음부터 끝까지 쫙 펼치면 약 96,560km에 달한다는 것은요? 무려 지구를 두 바퀴 넘게 도는 길이랍니다.

과학자들은 우리 몸이 어떻게 움직이고 제 역할을 하는지 그 원리를 많이 알아냈어요. 하지만 아직도 많은 것이 수수께끼로 남아 있답니다. 이번 실험에서는 우리 자신과 몸에 관해 더 많이 알아보도록 해요!

236. 친구가 갑자기 안 보이는 마술

교과 단원 5학년 1학기 4단원 우리 몸의 구조와 기능   **핵심 개념** 시각 정보   **실험 시간** 5분   **난이도** ★☆☆

준비물

손거울   의자

실험 방법

1. 오른쪽에 벽을 두고 의자에 앉아요. 벽에 붙어 앉지 않아도 돼요.
2. 왼손으로 거울을 들고 코에 가져다 대요. 거울로 벽을 비추어요.
3. 왼쪽 눈으로 보이는 곳에 친구를 앉혀요.
4. 오른쪽 눈으로는 벽이 반사된 모습을, 왼쪽 눈으로는 친구의 얼굴을 볼 수 있도록 거울을 조절해요.
5. 벽에 오른손을 대고 천천히 움직여요. 거울로 오른손이 움직이는 모습을 봐요.
6. 오른손을 움직이다 보면 갑자기 친구의 얼굴이 사라져요!

💡 **방금 무슨 일이 일어났나요?** 뇌는 양쪽 눈에서 얻은 이미지(시각 정보)를 분석하고 합쳐요. 하지만 눈이 완전히 다른 두 이미지를 볼 때 뇌는 때때로 한쪽에서 얻는 정보만 선택해 보여 주기도 합니다.

237. 누구 냄새일까?

교과 단원 5학년 1학기 4단원 우리 몸의 구조와 기능   핵심 개념 냄새   실험 시간 10분   난이도 ★☆☆

준비물

눈가리개 또는 손수건   가족들의 옷   의자

실험 방법

1. 눈가리개로 눈을 가려요.
2. 가족에게 옷을 하나씩 코밑에 갖다 대 달라고 해요.
3. 냄새를 맡아요. 누구의 옷인지 맞혀 봐요.

💡 **방금 무슨 일이 일어났나요?** 모든 사람은 자기만의 독특한 냄새가 있어서, 냄새로 누구의 옷인지 구별할 수 있어요.

238. 심장 박동을 눈으로 직접 관찰하기

교과 단원 5학년 1학기 4단원 우리 몸의 구조와 기능   핵심 개념 심장 박동   실험 시간 10분   난이도 ★☆☆

준비물

손전등   침대

실험 방법

1. 숨이 가쁠 때까지 제자리에서 뛰어요.
2. 바로 침대에 누워서 왼쪽 가슴에 손전등을 올려요.
3. 벽에 다리를 올려요.
4. 손전등을 다리에 비추어 그림자를 만들어요.
5. 심장 박동에 따라 그림자가 오르락내리락하는 것을 볼 수 있어요!

💡 **방금 무슨 일이 일어났나요?** 심장은 펌프처럼 움직이면서 우리 몸 곳곳에 피를 보내 산소를 전달해요. 운동할 때는 근육에 더 많은 산소가 필요해요. 더 많은 산소를 보내기 위해 심장이 더 빨리 뛰어요. 심장이 뛰는 속도에 맞추어 손전등의 위치가 오르락내리락하면서 그림자가 변하지요.

239. 딸기 DNA를 추출해 보자!

교과 단원 5학년 1학기 4단원 우리 몸의 구조와 기능　**핵심 개념** DNA, 세포막　**실험 시간** 1시간　**난이도** ★★★

준비물

딸기　　이소프로필알코올 5mL　　주방 세제 1큰술　　소금 $\frac{1}{4}$작은술　　지퍼 백　　컵

핀셋　　물　　체

실험 방법

1. 이소프로필알코올을 냉장실에 넣어요.
2. 컵에 물, 주방 세제, 소금을 넣고 섞어요.
3. 지퍼 백에 딸기를 넣고 공기를 최대한 뺀 다음 손으로 두들겨 딸기를 으깨요.
4. 2번에서 만든 용액을 지퍼 백에 부은 다음 체에 걸러 다른 컵에 부어요.
5. 컵에 이소프로필알코올을 천천히 넣어요.
6. 용액을 섞지 말고 기다려요.
7. 용액 위로 하얗게 무언가가 뜰 거예요. 핀셋으로 건져 보세요. 그것이 바로 딸기 DNA예요.

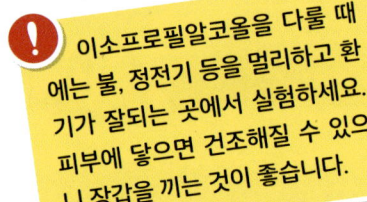

이소프로필알코올을 다룰 때에는 불, 정전기 등을 멀리하고 환기가 잘되는 곳에서 실험하세요. 피부에 닿으면 건조해질 수 있으니 장갑을 끼는 것이 좋습니다.

💡 **방금 무슨 일이 일어났나요?** 모든 생명체는 DNA를 가지고 있어요. 주방 세제와 소금으로 만든 용액으로 DNA를 추출할 수 있어요. 비누나 주방 세제 속 계면 활성제는 세포막을 녹이고, 소금은 DNA가 잘 뭉치게 하지요. DNA는 이소프로필알코올에 녹지 않아서 서로 엉겨 붙어 남아 있답니다.

240. 지방 덕분에 덜 추워요!

교과 단원 5학년 1학기 4단원 우리 몸의 구조와 기능   핵심 개념 지방, 단열   실험 시간 10분   난이도 ★☆☆

준비물

돼지 지방

얼음물

양동이

실험 방법

1. 돼지 지방을 잘 뭉쳐서 작은 공으로 만들어요.
2. 공에 손가락 하나를 끼워요.
3. 손을 얼음물이 담긴 양동이에 담가요.
4. 지방을 끼운 손가락은 차가움을 느리게 느껴요.

💡 **방금 무슨 일이 일어났나요?** 지방은 피부 주위에 보호층을 만들어서 몸속 열이 밖으로 빠져나가지 않도록 도와줍니다. 고래나 물개 같은 해양 생물은 두꺼운 지방층이 있어서 물속에서도 체온을 유지할 수 있지요.

241. 동물처럼 세상을 바라보기

교과 단원 5학년 1학기 4단원 우리 몸의 구조와 기능   핵심 개념 시각 정보, 시야   실험 시간 10분   난이도 ★☆☆

준비물

거울지(거울 종이) 또는
카드 거울 2개

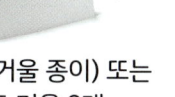
가위

실험 방법

1. 거울지를 손바닥 크기로 잘라요.
2. 코에 거울지 가운데를 대고 양쪽을 바깥쪽으로 접어요.
3. 거울지에 반사된 것들이 보일 거예요.
4. 평소보다 더 넓은 시야를 가질 수 있어요.

💡 **방금 무슨 일이 일어났나요?** 말과 토끼와 같은 동물은 사람보다 세상을 더 넓게 바라봐요. 천적으로부터 빠르게 도망가기 위해 360°에 가까운 시야를 가지고 있지요!

242. 물고기는 빨간색일까? 청록색일까?

교과 단원 5학년 1학기 4단원 우리 몸의 구조와 기능 **핵심 개념** 잔상, 시각 세포 **실험 시간** 10분 **난이도** ★☆☆

준비물

흰색 도화지 2개   가위   풀   물감   붓

실험 방법

1. 도화지에 빨간색 물고기를 그려요.
2. 다른 도화지에 물고기 그림보다 큰 어항을 그려요.
3. 도화지를 밝은 곳으로 가져가요.
4. 빨간 물고기 눈을 15초 동안 뚫어지게 쳐다봐요.
5. 빠르게 어항을 그린 도화지를 봐요. 어항에 물고기가 보여요. 그런데 물고기는 빨간색이 아닌 청록색일 거예요!

우리 주변의 과학

잔상은 양성일 때도 있고 음성일 때도 있어요

양성 잔상은 카메라 플래시를 본 뒤 눈에 빛이 남는 현상이에요. 음성 잔상은 특정 색깔에 반응하는 눈의 세포가 지쳐서 나타나요. 빨간색 물고기가 청록색으로 보인 것처럼 색이 반대 색깔(보색)로 보입니다.

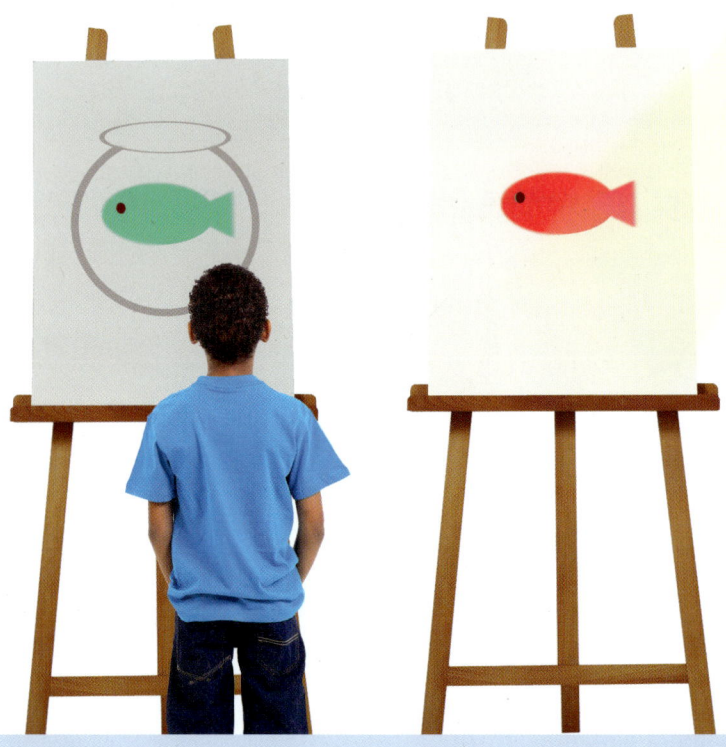

💡 **방금 무슨 일이 일어났나요?** 우리가 본 청록색 물고기는 잔상이에요. 눈에는 색에 민감한 세포가 있어요. 오랫동안 빨간색 물고기를 뚫어지게 보면 빨간색에 민감한 세포가 지쳐 버려요. 따라서 도화지를 봤을 때 물고기가 빨간색의 보색인 청록색으로 보이는 것이에요. 참 신기하지요?

243. 냄새가 없으면 맛이 똑같을까?

교과 단원 5학년 1학기 4단원 우리 몸의 구조와 기능 **핵심 개념** 기도 **실험 시간** 10분 **난이도** ★☆☆

준비물

 감자  사과  감자 칼  칼

실험 방법
1. 사과와 감자의 껍질을 벗겨요.
2. 사과와 감자를 같은 크기로 얇게 잘라요.
3. 눈을 감고 감자와 사과를 섞어요.
4. 코를 잡고 한 조각씩 먹어요. 맛이 똑같을 거예요.

💡 **방금 무슨 일이 일어났나요?** 코와 입은 같은 기도(호흡할 때 공기가 지나는 길)로 연결되어 있어요. 음식의 맛을 느끼고 동시에 냄새 맡을 수 있어요.

244. 거미줄을 그대로 간직하기

교과 단원 5학년 1학기 4단원 우리 몸의 구조와 기능 **핵심 개념** 보존 **실험 시간** 1시간 **난이도** ★★★

준비물

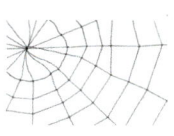 거미줄  스프레이 접착제  금색 스프레이 페인트  검은색 하드보드지 2장  니스

실험 방법
1. 거미줄에 거미가 없는지 확인해요.
2. 거미줄 뒤에 하드보드지를 두고 금색 스프레이 페인트를 뿌려요.
3. 스프레이 접착제도 뿌려요.
4. 접착제가 다 마르지 않은 상태에서 하드보드지 위에 니스를 칠해요.

💡 **방금 무슨 일이 일어났나요?** 니스는 표면에 막을 만들어 보호하거나 광택을 내는 데 사용합니다. 니스는 오래도록 거미줄을 보존할 거예요.

245. 내 손에 구멍이 생겨요!

교과 단원 5학년 1학기 4단원 우리 몸의 구조와 기능　**핵심 개념** 시각 정보　**실험 시간** 5분　**난이도** ★☆☆

준비물

신문지 또는 종이

실험 방법

1. 신문지를 돌돌 말아 원통을 만들어요.
2. 원통을 오른쪽 눈에 가져다 대요.
3. 왼쪽 눈앞에는 왼손을 들어 올려요.
4. 두 눈을 뜨고 앞을 똑바로 봐요. 손에 구멍이 보일 거예요!

💡 **방금 무슨 일이 일어났나요?** 뇌가 두 눈에서 다른 이미지를 받아 결합하면서 손에 구멍을 만들었어요!

246. 난 어느 쪽 눈을 더 많이 사용할까?

교과 단원 5학년 1학기 4단원 우리 몸의 구조와 기능　**핵심 개념** 주시안　**실험 시간** 5분　**난이도** ★☆☆

준비물

전등 스위치

실험 방법

1. 전등 스위치에서 3m 떨어진 곳에 서요. 스위치를 뚫어져라 쳐다봐요.
2. 팔을 뻗은 채 엄지손가락으로 스위치를 가려 봐요.
3. 천천히 왼쪽 눈을 감아요.
4. 스위치가 보이지 않으면 평소에 왼쪽 눈을 주로 사용하는 것이고요.
5. 스위치가 보이면 평소에 오른쪽 눈을 더 사용하는 것이지요.

💡 **방금 무슨 일이 일어났나요?** 여러분이 오른손잡이거나 왼손잡이인 것과 마찬가지로 눈도 주로 쓰는 눈이 있어요. '주시안' 또는 '주안'이라고 합니다.

247. 새장 안에 갇힌 새

교과 단원 5학년 1학기 4단원 우리 몸의 구조와 기능　**핵심 개념** 잔상, 시각 정보　**실험 시간** 10분　**난이도** ★★☆

준비물

연필　　흰색 종이　　풀

실험 방법

1. 종이를 손바닥 크기로 잘라 두 개의 카드를 만들어요. 한 장에는 새장을, 다른 종이에는 새를 그려요.
2. 사진처럼 연필을 가운데에 끼고 종이를 양쪽에 붙여요.
3. 양 손바닥 사이에 연필을 끼우고 빠르게 돌려요. 새가 새장 안에 갇혀 보일 거예요.

💡 **방금 무슨 일이 일어났나요?** 무언가를 보면 눈에는 1초를 16등분한 약 $\frac{1}{16}$초 동안 이미지가 남아 있어요. 이를 '잔상'이라고 합니다. 새와 새장을 연속으로 빠르게 보면, 두 그림이 합쳐져 새가 새장 안에 갇힌 것처럼 보이지요.

248. 한쪽 다리로 균형 잡기

교과 단원 5학년 1학기 4단원 우리 몸의 구조와 기능　**핵심 개념** 균형　**실험 시간** 10분　**난이도** ★☆☆

준비물

연필　　종이　　스톱워치

실험 방법

1. 같은 자세를 얼마나 오랫동안 유지하는지 시간을 재 봅시다.
2. 먼저 두 눈을 뜨고 한쪽 다리로 서요. 자세를 유지한 시간을 확인해요.
3. 이번에는 두 눈을 감고 한쪽 다리로 서 봐요.
4. 두 경우의 시간을 비교해요. 눈을 감았을 때보다 눈을 떴을 때 더 오랫동안 자세를 유지했어요.

💡 **방금 무슨 일이 일어났나요?** 우리 몸은 균형을 유지하기 위해 눈, 발, 허리, 손 등 여러 기관을 사용해요. 이번 실험으로 몸의 균형을 잡을 때 눈이 얼마나 중요한 역할을 하는지 알 수 있어요.

249. 카멜레온처럼 보는 방법

교과 단원 5학년 1학기 4단원 우리 몸의 구조와 기능   **핵심 개념** 시야   **실험 시간** 10분   **난이도** ★☆☆

준비물

  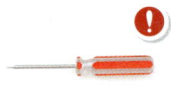

달걀판   가위   드라이버

실험 방법

1. 달걀판에서 달걀 받침을 두 개 잘라 내요.
2. 달걀 받침의 바닥의 가운데에서 조금 떨어진 곳에 드라이버로 구멍을 뚫어요.
3. 달걀 받침을 눈에 가져가 작은 구멍으로 세상을 바라봐요. 두 구멍의 방향을 바꿔 가며 보세요.

💡 **방금 무슨 일이 일어났나요?** 카멜레온과 몇몇 파충류는 양쪽 눈이 각각 다른 각도로 움직입니다. 따라서 시야각이 360°로 사람이 보는 시야보다 훨씬 넓지요.

250. 지문 채취하기

교과 단원 5학년 1학기 4단원 우리 몸의 구조와 기능   **핵심 개념** 지문   **실험 시간** 20분   **난이도** ★☆☆

준비물

4B 연필   종이   테이프   돋보기

실험 방법

1. 연필을 조심스럽게 잡은 다음 종이를 색칠해요. 꾹 누르지 않아요.
2. 칠한 곳에 손가락 끝을 대고 살살 문질러요.
3. 테이프를 뜯어서 손가락 끝에 붙여요.
4. 테이프를 떼서 흰 종이에 붙여요. 나머지 손가락도 따라 해요.
5. 돋보기로 지문을 하나씩 살펴봐요.

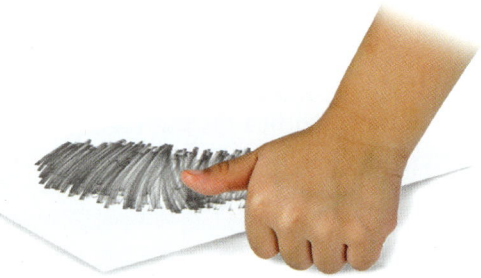

💡 **방금 무슨 일이 일어났나요?** 지문은 우리가 태어나기 약 다섯 달 전에 만들어져요! 사람의 지문은 모두 달라요. 그리고 살면서 지문이 닳을 순 있지만 절대로 변하진 않지요.

251. 누구 미뢰가 더 많을까?

교과 단원 5학년 1학기 4단원 우리 몸의 구조와 기능　**핵심 개념** 미뢰, 맛　**실험 시간** 10분　**난이도** ★☆☆

준비물

식용 색소 또는 페인트 사탕 / 솜 / 종이 / 펀칭 머신 / 거울

실험 방법

1. 식용 색소를 푼 물에 솜을 담갔다가 혀에 발라요. 혀의 돌기가 잘 보일 거예요.
2. 펀칭 머신으로 종이에 구멍을 뚫은 후 혀에 올려요.
3. 거울을 보며 구멍 안에 보이는 돌기의 숫자를 세어요. 25개가 넘으면 미각이 뛰어난 사람이지요!

💡 **방금 무슨 일이 일어났나요?** 혀에 난 작은 돌기는 '유두'라고 해요. 유두 안에 미뢰가 있지요. 미뢰는 쓴맛, 신맛, 짠맛, 단맛, 감칠맛, 지방맛까지 여섯 종류의 맛을 감지할 수 있어요. 미뢰가 많을수록 맛을 더 잘 느껴요.

252. 맥박을 직접 눈으로 관찰하기

교과 단원 5학년 1학기 4단원 우리 몸의 구조와 기능　**핵심 개념** 맥박, 맥박 수　**실험 시간** 10분　**난이도** ★★☆

준비물

성냥개비 또는 펜 뚜껑

실험 방법

1. 맥박이 가장 강하게 느껴지는 손목 부위에 성냥개비를 올려요.
2. 심장이 뛸 때마다 성냥개비가 위아래로 움직이는 모습을 볼 수 있어요!

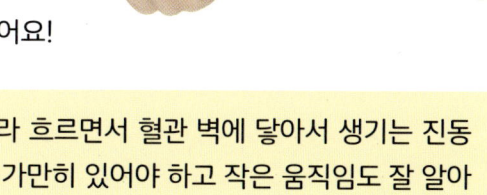

💡 **방금 무슨 일이 일어났나요?** 심장에서 나오는 피가 혈관을 따라 흐르면서 혈관 벽에 닿아서 생기는 진동을 '맥박'이라고 합니다. 성냥개비를 보며 맥박 수를 셀 수 있어요. 가만히 있어야 하고 작은 움직임도 잘 알아채야 하지요. 보통 어른의 맥박 수는 분당 60~100회입니다.

253. 플립 북을 만들어 보자!

교과 단원 5학년 1학기 4단원 우리 몸의 구조와 기능   **핵심 개념** 잔상   **실험 시간** 1시간   **난이도** ★★☆

준비물

종이

스테이플러

연필

가위

실험 방법

1. 종이를 잘라서 손바닥 크기 정도의 종이 20~30장을 만들어요.
2. 종이를 가지런히 모아서 왼쪽에 스테이플러로 찍어 고정해요.
3. 맨 뒷장에 공중에 떠 있는 사람을 그려요.
4. 그 앞장에는 조금 더 땅에 가까운 모습으로 그려요.
5. 그 앞장에는 땅에 더 가까운 모습으로 그려요.
6. 이렇게 계속 그려 맨 앞장에는 바닥에 서 있는 사람을 그려요.
7. 종이를 빠르게 넘기면 사람이 움직이는 거 같아요!
   시작할 때 땅에 붙어 있던 사람이 종이를 넘기는 동안 점프를 두 번 하게 그려 보세요!

💡 **방금 무슨 일이 일어났나요?** 그림이 실제로 사라진 후에는 눈에는 잔상이 남아 있어 마치 그림이 움직이는 것처럼 보여요. 그림을 빨리 넘기면 눈에는 앞 그림의 잔상이 지금 보는 그림과 합쳐져 움직이는 듯한 착각을 일으켜요.

4장

너무 재밌어서 두근거린다!
물, 마술, 부엌 실험

우리가 마시는 물에 엄청난 과학 원리가 숨어 있다는 사실, 알고 있나요? 온도에 따라 물속 분자의 움직임이 달라지고, 세제 한 방울에 성냥개비가 뿔뿔이 흩어지는 놀라운 현상도 살펴봐요. 물을 순식간에 사라지게 하고 주스 색깔도 바꿔요. 비밀 편지를 쓰는 마술까지 직접 해 볼 수 있어요.

부엌은 최고의 과학 실험실이에요! 우유 마블링으로 멋진 그림을 그리고, 춤추는 건포도와 뜨거운 아이스크림까지 만들어 보세요. 일상 속에서 할 수 있는 신기한 과학 원리가 여러분을 기다리고 있어요!

투명한 물에 신기한 원리가 가득! 물로 하는 실험

우리는 물이 지구 표면의 70% 정도를 덮고 있다는 사실을 알고 있어요. 우리 몸의 약 70%도 물로 이루어져 있지요. 또한 생물에게 물이 얼마나 중요한지도 알고 있지요.

이렇게 중요한 물의 아주 재미있는 특징은 바로 '표면 장력'이에요. 표면 장력은 액체의 표면이 가능한 한 작은 면적을 차지하려는 힘이에요. 물방울이 둥근 모양을 하고 있는 이유도 표면 장력 때문이지요.

소금쟁이가 물 위를 걸어다니는 것도, 비눗방울이 둥근 모양을 유지하는 것도 표면 장력 때문이에요. 표면 장력을 활용한 신기한 실험들을 소개합니다!

254. 어둠 속에서 빛나는 물

교과 단원 5학년 1학기 2단원 빛의 성질 **핵심 개념** 자외선, 가시광선 **실험 시간** 15분 **난이도** ★☆☆

준비물

형광펜

물

자외선 램프

유리컵

실험 방법
1. 형광펜에서 심을 빼서 몇 분간 물이 든 컵에 담가요.
2. 어두운 방으로 가서 컵 근처에서 자외선 램프를 켜요.
3. 물이 빛날 거예요.

💡 **방금 무슨 일이 일어났나요?** 형광펜의 염료에는 자외선(우리가 보지 못하는 빛)을 가시광선(우리가 볼 수 있는 빛)으로 바꾸는 형광 물질이 들어 있어요. 그래서 자외선 램프로 비추면 어두운 곳에서 물이 빛나지요.

255. 색색깔의 얼음

교과 단원 4학년 1학기 2단원 물의 상태 변화   **핵심 개념** 어는점   **실험 시간** 24시간   **난이도** ★☆☆

준비물

 반찬 통
 큰 쟁반
 물감
 물
 소금

실험 방법

1. 크기가 다른 반찬 통에 물을 채워서 하룻밤 동안 냉동실에 넣어요.
2. 다음 날 큰 쟁반에 얼음을 꺼내요.
3. 얼음에 소금을 조금 뿌리고 몇 분간 기다려요. 얼음 안에 작은 길이 생겨요.
4. 얼음 위에 물감 몇 방울을 떨어뜨려요.
5. 물감이 얼음 안에 난 길을 따라 흘러서 알록달록 얼음을 만들어요!

💡 **방금 무슨 일이 일어났나요?** 소금은 물의 어는점(얼음이 녹기 시작하는 온도)을 낮추어요. 얼음에 소금을 뿌리면 소금에 닿은 곳이 먼저 녹지요. 물감은 소금이 만든 길인 얼음 틈 사이로 흘러 내려가 얼음을 멋지게 꾸며 줍니다.

256. 물속에 회오리바람 만들기

교과 단원 3학년 1학기 1단원 힘과 우리 생활   핵심 개념 구심력   실험 시간 10분   난이도 ★☆☆

준비물

반짝이 가루   유리병   물   주방 세제

실험 방법
1. 유리병의 $\frac{3}{4}$을 물로 채워요.
2. 여기에 주방 세제 몇 방울과 반짝이 가루를 넣어요.
3. 뚜껑을 꽉 닫아요.
4. 병을 원을 그리듯이 빠르게 돌려요.
5. 멈춘 다음 물속에 작은 회오리바람이 생겼는지 확인해요.

💡 **방금 무슨 일이 일어났나요?** 병을 원을 그리며 빠르게 돌리면, 물이 돌면서 바깥으로 밀려 나가고, 비어 버린 가운데로 다시 빨려 들어가 작은 소용돌이가 생겨요. 소용돌이는 구심력의 대표적인 현상이에요.

257. 물속에서 움직이는 분자

교과 단원 3학년 2학기 1단원 물체와 물질   핵심 개념 분자, 확산   실험 시간 10분   난이도 ★☆☆

준비물

뜨거운 물   찬물   내열 강화 유리컵 2개   식용 색소   스포이트

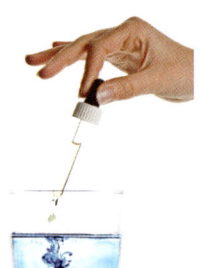

실험 방법
1. 한 컵에는 뜨거운 물을, 다른 컵에는 찬물을 채워요.
2. 두 컵에 동시에 식용 색소 한 방울을 넣어요.
3. 식용 색소가 찬물보다 뜨거운 물에서 빠르게 퍼져 나가는 모습을 지켜봐요.

뜨거운 물   찬물

💡 **방금 무슨 일이 일어났나요?** 찬물의 분자는 뜨거운 물의 분자보다 느리게 움직여요. 따라서 뜨거운 물속에서 식용 색소가 더 빠르게 퍼집니다.

258. 후추는 세제가 무서워!

교과 단원 4학년 1학기 2단원 물의 상태 변화   핵심 개념 표면 장력   실험 시간 10분   난이도 ★☆☆

준비물

후추

물

주방 세제

냄비

실험 방법

1. 냄비에 물을 채워요.
2. 물 위에 후추를 조금 뿌려요.
3. 손가락을 담가요. 별다른 일이 일어나지 않아요.
4. 손가락에 주방 세제를 조금 묻혀서 다시 물에 담가요.
5. 후추가 냄비 가장자리로 도망가요.

💡 **방금 무슨 일이 일어났나요?** 손가락에 세제나 비누를 묻혀 물에 담그면 물의 표면 장력이 줄어들어요. 따라서 후추가 가장자리로 넓게 퍼지지요.

259. 손을 적시지 않고 물속 동전 꺼내기

교과 단원 4학년 1학기 2단원 물의 상태 변화   핵심 개념 표면 장력   실험 시간 10분   난이도 ★☆☆

준비물

베이비파우더

냄비

물

동전

실험 방법

1. 물이 담긴 냄비에 동전을 떨어뜨려요.
2. 손을 적시지 않고 동전을 빼내 봐요. 불가능할 것 같지요?
3. 물 위에 베이비파우더를 가득 뿌려요.
4. 이제 손을 적시지 않고도 동전을 꺼낼 수 있어요!

💡 **방금 무슨 일이 일어났나요?** 베이비파우더는 물과 잘 섞이지 않는 성질이 있어요. 베이비파우더가 손에 방수 막이 되어 뽀송한 손으로 동전을 꺼냈어요.

260. 갑자기 멀어지는 성냥개비

교과 단원 4학년 1학기 2단원 물의 상태 변화   핵심 개념 표면 장력   실험 시간 10분   난이도 ★☆☆

준비물

물   냄비   주방 세제   성냥개비

실험 방법

1. 냄비에 물을 채우고 물 위에 성냥개비 몇 개를 띄워요.
2. 냄비에 주방 세제를 한 방울 넣고 성냥개비가 물 위에서 어떻게 움직이는지 지켜봐요.

💡 **방금 무슨 일이 일어났나요?** 세제나 비누 속에 들어 있는 계면 활성제 성분이 물의 표면 장력을 줄여서 성냥개비를 멀리 밀어 내요.

261. 물방울 만들기

교과 단원 4학년 1학기 2단원 물의 상태 변화   핵심 개념 기화, 액화   실험 시간 30분   난이도 ★☆☆

준비물

유리 머그잔   전기 포트   오븐 장갑

실험 방법

1. 머그잔을 냉장고에 20분간 넣어요.
2. 전기 포트에 물을 넣고 끓여요.
3. 오븐 장갑을 끼고 전기 포트에서 나오는 뜨거운 수증기 위에 차가운 머그잔을 대고 있어 보세요. 머그잔의 표면에 물방울이 맺혀요!

💡 **방금 무슨 일이 일어났나요?** 액체인 물을 가열하면 기체인 수증기로 변해서(기화) 위로 올라가요. 뜨거운 수증기가 차가운 물체에 닿으면, 다시 물이 되어(액화) 물방울로 맺히지요.

262. 우량계를 만들어 보자!

교과 단원 5학년 2학기 2단원 날씨와 우리 생활　**핵심 개념** 우량계, 강우량　**실험 시간** 30분　**난이도** ★★☆

준비물

페트병　　돌이나 자갈　　테이프　　매직펜　　자　　물　　칼

실험 방법

1. 페트병의 윗부분을 잘라 내요. 어른에게 부탁하세요.
2. 페트병 바닥에 돌을 몇 개 넣어요.
3. 잘라 낸 윗부분을 거꾸로 뒤집어서 페트병 위에 붙여요.
4. 자와 매직펜으로 페트병에 눈금을 매겨요.
5. 가장 낮은 눈금에 닿을 때까지 페트병에 물을 부어요.
6. 이제 비가 오기 시작하면 페트병을 야외에 두어요. 물이 올라가는 높이를 측정해요.

💡 **방금 무슨 일이 일어났나요?** 비가 우량계 안에 모이면 강우량을 쉽게 측정할 수 있어요. 비가 올 때마다 우량계로 강우량을 측정해 두어요.

물 / 마술 / 부엌

263. 팽창하는 얼음

교과 단원 4학년 1학기 2단원 물의 상태 변화　**핵심 개념** 응고, 팽창　**실험 시간** 4시간　**난이도** ★☆☆

준비물

  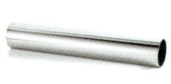

페트병　　　물　　　알루미늄 포일　　　고무줄

실험 방법

1. 페트병에 물을 입구 끝까지 채워요. 조금만 건드려도 흐를 정도로요!
2. 알루미늄 포일을 씌워 고무줄로 고정한 다음 냉동실에 넣어요.
3. 4시간 뒤에 페트병을 확인해요. 포일이 위로 볼록 튀어 나와 있을 거예요.

💡 **방금 무슨 일이 일어났나요?** 얼음이 얼면서 알루미늄 포일을 위로 밀어 올린 것을 알 수 있어요. 대부분 물질은 가열하면 부피가 커지고 식으면 줄어들지만 물은 예외이지요. 물은 얼리면 부피가 커지거든요.

264. 찔러도 물이 새지 않는 지퍼 백의 비밀

교과 단원 4학년 1학기 2단원 물의 상태 변화　**핵심 개념** 마찰열, 표면 장력　**실험 시간** 10분　**난이도** ★☆☆

준비물

뾰족한 연필　　지퍼 백　　　물

실험 방법

1. 지퍼 백의 절반을 물로 채우고 밀봉해요.
2. 뾰족한 연필로 지퍼 백을 찔러요.
3. 연필을 여러 개 찔러도 지퍼 백에서 물이 새지 않아요!

💡 **방금 무슨 일이 일어났나요?** 플라스틱은 분자가 아주 많이 연결되어 있는 고분자 물질입니다. 분자 여러 개가 긴 사슬 모양으로 이루어져 있다는 뜻이에요. 합성 고무나 섬유도 고분자 물질이지요. 긴 분자 사슬들이 연필이 뚫은 구멍 주위를 감싸서 빈틈을 막아요. 마찰열과 물의 표면 장력 또한 물이 새지 않게 도와주지요!

265. 흩어졌다가 모였다가

교과 단원 4학년 1학기 2단원 물의 상태 변화　**핵심 개념** 표면 장력　**실험 시간** 10분　**난이도** ★☆☆

준비물

성냥개비　비누　물　설탕　그릇

실험 방법

1. 물이 담긴 그릇에 사진처럼 성냥개비를 둥글게 늘어놓아요.
2. 비누를 물 한가운데에 살짝 담갔다가 빼요.
3. 성냥개비가 그릇 가장자리 쪽으로 흩어질 거예요.
4. 이번에는 설탕을 물 한가운데에 살짝 뿌려요. 성냥개비가 가운데로 모입니다.

💡 **방금 무슨 일이 일어났나요?** 비누는 물의 표면 장력을 줄여서 성냥개비들을 밀어 냈고, 설탕은 물을 조금 흡수해서 성냥개비들이 가운데로 모이게 했습니다.

266. 기름 유출의 심각성

교과 단원 3학년 2학기 1단원 물체와 물질　**핵심 개념** 밀도　**실험 시간** 15분　**난이도** ★☆☆

준비물

대야　물　식용 색소　식용유　고무 장난감

실험 방법

1. 대야에 물을 절반 채워요.
2. 여기에 식용 색소를 넣어요.
3. 대야에 작은 장난감을 넣어요.
4. 대야에 식용유를 붓고 흔들어서 파도를 만들어요.
5. 기름과 물은 섞이지 않지만, 장난감은 기름투성이가 되었어요.

💡 **방금 무슨 일이 일어났나요?** 기름은 물과 섞이지 않아요. 물보다 밀도가 작아서 물 위에 둥둥 떠 있지요. 바다에서 유조선 사고가 나서 기름이 유출되곤 해요. 바다에 사는 새와 해양 생물에게는 큰 재앙이지요.

267. 물속에서 얼음이 녹으면

`교과 단원` 3학년 2학기 1단원 물체와 물질   `핵심 개념` 밀도   `실험 시간` 3시간   `난이도` ★★☆

준비물

냄비   물   식용 색소   얼음 틀

실험 방법

1. 얼음 틀에 물을 붓고 위에 식용 색소를 떨어뜨려 잘 섞어요. 냉동실에 넣어요. 여러 색깔의 얼음을 만들 거예요.
2. 빈 냄비에 찬물을 부어요.
3. 냄비에 얼음들을 부어요.
4. 물속에서 얼음이 녹으면서 다양한 색의 물줄기들을 볼 수 있어요.

💡 **방금 무슨 일이 일어났나요?** 얼음에서 녹은 물은 냄비에 담긴 물보다 차가워서 밀도가 높아요. 그래서 다양한 색의 물줄기들이 아래로 가라앉습니다.

268. 뜰까요? 가라앉을까요?

`교과 단원` 3학년 2학기 1단원 물체와 물질   `핵심 개념` 밀도   `실험 시간` 5분   `난이도` ★☆☆

준비물

라임   레몬   냄비   물

실험 방법

1. 물이 담긴 냄비에 라임과 레몬을 넣어요.
2. 레몬은 뜨지만, 라임은 뜨지 않아요.

💡 **방금 무슨 일이 일어났나요?** 라임과 레몬은 무게와 크기가 똑같더라도, 라임이 레몬보다 밀도가 높아요. 그래서 레몬은 물에 뜨고 라임은 가라앉지요.

269. 신기한 비눗방울 모양 만들기

교과 단원 4학년 1학기 2단원 물의 상태 변화   핵심 개념 표면 장력   실험 시간 30분   난이도 ★★☆

준비물

찰흙   글리세린 4큰술   물 4컵   이쑤시개   주방 세제   빨대

실험 방법
1. 주방 세제, 물, 글리세린을 섞어서 비눗방울 용액을 만들어요.
2. 찰흙과 이쑤시개로 사진처럼 입체 도형을 만들어요.
3. 빨대를 비눗방울 용액에 푹 담가요.
4. 용액에 적신 빨대를 입체 도형 안에 넣고 후 불어 봐요. 신기한 모양이 될 거예요.

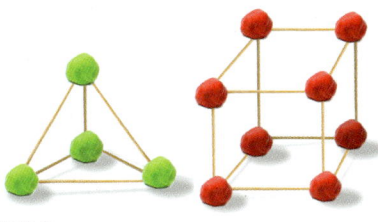

💡 **방금 무슨 일이 일어났나요?** 비눗방울은 표면 장력 때문에 공기 중에서는 늘 동그란 공 모양이지만 특이한 틀에서는 뜻밖의 모양이 나와요!

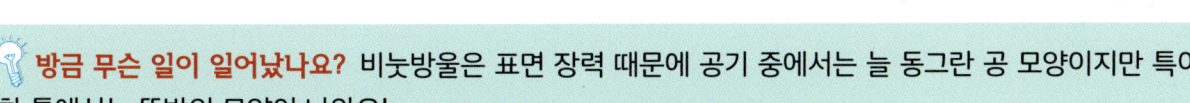

270. 얼어 버린 비눗방울

교과 단원 4학년 1학기 2단원 물의 상태 변화   핵심 개념 응고   실험 시간 10분   난이도 ★☆☆

준비물

가루비누 $\frac{1}{2}$컵   설탕 $\frac{1}{2}$컵   물   비눗방울 막대기

실험 방법
1. 물 3컵과 가루비누와 설탕을 넣고 섞어요. 비눗방울 용액을 만들었어요.
2. 냉동실 안에 대고 비눗방울 막대기로 비눗방울을 불어 보세요.
3. 비눗방울이 꽁꽁 얼어 버리지요.

💡 **방금 무슨 일이 일어났나요?** 비눗방울 용액은 대부분이 물이에요. 냉동실에 넣으면 물이 얼어서 비눗방울 표면에 아주 작은 고드름이나 얼음 결정이 생겨요.

물 / 마술 / 부엌

271. 뾰족뾰족 결정 만들기

교과 단원 5학년 1학기 3단원 용해와 용액 **핵심 개념** 용해, 결정화 **실험 시간** 3시간 **난이도** ★★☆

준비물

가위 　 검은색 종이 　 프라이팬 　 물 $\frac{1}{4}$컵 　 황산 마그네슘 1큰술 　 종이컵

실험 방법

1. 검은색 종이를 프라이팬 바닥에 깔아요.
2. 컵에 황산 마그네슘과 물을 섞어요.
3. 섞은 물을 종이 위에 부어요.
4. 햇빛이 비치는 곳에 프라이팬을 두어요.
5. 몇 시간 뒤, 종이에 뾰족뾰족한 결정이 많이 보일 거예요!

황산 마그네슘을 다룰 때 들이마시거나 피부에 닿지 않도록 주의하세요.

 방금 무슨 일이 일어났나요? 황산 마그네슘이 물에 녹았다가 햇빛에 물이 증발해서 결정만 남았어요.

272. 세제만 떨어뜨렸는데 움직이는 배

교과 단원 4학년 1학기 2단원 물의 상태 변화 **핵심 개념** 표면 장력 **실험 시간** 15분 **난이도** ★☆☆

준비물

주방 세제 　 두꺼운 종이 또는 명함 　 물 　 쟁반 　 가위

실험 방법

1. 종이를 배 모양으로 잘라요.
2. 가위로 배 뒤쪽에 작은 홈을 만들어요.
3. 쟁반에 물을 붓고 배를 띄워요.
4. 배 뒤에 주방 세제를 한 방울 떨어뜨려요. 배가 움직이는 모습을 지켜봐요!

 **방금 무슨 일이 일어났나요?** 주방 세제를 떨어뜨리면 물의 표면 장력이 깨져요. 물 분자끼리 멀어지면서 배를 앞으로 움직이게 합니다.

273. 유리컵 속의 불꽃놀이

| 교과 단원 | 3학년 2학기 1단원 물체와 물질 | 핵심 개념 | 밀도 | 실험 시간 | 15분 | 난이도 | ★☆☆ |

준비물

식용 색소 · 식용유 2큰술 · 종이컵 · 물 · 긴 유리컵

실험 방법

1. 유리컵에 물을 채워요.
2. 종이컵에 식용유를 먼저 붓고 식용 색소를 부어요. 색소들이 물방울 형태로 뭉쳐요.
3. 종이컵의 색소 기름을 유리컵에 붓고 색소 방울이 아래로 가라앉는 모습을 지켜봐요. 색소가 가라앉으면서 물에 녹는 모습이 마치 불꽃놀이 같아요.

💡 **방금 무슨 일이 일어났나요?** 기름은 물보다 밀도가 낮아서 물 위에 떠올라요. 색소 방울이 아래로 가라앉으면서 물에 녹아 빠르게 퍼집니다.

274. 페트병이 스스로 돌아요!

| 교과 단원 | 6학년 1학기 2단원 물체의 운동 | 핵심 개념 | 작용, 반작용 | 실험 시간 | 30분 | 난이도 | ★★☆ |

준비물

가위 · 페트병 · 빨대 · 테이프 · 물 · 실 · 펜

실험 방법

1. 가위로 페트병의 윗부분을 잘라 내요.
2. 펜으로 페트병 바닥의 둘레에 구멍을 여섯 개 뚫어요.
3. 빨대를 여섯 조각으로 자른 후 페트병 구멍에 비스듬히 꽂아요. 테이프로 빨대를 고정해요.
4. 페트병 위쪽 옆면에 구멍을 세 개 뚫고 실을 넣어요. 실들을 함께 묶어요.
5. 욕실 또는 밖으로 나가서 페트병에 물을 부어요. 페트병이 빙빙 도는 모습을 지켜봐요!

💡 **방금 무슨 일이 일어났나요?** 페트병 아래의 빨대에서 물이 쏟아져 나오는 힘(작용) 때문에 페트병은 물이 나가는 방향의 반대로 힘을 받아요(반작용).

275. 둥둥 떠 있는 클립

교과 단원 4학년 1학기 2단원 물의 상태 변화　**핵심 개념** 표면 장력　**실험 시간** 5분　**난이도** ★☆☆

준비물

물이 담긴 유리컵　휴지　클립　젓가락

실험 방법

1. 물이 든 유리컵에 휴지를 천천히 넣어요.
2. 휴지를 건드리지 않고 휴지 위에 클립을 살짝 얹어요.
3. 젓가락으로 휴지를 살짝 눌러 휴지만 가라앉게 해요.
4. 클립은 계속 물 위에 떠 있어요.

💡 **방금 무슨 일이 일어났나요?** 클립은 물의 표면 장력 때문에 가라앉지 않고 둥둥 떠 있답니다.

276. 물에 뜨는 공

교과 단원 4학년 1학기 2단원 물의 상태 변화　**핵심 개념** 부착력, 표면 장력　**실험 시간** 15분　**난이도** ★☆☆

준비물

탁구공　플라스틱 컵 또는 종이컵　물

실험 방법

1. 컵의 절반을 물로 채워요.
2. 물 표면의 한가운데에 탁구공을 띄워 봐요. 둘레 쪽으로 붙을 거예요.
3. 이번에는 물이 거의 넘칠락 말락 할 때까지 꽉 채워요. 다시 탁구공을 한가운데에 띄워 보세요. 짠! 탁구공을 컵 한가운데에 띄우는 것이 훨씬 쉬워졌어요.

💡 **방금 무슨 일이 일어났나요?** 컵을 절반만 채우면 물이 컵의 벽에 달라 붙어 있으려고 하는 부착력 때문에 공이 둘레 쪽으로 당겨지지만, 컵을 가득 채우면 물이 평평하지 않고 살짝 위로 솟아오른 것을 볼 수 있어요. 물의 표면 장력이 둥글게 만든 것이지요. 표면이 볼록하면 공을 한가운데에 띄우는 것이 쉬워집니다.

알았다! 과학 마술의 원리

대부분의 마술은 다양한 과학 원리를 기반으로 한 환상입니다. 이번 실험은 산성과 염기성, 산화 반응을 활용해 친구를 깜짝 놀라게 하거나 당황해서 어리둥절하게 만들 과학 속임수를 모아 두었어요.

고무처럼 휘어지는 뼈, 눈앞에서 사라지는 잉크, 색깔이 변하는 주스, 불에 타지 않는 종이 실험처럼 신기한 과학 실험으로 친구를 당황하게 만들어 봐요!

277. 말랑말랑해진 닭 뼈

교과 단원 6학년 1학기 1단원 산과 염기 **핵심 개념** 산, 칼슘 **실험 시간** 3일 **난이도** ★☆☆

준비물

 닭 뼈
 뚜껑이 있는 유리병
 식초

실험 방법

1. 유리병에 식초를 채우고 닭 뼈를 푹 담가요.
2. 뚜껑을 닫고 3일 동안 두어요.
3. 3일 후에 뼈를 꺼내요.
4. 뼈가 고무처럼 말랑말랑하고 잘 휘어져요.

💡 **방금 무슨 일이 일어났나요?** 식초에 들어 있는 아세트산은 뼈를 튼튼하고 단단하게 만드는 칼슘을 모두 녹였어요. 칼슘이 녹아 버린 뼈는 잘 휘어지는 성질로 변했어요.

278. 주스 색깔이 변하는 마술

교과 단원 6학년 1학기 1단원 산과 염기 **핵심 개념** 산성, 알칼리성, 중화 반응 **실험 시간** 30분 **난이도** ★★☆

준비물

 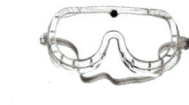     

유리컵 3개 / 보호경 / 고무장갑 / 식초 $\frac{1}{2}$ 작은술 / 물 / 포도 주스 / 암모니아 $\frac{1}{8}$ 작은술

실험 방법

1. 보호경과 고무장갑을 껴요.
2. 첫 번째 컵에는 물과 포도 주스를 넣어요.
3. 두 번째 컵에는 암모니아를 넣어요.
4. 세 번째 컵에는 식초를 넣어요.
5. 사람들을 불러 모아요.
6. 주스 색깔을 초록색으로 바꾸겠다고 말해요.
7. 첫 번째 컵을 두 번째 컵에 부으면 초록색으로 변할 거예요. 주스가 상했다고 해요!
8. 주스가 다시 돌아오게 주문을 외워요.
9. 두 번째 컵을 마지막 컵에 부으면, 짠! 원래 색으로 돌아와요!

> ⚠️ 실험 중에 만든 용액은 절대 마시면 안 돼요! 암모니아가 피부에 닿으면 조직 손상이 일어날 수 있으므로 실험하는 동안에는 장갑을 계속 끼고 있어야 합니다.

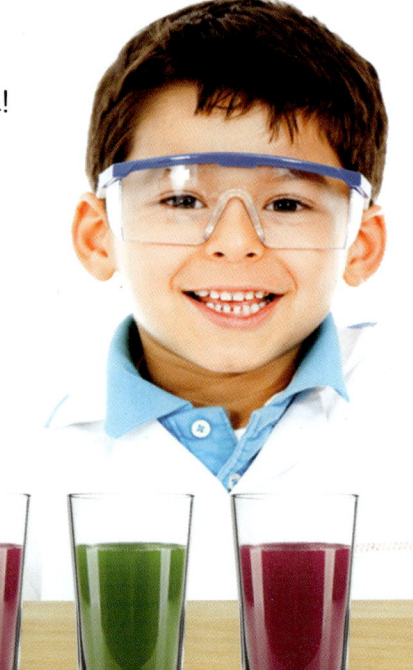

💡 **방금 무슨 일이 일어났나요?** 주스 속 안토시아닌과 알칼리성인 암모니아가 만나 초록색으로 변했어요. 산성인 식초는 알칼리성 용액을 중화(각각의 성질을 잃게 함)시켜서 원래 색으로 돌아오게 했어요.

279. 사라지는 잉크

교과 단원 5학년 1학기 3단원 용해와 용액　**핵심 개념** 아이오딘, 증발　**실험 시간** 15분　**난이도** ★☆☆

준비물

전분　　종이컵　　물　　아이오딘(요오드) 용액　　종이　　면봉

실험 방법
1. 종이컵에 물과 아이오딘 용액과 전분을 넣고 부드러운 반죽이 될 때까지 섞어요.
2. 면봉에 반죽을 묻혀 종이에 글씨를 써요.
3. 다 마르면 글씨가 사라지지요!

💡 **방금 무슨 일이 일어났나요?** 전분과 아이오딘이 만나면 파란색, 보라색 계열의 빛만 반사해서 우리 눈에 짙은 보라색으로 보입니다. 아이오딘이 증발하면 글씨의 색도 사라져 버립니다.

280. 나보다 큰 종이 고리 만들기

교과 단원 [수학] 4학년 1학기 4단원 평면도형의 이동　**핵심 개념** 위상 수학　**실험 시간** 10분　**난이도** ★★☆

준비물

가위　　A4 용지

실험 방법
1. A4 용지를 세로로 놓고 위에서 아래로 반을 접어요.
2. 종이를 90° 돌려서 왼쪽, 오른쪽을 번갈아 가며 13번 자를 거예요.
   이때 끝까지 자르지 않고 손가락 한 마디 정도 남기고 잘라요.
3. 종이를 살살 펼치면 가운데에 접힌 자국이 보일 거예요. 접힌 자국을 따라서 잘라요.
   위아래 한 줄씩은 그대로 두어요.
4. 종이를 펼쳐 보세요. 아주 큰 고리가 생길 거예요!

💡 **방금 무슨 일이 일어났나요?** 13번 자르는 게 어렵다면, 3번, 5번, 7번처럼 홀수 횟수로 잘라도 고리가 생겨요. 고리에 숨은 비결은 위상 수학이라는 수학의 한 분야에서 비롯되었어요. 위상 수학은 면적을 바꾸지 않아도 도형을 늘릴 수 있다고 알려 주었어요.

281. 비밀 편지

교과 단원 6학년 1학기 1단원 산과 염기　**핵심 개념** 산화　**실험 시간** 20분　**난이도** ★★★

준비물

라임 $\frac{1}{2}$개　　물　　그릇　　면봉　　흰 종이　　다리미

실험 방법

1. 그릇에 라임을 짜요. 물 몇 방울을 뿌려요.
2. 물과 라임 즙을 섞어요.
3. 면봉 끝을 이 용액에 담가요.
4. 면봉으로 흰 종이에 글씨를 적어요.
5. 다리미로 종이를 다려 보세요. 비밀 편지가 보여요.

💡 **방금 무슨 일이 일어났나요?** 라임 즙은 가열하면 산화되어 갈색으로 변해요.

282. 사라진 물

교과 단원 3학년 2학기 1단원 물체와 물질　**핵심 개념** 흡수　**실험 시간** 10분　**난이도** ★☆☆

준비물

불투명한 머그잔　　폴리아크릴산 나트륨 1큰술　　물

❗ 폴리아크릴산 나트륨을 먹으면 안 돼요. 버릴 때는 일반 쓰레기로 버리세요.

실험 방법

1. 물을 사라지게 할 수 있다고 친구에게 말해요.
2. 마술을 시작하기 전에 머그잔에 폴리아크릴산 나트륨을 넣어요.
3. 머그잔에 물을 붓고 친구에게 보여 줘요.
4. 몇 분 후 컵을 거꾸로 뒤집어요. 아무것도 쏟아지지 않아요!

💡 **방금 무슨 일이 일어났나요?** 폴리아크릴산 나트륨은 물을 흡수하면 젤리 같은 젤 형태로 변해요. 질량의 200~300배에 달하는 물을 흡수할 수 있어요. 기저귀에도 들어 있는 물질이에요.

283. 냄새가 약해져요!

교과 단원 6학년 1학기 1단원 산과 염기　**핵심 개념** 중화 반응　**실험 시간** 5분　**난이도** ★★☆

준비물

식초　　유리병　　암모니아 2큰술

! 냄새를 3초 이상 맡지 마세요. 반드시 환기가 잘되는 곳에서 실험하세요.

실험 방법

1. 유리병에 식초를 넣어요.
2. 그 위에 암모니아를 조금 넣어요.
3. 5초 뒤에 병 근처 냄새를 맡아 보세요.

💡 **방금 무슨 일이 일어났나요?** 강한 냄새가 나는 식초와 암모니아가 만나 중화 반응이 일어나 냄새가 약해졌어요.

284. 마법의 종이 🚨

교과 단원 6학년 2학기 2단원 물질의 연소　**핵심 개념** 알코올, 연소　**실험 시간** 15분　**난이도** ★★★

준비물

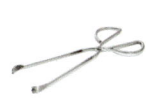    

집게　에탄올 용액 (70%)　양초　물　종이

실험 방법

1. 에탄올 용액과 물을 반반 넣어서 용액을 만들어요.
2. 이 용액에 종이를 담가 완전히 적셔요.
3. 집게로 종이를 잡아요.
4. 종이에 불을 붙인 후 불꽃이 꺼질 때까지 기다려요. 젖은 종이만 남았을 거예요.

! 어른에게 부탁하세요.

💡 **방금 무슨 일이 일어났나요?** 종이를 에탄올-물 용액에 담갔을 때 알코올이 종이 표면을 덮기 때문에, 불을 붙이면 에탄올만 탑니다. 종이는 젖어 있기 때문에 불이 붙지 않아요.

음식으로 장난치지 말고 실험해요! 부엌에서 하는 과학 실험

부엌에 있는 많은 재료는 과학 실험에 활용할 수 있어요! 우리 주변에 있는 거의 모든 것에는 과학이 있기 때문이지요. 아주 신 레몬으로 전지를 만들 수도 있고, 달걀과 양초만 있으면 은달걀을 만들 수도 있어요. 실험을 하다가 집에 있는 달걀, 소금 등을 다 쓰게 되면 엄마, 아빠한테 꼭 말하고 다시 사다 놓으세요. 미리 사 두지 않으면 나중에 심부름을 가야 할 테니까요!

285. 비누 구름 만들기

교과 단원 4학년 1학기 2단원 물의 상태 변화　**핵심 개념** 증발, 거품　**실험 시간** 1분　**난이도** ★☆☆

준비물

비누　　전자레인지　　접시

실험 방법

1. 접시에 비누를 올려요.
2. 전자레인지에 1분 돌려 줍니다.
3. 비누가 부풀어 오르는 모습을 지켜봐요!

❗ 전자레인지에 비누를 넣고 오래 돌리지 마세요. 연기가 많이 나니 창문을 열고 환기를 꼭 하세요.

💡 **방금 무슨 일이 일어났나요?** 비누를 가열하면 비누 안에 있던 공기와 물이 뜨거워져요. 물은 증발하고 공기는 팽창하지요. 팽창한 공기가 부드러운 비누를 밀어 내서 거품을 만들어요.

286. 따끈따끈 뜨거운 아이스크림?!

교과 단원 4학년 2학기 3단원 여러 가지 기체   핵심 개념 거품   실험 시간 1시간   난이도 ★★★

준비물

날달걀 3개 / 타르타르 크림 $\frac{1}{4}$작은술 / 소금 $\frac{1}{4}$작은술 / 바닐라 에센스 $\frac{1}{2}$작은술 / 설탕 1컵 / 아이스크림 / 쿠키

오븐 팬 / 달걀 거품기 / 냄비 / 오븐

실험 방법

1. 냄비에 달걀을 깨서 흰자만 넣어요.
2. 달걀흰자에 타르타르 크림, 소금, 바닐라 에센스를 넣어요.
3. 거품기로 저어서 푹신한 거품을 만들어요.
4. 저으면서 설탕을 1작은술씩 뿌려요.
5. 반죽을 계속 저어요.
6. 오븐 팬에 쿠키를 서로 같은 간격으로 놓아요.
7. 쿠키 위에 아이스크림을 한 숟갈씩 올려요.
8. 아이스크림 위에 만든 반죽을 덮어요.
9. 아이스크림 쿠키를 오븐에 넣어요. 200°C로 맞추고 3분 정도 구워요.
10. 손이 데지 않게 조심히 꺼내요. 따끈따끈 뜨거운 아이스크림을 즐겨 봐요! 냉동실에 넣어 차갑게 식혀 먹어도 맛있어요!

❗ 오븐 사용은 어른에게 부탁하세요.

💡 **방금 무슨 일이 일어났나요?** 달걀흰자에 타르타르 크림을 넣고 저으면 달걀흰자가 푹신푹신한 거품으로 변해요. 이때 타르타르 크림은 거품이 터지지 않도록 도와줘요. 거품이 가득한 달걀흰자에 설탕을 넣고 구우면, 설탕 덕분에 거품이 쉽게 터지지 않아요. 이 거품이 오븐의 뜨거운 열을 막아 아이스크림을 보호해 주기 때문에 아이스크림 쿠키를 만들 수 있었어요.

물 / 마술 / 부엌

287. 젤라틴으로 나만의 모빌 만들기

교과 단원 3학년 2학기 1단원 물체와 물질　**핵심 개념** 젤라틴　**실험 시간** 48시간　**난이도** ★★★

준비물

 젤라틴 가루　 쿠키 틀　 식용 색소　 큰 플라스틱 뚜껑　 프라이팬　 물

 나무 숟가락　 빨대

실험 방법

1. 프라이팬에 물, 식용 색소, 젤라틴 가루를 넣고 약한 불로 걸쭉해질 때까지 끓여요.
2. 만든 용액을 플라스틱 뚜껑에 붓고 거품을 숟가락으로 걷어 내요.
3. 용액을 식혀요.
4. 플라스틱 뚜껑에서 굳은 젤라틴을 조심스럽게 꺼내요.
5. 젤라틴이 아직 말랑말랑한 상태일 때 쿠키 틀로 다양한 모양을 만들어요.
6. 젤라틴 가운데에 빨대를 꽂아요. 한 빨대에 젤라틴 여러 개를 꽂아도 좋아요. 창의력을 발휘해 보세요!
7. 며칠 말리면 젤라틴이 플라스틱처럼 단단해질 거예요!

💡 **방금 무슨 일이 일어났나요?** 젤라틴은 열을 가할 때만 녹고, 상온에서는 녹지 않아요. 젤라틴 용액이 갓 식었을 때 모양을 만들어야 해요.

288. 멋진 그림을 그리는 우유 마블링

교과 단원 3학년 2학기 1단원 물체와 물질   핵심 개념 계면 활성제   실험 시간 5분   난이도 ★☆☆

준비물

    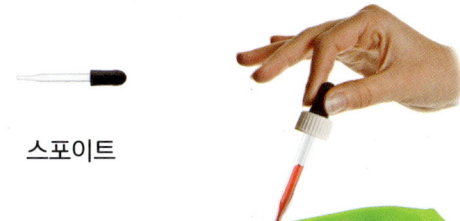

식용 색소   쟁반   우유   주방 세제   스포이트

실험 방법
1. 쟁반에 우유를 부어요.
2. 우유 위에 다양한 색깔의 식용 색소를 한 방울씩 떨어뜨려요.
3. 식용 색소를 떨어뜨린 곳에 주방 세제를 한 방울씩 떨어뜨려요.
4. 색깔이 이리저리 퍼져요.

💡 **방금 무슨 일이 일어났나요?** 주방 세제 속 계면 활성제가 우유에 든 지방을 분해하기 때문에 색깔이 이리저리 퍼집니다.

289. 아주 쉬운 색깔 마술

교과 단원 6학년 1학기 1단원 산과 염기   핵심 개념 산성, 염기성   실험 시간 10분   난이도 ★☆☆

준비물

포도 주스   레몬 5개   베이킹 소다 2작은술   유리컵 3개

실험 방법
1. 유리컵에 모두 포도 주스를 부어요.
2. 한 컵에 레몬을 짜서 넣어요. 보라색이 붉은색으로 변하는 모습을 지켜봐요!
3. 다른 컵에는 베이킹 소다를 넣어 섞어요. 보라색이 초록색으로 변하는 모습을 관찰해요!

💡 **방금 무슨 일이 일어났나요?** 포도 주스는 산성인 레몬과 만나면 붉은색으로 변하고, 염기성인 베이킹 소다와 만나면 초록색이나 푸른색으로 변하지요.

290. 달걀을 은으로 만드는 실험?!

교과 단원 3학년 2학기 1단원 물체와 물질   핵심 개념 탄소, 공기 막   실험 시간 10분   난이도 ★★☆

준비물

 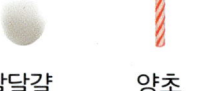   

날달걀   양초   물   집게   유리컵

실험 방법

1. 집게로 달걀을 잡고 불에 시커멓게 그을려요. 어른에게 부탁하세요.
2. 물이 담긴 컵에 그을린 달걀을 넣어요.
3. 그을음이 사라지면서 달걀이 빛나기 시작하는 모습을 관찰해요.

💡 **방금 무슨 일이 일어났나요?** 그을음 속에 있던 탄소가 물을 밀어 내고 달걀 표면에 얇게 공기 막을 만들어요. 공기 막이 빛을 반사해서 물속 달걀이 은색 달걀로 보일 거예요.

291. 감자로 전분 물 만들기

교과 단원 3학년 2학기 1단원 물체와 물질   핵심 개념 전분, 에너지원   실험 시간 4시간   난이도 ★☆☆

준비물

감자   손수건   물   냄비   칼

실험 방법

1. 감자를 작은 조각으로 잘라요. 자른 감자를 손수건으로 감쌉니다.
2. 물을 채운 냄비에 감자와 손수건을 담가요.
3. 손수건을 꺼내서 안에 감자를 으깨며 꽉 짜요.
4. 물 색깔이 변할 때까지 손수건을 계속 담갔다가 짜요.
5. 햇볕이 잘 드는 곳에 몇 시간 동안 냄비를 놓아두어요.
6. 냄비에 전분 물이 남았어요.

💡 **방금 무슨 일이 일어났나요?** 물이 증발하고 전분 물이 남았어요. 감자, 고구마, 콩, 쌀에는 전분이 많이 들어 있습니다. 전분은 우리 몸에서 빠르게 흡수되어 에너지원으로 쓰이지요.

292. 말랑말랑해진 달걀

교과 단원 6학년 1학기 1단원 산과 염기   핵심 개념 칼슘, 산성   실험 시간 일주일   난이도 ★☆☆

준비물

날달걀　　　냄비　　　식초

실험 방법

1. 냄비에 달걀을 넣고 푹 잠길 정도로 식초를 넣어요.
2. 일주일 동안 기다린 후에 식초를 따라 버려요.
3. 이제 고무처럼 말랑말랑한 달걀을 갖고 놀 수 있어요!
4. 세게 누르면 터질 수 있으니 살살 만져요.

> 💡 **방금 무슨 일이 일어났나요?** 달걀 껍데기의 탄산 칼슘이 껍데기를 단단하게 만들어요. 산성인 식초가 달걀 껍데기의 칼슘을 녹여 버렸어요. 하지만 달걀 껍데기 바로 밑에 있는 얇고 유연한 막이 여전히 달걀의 모양을 유지합니다.

293. 뽀글뽀글 달걀 거품

교과 단원 4학년 1학기 2단원 물의 상태 변화   핵심 개념 팽창   실험 시간 10분   난이도 ★☆☆

준비물

내열 강화 유리병　　뜨거운 물　　날달걀

❗ 뜨거운 물을 다룰 때는 어른에게 부탁하세요!

실험 방법

1. 유리병에 조심스럽게 달걀을 넣어요.
2. 병이 가득 찰 때까지 뜨거운 물을 조심스럽게 부어요.
3. 유리병을 식탁이나 평평한 곳에 놓아두어요.
4. 달걀 표면에서 작은 거품이 위로 올라오는 모습을 지켜봐요.

> 💡 **방금 무슨 일이 일어났나요?** 달걀은 흰자와 껍데기 사이에 작은 공기 주머니가 있어요. 공기 주머니 안에 갇힌 공기가 뜨거워지고 팽창하면서 껍질 밖으로 빠져나가려고 하지요.

294. 젤라틴으로 만드는 방향제

교과 단원 3학년 2학기 1단원 물체와 물질   핵심 개념 젤라틴, 확산   실험 시간 2시간   난이도 ★★☆

준비물

젤라틴 가루   뜨거운 물   아로마 오일 15방울   식용 색소   뚜껑이 있는 작은 유리병   소금 1큰술   찬물

실험 방법

1. 뜨거운 물에 젤라틴 가루를 녹여요.
2. 찬물 한 컵을 넣어요.
3. 아로마 오일, 식용 색소, 소금을 넣어요.
4. 3번에서 만든 용액을 작은 유리병에 부어요. 2시간 동안 냉장고에 두어요.
5. 뚜껑을 열면 향기가 날 거예요.

❗ 불을 사용할 때는 항상 어른에게 부탁하세요.

💡 **방금 무슨 일이 일어났나요?** 젤라틴은 고분자 물질입니다. 고분자는 분자들이 촘촘하게 그물처럼 얽혀 있어요. 향이 나는 오일 입자는 그물망 구조에 매달려 있다가 젤라틴 속 물이 증발하면서 향기 입자가 공기 중으로 퍼지는 거예요.

295. 얼음을 낚시해요

교과 단원 4학년 1학기 2단원 물의 상태 변화   핵심 개념 어는점   실험 시간 5분   난이도 ★☆☆

준비물

얼음   끈   소금   유리컵

실험 방법

1. 유리컵에 얼음을 넣어요.
2. 끈을 얼음 위에 가만히 두어요.
3. 그 위에 소금을 조금 뿌려요.
4. 2분간 기다린 후에 끈으로 얼음을 들어 올려요.

💡 **방금 무슨 일이 일어났나요?** 소금은 물의 어는점을 낮추어요. 소금 때문에 얼음이 녹았다가 끈 주위의 얼음이 다시 얼면서 끈이 얼음에 착 달라붙었어요.

296. 새콤달콤한 레몬 전지

| 교과 단원 | 6학년 1학기 1단원 산과 염기 | 핵심 개념 | 산성, 전지 | 실험 시간 | 30분 | 난이도 | ★★★ |

준비물

레몬 / 구리 못 / 아연 못 / 전구 / 절연 테이프 / 전선 2줄 / 커터 칼 또는 펜치

실험 방법

1. 손으로 레몬 즙을 살짝 짜내요.
2. 손톱으로 껍질 양 끝에 구멍을 내고 각 구멍에 구리 못과 아연 못을 꽂아요. 5cm 정도 떨어뜨려요.
3. 커터 칼로 각 전선 양 끝에서 피복을 1cm씩 벗겨요. 어른에게 부탁하세요.
4. 전선으로 양쪽의 못을 돌돌 감아요.
5. 못과 전선 연결 부분을 테이프로 감싸 고정해요.
6. 전선의 반대쪽 끝을 각각 전구에 연결해요.

💡 **방금 무슨 일이 일어났나요?** 감귤류 과일은 산성 성분이 있어 전기가 흐를 수 있어요. 레몬(전해질)은 구리 못(양극)과 아연 못(음극) 사이에 레몬이 전해질 역할을 해 전기가 흐르고 전구가 켜집니다.

297. 어느 것이 더 빨리 얼까? 얼음 실험

| 교과 단원 | 4학년 1학기 2단원 물의 상태 변화 | 핵심 개념 | 어는점 | 실험 시간 | 1시간 | 난이도 | ★☆☆ |

준비물

유리컵 2개 / 소금 / 물

실험 방법

1. 두 유리컵을 물로 채워요.
2. 유리컵 중 하나에 소금을 넣고 저어요.
3. 두 컵을 동시에 냉동실에 넣어요.
4. 어느 쪽이 먼저 얼기 시작하는지 10분마다 유리컵을 확인해요.
5. 소금물보다 맹물에서 더 빨리 얼기 시작한다는 것을 알 수 있어요!

💡 **방금 무슨 일이 일어났나요?** 물에 소금을 넣으면 어는점이 낮아져요. 어는점이 낮다는 것은 같은 온도에서 소금물이 맹물보다 어는 시간이 더 오래 걸린다는 뜻입니다.

298. 물에 둥둥 뜨는 달걀

교과 단원 5학년 1학기 3단원 용해와 용액   **핵심 개념** 염분, 밀도   **실험 시간** 10분   **난이도** ★☆☆

준비물

날달걀 2개   소금 6큰술   물   유리컵 2개

실험 방법

1. 한 컵에 물을 절반 채우고 소금을 넣어요.
2. 물을 천천히 부어 컵 아래에 소금물이 남게 해요.
3. 다른 컵에는 물로만 가득 채워요.
4. 두 컵에 달걀을 조심스럽게 넣어요.
   소금물에서는 달걀이 가라앉지 않고 중간에 떠 있을 거예요.

우리 주변의 과학

짠 바닷물

수영장보다 바다에서 몸이 둥둥 잘 뜰 거예요. 바닷물의 염분 덕분이에요. 사해라는 호수는 염분이 너무 높아서 물속으로 깊이 들어가기 매우 힘들다고 합니다.

💡 **방금 무슨 일이 일어났나요?** 소금물은 유리컵 아래쪽에 가라앉아 있습니다. 달걀은 밀도가 높은 소금물에서는 뜨기 쉽지만, 밀도가 낮은 맹물에서는 뜨지 않아요. 그래서 달걀은 위쪽 맹물에서 가라앉다가 아래쪽 소금물을 만나면 더 가라앉지 못해 중간에 뜨게 됩니다.

299. 달걀에 색을 입혀 보자!

교과 단원 5학년 2학기 1단원 혼합물의 분리   핵심 개념 색소   실험 시간 2시간   난이도 ★★☆

준비물

양파 껍질 　　 프라이팬 　　 날달걀 여러 개 　　 물

실험 방법

1. 프라이팬의 $\frac{1}{4}$을 물로 채우고 양파 껍질을 넣어요. 중불에 끓여요.
2. 물이 끓으면 불을 줄인 후 5분간 더 끓여요. 불을 끄고 30분간 식혀요.
3. 노란색이나 붉은색으로 변한 물에 달걀을 넣고 삶아요.
4. 물이 끓어오르면 불을 줄여요.
5. 20분간 약한 불에 끓여요.

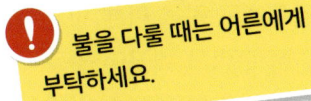
불을 다룰 때는 어른에게 부탁하세요.

💡 **방금 무슨 일이 일어났나요?** 양파 껍질을 가열하면 색소가 빠져나와요. 색소가 물에서 달걀로 이동해 달걀을 물들입니다.

300. 춤추는 건포도

교과 단원 6학년 1학기 1단원 산과 염기   핵심 개념 산성, 염기성   실험 시간 5분   난이도 ★☆☆

준비물

유리병 　　 건포도 　　 식초 $\frac{3}{4}$컵 　　 베이킹 소다 2작은술 　　 물

실험 방법

1. 유리병의 $\frac{3}{4}$을 물로 채워요.
2. 유리병에 식초와 베이킹 소다를 넣어요.
3. 여기에 건포도 10개를 넣어요.
4. 곧 건포도가 유리병 안에서 가라앉았다 떠오르면서 춤추기 시작합니다.

💡 **방금 무슨 일이 일어났나요?** 식초와 베이킹 소다가 만나면 이산화 탄소를 만들어요. 이산화 탄소는 건포도 표면에 붙어서 위로 떠올라요. 이산화 탄소 기체가 표면에 도달하면 공기 중으로 빠져나가서 건포도는 다시 가라앉아요. 이를 반복하지요.

301. 달걀을 접을 수 있어요

교과 단원 6학년 1학기 1단원 산과 염기   **핵심 개념** 산성, 칼슘   **실험 시간** 일주일   **난이도** ★★☆

준비물

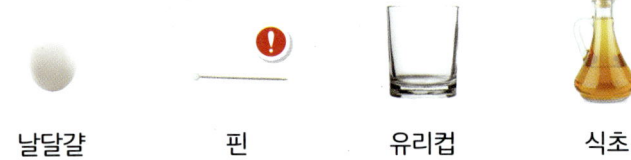

날달걀   핀   유리컵   식초

실험 방법

1. 달걀 아래쪽에 핀으로 구멍을 뚫어요.
2. 위쪽에도 핀을 찌른 채 흔들어서 노른자를 깨뜨려요.
3. 위쪽 구멍을 깨끗이 씻고 구멍에 입김을 불어 아래쪽으로 노른자, 흰자가 모두 나오게 해요. 달걀의 속을 완전히 비워 내야 합니다.
4. 속이 빈 달걀을 식초로 가득 채운 유리컵에 넣고 일주일을 놓아두어요.
5. 일주일 후 달걀을 꺼내 물로 씻어요. 달걀이 부드럽게 잘 구부러질 거예요.
6. 달걀을 납작하게 접을 수도 있어요! 손으로 던지고 튕겨 봐요. 다시 둥근 모양으로 되돌아올 거예요.

💡 **방금 무슨 일이 일어났나요?** 식초의 아세트산이 달걀 껍데기의 칼슘을 녹여서 껍데기를 무르게 만들었어요. 달걀을 누르면 작은 구멍으로 공기가 빠져나와 접을 수 있어요. 달걀을 이리저리 던지면 공기가 다시 들어와서 원래 모양으로 되돌아올 수 있어요.

302. 움직이는 슬라임

교과 단원: 6학년 2학기 3단원 전기의 이용 핵심 개념: 정전기 유도 실험 시간: 20분 난이도: ★★☆

준비물

옥수숫가루 3큰술 / 식용유 3큰술 / 풍선 / 숟가락 / 컵

실험 방법

1. 식용유와 옥수숫가루를 컵에 넣고 섞어요. 걸쭉하게 만들어요.
2. 풍선을 크게 불어 묶은 다음 머리카락에 문질러요.
3. 반죽을 숟가락으로 조금 떠서 풍선에 가까이 가져가 보세요. 반죽이 풍선 쪽으로 움직이는 모습을 볼 수 있어요.

💡 **방금 무슨 일이 일어났나요?** 머리카락에 문지른 풍선은 음전하를 띠어요. 중성 상태의 옥수숫가루의 전분 속 양전하 부분이 풍선 쪽으로 끌려 움직이는 거예요.

303. 천을 염색해 보자!

교과 단원: 5학년 2학기 1단원 혼합물의 분리 핵심 개념: 베타카로틴, 색소 실험 시간: 2시간 난이도: ★★☆

준비물

당근 / 냄비 / 프라이팬 / 체 / 물 / 하얀 천 / 칼

실험 방법

1. 프라이팬에 잘게 썬 당근을 넣고 물을 부어요.
2. 한 시간 동안 끓여요. 물이 줄어들면 또 넣어요. 물이 주황색이 될 거예요.
3. 냄비에 체를 얹고 당근을 걸러요.
4. 물에 천을 넣고 10분간 끓여요.
5. 주황색으로 물든 천을 꺼낸 후 널어서 말려요!

💡 **방금 무슨 일이 일어났나요?** 당근을 가열하면 '베타카로틴'이라고 하는 주황색 색소가 분리돼요. 색소를 띤 물에 천을 넣고 끓이면 천이 물들어요.

304. 빛나는 설탕

| 교과 단원 | 6학년 2학기 3단원 전기의 이용 | 핵심 개념 | 마찰 발광 | 실험 시간 | 15분 | 난이도 | ★★☆ |

준비물

각설탕   펜치

실험 방법

1. 어두운 방으로 가요.
2. 펜치로 각설탕을 으깨요. 으깨는 순간을 잘 관찰해요.
3. 조그맣게 번쩍이는 청록색의 불꽃을 볼 수 있어요. 충분히 어둡지 않다면 잘 보이지 않을 거예요.

💡 **방금 무슨 일이 일어났나요?** 설탕 결정이 깨지면서 순간적으로 한쪽은 양전하를, 다른 쪽은 음전하를 띠게 됩니다. 이때 방전이 되며 나오는 에너지가 빛으로 바뀌어 우리 눈에 보여요. 이를 '마찰 발광'이라고 합니다.

305. 보이지 않는 소화기

| 교과 단원 | 6학년 1학기 1단원 산과 염기 | 핵심 개념 | 산성, 염기성 | 실험 시간 | 10분 | 난이도 | ★★☆ |

준비물

베이킹 소다   양초   식초 2작은술   컵   성냥개비
4작은술

실험 방법

1. 베이킹 소다와 식초를 컵에 넣고 섞어요.
2. 거품이 멈출 때까지 그대로 두고 양초에 불을 켜요.
3. 불 위에 컵을 기울여 보세요. 마법처럼 불이 꺼질 거예요.

💡 **방금 무슨 일이 일어났나요?** 베이킹 소다와 식초가 반응해서 이산화 탄소가 만들어졌어요. 불이 타려면 산소가 필요한데, 불 위에 컵을 기울이면 산소보다 무거운 이산화 탄소가 불꽃 주변을 덮어서 불이 꺼집니다.

306. 겨자가 필요해!

교과 단원 5학년 2학기 1단원 혼합물의 분리   핵심 개념 혼합물   실험 시간 5분   난이도 ★★☆

준비물

겨자 2작은술   소금   식초 3작은술   식용유 3작은술   유리컵 3개

실험 방법
1. 첫 번째 컵에 겨자, 식초, 식용유를 1작은술씩 넣고 소금을 뿌려요.
2. 두 번째 컵에 겨자, 식초를 1작은술씩 넣고 소금을 더해 섞어요. 섞고 나서 식용유를 더해요.
3. 세 번째 컵에 식초, 식용유 1작은술씩 넣고 소금을 더해 섞어요.
4. 어떤 컵에서 식초와 식용유가 가장 잘 섞였나요? 골라 보세요.

💡 **방금 무슨 일이 일어났나요?** 두 번째 컵에서 식초와 기름이 가장 잘 섞였어요. 겨자는 식초와 기름의 결합을 도와주는 성질이 있어요. 두 번째 컵에서 겨자가 잘 퍼진 다음 기름을 더해 잘 섞일 수 있었어요. 반면 첫 번째 컵은 겨자가 있지만 식초와 기름이 완전히 섞이지 않아 두 층으로 나뉘어 있고 작은 거품이 생겨요. 세 번째 컵도 식초와 기름이 두 층으로 나뉘어 있어요.

307. 불이 활활 타오르게 하는 과일

교과 단원 6학년 2학기 2단원 물질의 연소   핵심 개념 리모넨   실험 시간 5분   난이도 ★☆☆

준비물

오렌지 껍질   양초   성냥개비

실험 방법
1. 양초에 불을 켜요.
2. 촛불 옆에서 오렌지 껍질을 들고 꽉 짜요.
3. 껍질에서 나온 기름이 촛불을 활활 타오르게 할 거예요.

⚠️ 불을 다룰 때는 조심하고 불에 손을 너무 가까이하지 마세요.

💡 **방금 무슨 일이 일어났나요?** 오렌지 껍질에는 '리모넨'이라고 하는 천연 기름이 있어요. 껍질을 꽉 짜면 이 리모넨 기름이 나와 불꽃을 활활 타오르게 하지요.

이것저것 재미난 실험

우리를 둘러싼 모든 것이 전부 과학이에요! 이 책을 펴고 읽고 있는 우리 몸부터 스마트폰, 무지개, 우주를 돌고 있는 우주 정거장까지 말이지요. 우리 주변의 거의 모든 것을 과학으로 설명할 수 있어요.

이번에는 비눗방울로 멋진 그림을 그리고 태양의 흑점도 관찰하는 다양한 실험들을 다루었어요. 재미난 실험을 찾으러 떠나 봅시다!

308. 바나나에 그림 그리기

교과 단원 6학년 1학기 1단원 산과 염기 **핵심 개념** 갈변, 산화 **실험 시간** 30분 **난이도** ★☆☆

준비물

바나나   이쑤시개   종이   연필

실험 방법

1. 종이에 먼저 그림을 그려요.
2. 바나나 위에 종이를 올려놓고, 이쑤시개로 선을 따라 바나나 껍질을 콕콕콕 찔러요.
3. 30분 기다리면 바나나에 그림이 생겨요!

💡 **방금 무슨 일이 일어났나요?** 바나나 껍질에 상처가 생기면 '폴리페놀 산화 효소'라고 하는 효소가 나와요. 이 효소가 공기와 반응해서 갈색이 되지요. 이처럼 과일에 상처를 내거나 칼로 깎을 때 갈색으로 변하는 일을 '갈변'이라고 합니다.

309. 풍선 꼬치 만들기

교과 단원 3학년 2학기 1단원 물체와 물질   **핵심 개념** 고분자 물질   **실험 시간** 15분   **난이도** ★★☆

준비물

바셀린   뾰족한 꼬치   풍선

실험 방법

1. 풍선을 불어서 묶어요.
2. 꼬치 전체에 바셀린을 발라요.
3. 풍선 매듭 옆에 꼬치를 살살 비틀며 찔러 넣어요.
4. 꼬치가 반대쪽으로 나오면, 풍선 꼬치가 완성되지요!
5. 꼬치로 풍선 가운데를 찔러 넣으려고 하면 풍선이 쉽게 터질 거예요.

우리 주변의 과학

고분자가 뭐예요?

고분자는 수백 또는 수천 개의 작은 분자가 길게 사슬처럼 이어진 분자를 말합니다. 고분자 물질에는 우리 몸 속 단백질과 DNA, 풍선, 플라스틱 물병 등이 있어요.

고무도 고분자 물질이에요. 잡아당기면 고분자 연결이 늘어나서 팽창할 수 있지요. 하지만 너무 많은 힘을 가하면 결국 분자의 결합이 끊어져서 풍선이 펑 터지고 말 거예요!

💡 **방금 무슨 일이 일어났나요?** 빵빵한 풍선을 보면 매듭 근처보다 가운데가 안이 더 잘 보일 거예요. 가운데 부분이 이미 충분히 늘어난 상태이기 때문이에요. 그래서 꼬치를 찌를 때는 풍선 매듭 쪽으로 찔러 넣어야 합니다.

310. 빛나는 꽃

교과 단원 6학년 1학기 3단원 식물의 구조와 기능   핵심 개념 모세관 현상   실험 시간 3시간   난이도 ★☆☆

준비물

형광펜   물   꽃   자외선 램프

실험 방법

1. 형광펜 뚜껑을 열어서 물이 든 컵에 담가요. 형광펜의 형광 물질이 물에 퍼질 거예요.
2. 꽃줄기를 물에 담가요.
3. 3시간 뒤에 자외선 램프를 켜 꽃을 살펴봐요.

💡 **방금 무슨 일이 일어났나요?** 형광 물질이 들어간 물은 모세관 현상을 통해 줄기부터 꽃잎까지 위로 올라갑니다. 자외선 램프 아래에서 꽃 전체가 빛날 거예요.

311. 재미있는 반사

교과 단원 5학년 1학기 2단원 빛의 성질   핵심 개념 빛의 반사   실험 시간 10초   난이도 ★☆☆

준비물

숟가락

실험 방법

1. 숟가락의 오목한 부분으로 내 얼굴을 보세요.
2. 어떻게 보이나요?

💡 **방금 무슨 일이 일어났나요?** 숟가락은 거울과 비슷하지만 휘어져 있어요. 앞면은 오목하고 뒷면은 볼록하지요. 빛이 오목하거나 볼록한 면을 만나면 반사되면서 휘어져요. 그래서 오목한 앞면에 비추어 보면 위아래가 뒤집혀서 보이고, 볼록한 뒷면에 비추어 보면 내 뒤에 있는 물건도 보여요.

312. 비눗방울로 명화 만들기

교과 단원 5학년 1학기 2단원 빛의 성질　**핵심 개념** 빛의 반사　**실험 시간** 15분　**난이도** ★☆☆

준비물

  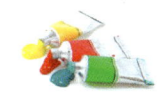   

빨대　　주방 세제 2큰술　　수채화 물감　　종이　　컵　　물 1큰술

실험 방법

1. 컵에 물감, 물, 주방 세제를 넣어요.
2. 물감 용액에 빨대를 넣고 불어서 비눗방울을 만들어요.
3. 종이 위에 비눗방울을 터뜨려 봐요.
4. 종이를 말린 후에 다른 색깔의 물감 용액도 만들어 그림을 완성해요.

💡 **방금 무슨 일이 일어났나요?** 비눗방울 상태일 때는 막의 두께가 매우 얇아서 어떤 색인지 알아보기 어려워요. 하지만 비눗방울을 종이 위에서 터뜨리면 예쁜 색깔을 확인할 수 있지요.

313. 태양의 흑점 관찰하기

교과 단원 4학년 2학기 1단원 밤하늘 관찰　**핵심 개념** 흑점　**실험 시간** 3일　**난이도** ★★☆

준비물

테이프　　유산지　　상자　　핀

실험 방법

1. 상자의 앞면에 핀으로 작게 구멍을 뚫어요.
2. 상자의 뒷면을 없애고 그 면을 유산지로 덮어요.
3. 상자 속에 빛이 안 들어오게 테이프로 붙여요. 구멍은 태양을 향하게 해요.
4. 상자를 들어 유산지를 보면서 태양에서 어두운 부분이 보이는지 살펴봐요. 흑점을 보려면 며칠 동안 실험을 반복해야 할 수도 있어요.

💡 **방금 무슨 일이 일어났나요?** 태양의 표면 온도는 약 5,500℃로 매우 뜨겁지만 온도가 고르지 않아요. 태양의 어떤 곳은 다른 곳보다 온도가 약 1,500℃ 정도 낮아요. 표면 온도가 낮아서 어둡게 보이지요. 이런 곳을 '태양의 흑점'이라고 불러요.

물 / 마술 / 부엌

314. 집에서 재생지를 만들자!

교과 단원 5학년 2학기 4단원 자원과 에너지 **핵심 개념** 섬유질, 재활용 **실험 시간** 24시간 **난이도** ★★★

준비물

밀방망이 / 체 / 신문지 / 믹서 / 물 / 천 / 두꺼운 책 2권

실험 방법

1. 믹서에 잘게 자른 신문지를 넣어요. 중간 중간 물을 넣으면서 부드러운 반죽이 될 때까지 갈아요.
2. 이 반죽을 체에 부어서 물기를 빼요.
3. 거른 것을 천 위에 놓고 밀방망이로 눌러 평평하게 펴요.
4. 얇게 만든 다음 위를 다른 천으로 덮어요.
5. 두꺼운 책 사이에 껴 두어 평평하게 만들어요.
6. 하룻밤 동안 말려요. 재생지를 만들었어요!

우리 주변의 과학

종이는 어떻게 대규모로 재활용될까요?

재활용의 기본 과정은 큰 재활용 공장도 크게 다르지 않아요. 버려진 종이들을 모아 아주 커다란 믹서에 넣고 걸쭉한 종이 반죽을 만들어요. 물기를 빼고 커다란 롤러로 눌러 평평하게 만들거든요. 마지막에 뜨거운 롤러로 건조하면 새로운 종이가 됩니다.

💡 **방금 무슨 일이 일어났나요?** 종이는 나무나 식물성 물질에서 추출한 긴 섬유질로 만들어요. 재생지를 만드는 실험은 섬유질을 분리해 다시 배열하는 과정이었어요. 하지만 종이를 재활용할 때마다 섬유질이 짧아져서 계속해서 재활용을 하긴 어렵답니다.

5장

굉장하지만 살짝은 위험할지도?! 화학 반응, 전기, 불, 폭발 실험

이번 장은 흥미진진하고 굉장한 실험들이 가득하지만 동시에 안전에 주의해야 해요. 여러분이 가장 좋아할 콜라와 멘토스 폭발 실험, 코끼리 치약 실험도 있어요. 베이킹 소다와 식초가 만나 거품을 만드는 화학 반응을 배우고, 철 수세미가 빠르게 녹스는 부식 현상도 관찰할 수 있어요.

빛을 내는 전기 회로를 만들고 눈에 보이지 않는 힘으로 불을 끌 수도 있어요. 연소에 필요한 조건과 산소의 역할을 배우며 불의 원리를 이해할 수 있지요. 하지만 이 실험들은 반드시 어른과 함께하고, 안전 수칙을 철저히 지켜야 해요. 이제 굉장한 과학의 세계로 떠날 시간이에요!

가만히 있지 못하는 화학 반응 실험

우리 주변의 많은 물질들은 서로 만나면 반응해서 새로운 물질을 만들기도 해요. 식초와 베이킹 소다, 물과 제산제가 만나면 이산화 탄소가 생기는 것처럼요! 뽀글뽀글 부풀고, 꺼졌던 불씨가 되살아나는 재미있는 실험들을 소개할게요. 가만히 있지 못하고 계속 움직이거나 색깔이 휙휙 변하는 화학 반응도 살펴볼 수 있지요.

불을 다루거나 화학 물질을 사용할 때는 꼭 어른에게 부탁하세요! 과학 실험은 안전이 가장 중요하니까요!

315. 가만히 있지 못하는 스파게티

교과 단원 6학년 1학기 1단원 산과 염기　**핵심 개념** 산성, 염기성　**실험 시간** 20분　**난이도** ★☆☆

준비물

| 스파게티 면 | 물 | 베이킹 소다 2큰술 | 식초 1컵 | 큰 유리컵 |

실험 방법

1. 유리컵에 물을 붓고 베이킹 소다를 녹여요. 스파게티 면을 작게 잘라서 넣어요.
2. 식초를 넣어요.
3. 스파게티가 유리컵 안에서 위아래로 움직이는 모습을 지켜봐요.

💡 **방금 무슨 일이 일어났나요?** 식초와 베이킹 소다가 반응해서 이산화 탄소 기체를 만들었어요. 이산화 탄소가 스파게티에 붙어 물 위에 뜨게 만들어요. 표면에 닿으면 이산화 탄소가 공기 중으로 빠져나가서 스파게티는 다시 가라앉습니다. 그래서 스파게티가 위아래로 움직이지요.

316. 위아래로 춤추는 좀약

교과 단원 6학년 1학기 1단원 산과 염기　**핵심 개념** 산성, 염기성　**실험 시간** 15분　**난이도** ★☆☆

준비물

물　베이킹 소다 2작은술　식초 $\frac{1}{2}$컵　유리컵　나프탈렌(좀약) 4개

실험 방법

1. 유리컵에 물을 붓고 베이킹 소다를 녹여요.
2. 식초를 넣어요.
3. 나프탈렌을 넣어요.
4. 나프탈렌이 물 위로 올라갔다가 다시 가라앉는 모습을 지켜봐요.

> 💡 **방금 무슨 일이 일어났나요?** 식초와 베이킹 소다가 반응해서 이산화 탄소가 만들어졌습니다. 이산화 탄소는 나프탈렌에 붙어서 물 위에 뜨게 하지요. 이산화 탄소가 공기 중으로 빠져나가면 나프탈렌은 다시 가라앉아요.

317. 하나 둘 셋! 발사 준비 완료 🚨

교과 단원 6학년 1학기 1단원 산과 염기　**핵심 개념** 산성, 염기성, 추진력　**실험 시간** 5분　**난이도** ★★☆

준비물

물　쟁반　35mm 필름 통　제산제 1알

실험 방법

1. 넓고 탁 트인 공간을 찾아요.
2. 필름 통의 뚜껑을 열고 물을 넣어요.
3. 필름 통에 제산제를 재빨리 넣고 뚜껑을 꽉 닫아요.
4. 곧바로 쟁반 위에 필름 통을 뒤집어서 내려놓아요.
5. 약 1분 후에 필름 통이 공중으로 발사됩니다.

❗ 필름 통에 맞지 않게 멀리 떨어지세요.

> 💡 **방금 무슨 일이 일어났나요?** 물과 제산제가 반응해서 이산화 탄소가 만들어졌어요. 그래서 필름 통 안의 압력이 증가했지요. 그 압력이 쌓이면서 필름 통이 발사되었어요. 이렇게 물체를 밀어 앞으로 내보내는 힘을 '추진력'이라고 합니다. 추진력은 지구에서 우주로 로켓을 쏘아올릴 때 필요한 힘이에요.

318. 흔들어서 만드는 아이스크림

교과 단원 4학년 1학기 2단원 물의 상태 변화 **핵심 개념** 어는점, 열 **실험 시간** 30분 **난이도** ★★★

준비물

작은 지퍼 백   큰 지퍼 백   우유 $\frac{1}{2}$컵   휘핑크림 $\frac{1}{2}$컵   설탕 $\frac{1}{4}$컵   바닐라 향료 $\frac{1}{4}$작은술   암염 $\frac{3}{4}$컵

얼음 2컵   종이컵   고무장갑

실험 방법

1. 작은 지퍼 백에 우유, 휘핑크림, 설탕, 바닐라 향료를 넣고 섞어요.
2. 큰 지퍼 백에 얼음을 넣어요.
3. 얼음에 암염을 뿌려요.
4. 큰 지퍼 백에 작은 지퍼 백을 넣고 새지 않게 꽉 닫아요.
5. 고무장갑을 낀 다음 큰 지퍼 백의 윗부분을 잡고 좌우로 흔들어요.
6. 약 15분간 흔들어요.
7. 작은 지퍼 백에서 꽁꽁 언 아이스크림을 꺼내 종이컵에 담아 먹어요.

❗ 지퍼 백이 매우 차가워질 수 있으므로 만질 때는 꼭 장갑을 끼세요.

💡 **방금 무슨 일이 일어났나요?** 얼음은 소금을 만나면 어는점이 낮아져요. 얼음이 녹으면서 아이스크림 재료의 열을 빼앗아 아이스크림이 얼었어요.

319. 다시 되살아난 불꽃

| 교과 단원 | 6학년 2학기 2단원 물질의 연소 | 핵심 개념 | 산소, 연소 | 실험 시간 | 20분 | 난이도 | ★★★ |

준비물

뚜껑이 있는 유리병 / 이쑤시개 / 양초 / 과산화 수소수 (3%) 100mL / 효모 2큰술

실험 방법

1. 유리병에 과산화 수소수를 부어요.
2. 유리병에 효모를 넣고 뚜껑을 덮어요.
3. 거품이 일기 시작하면 이쑤시개에 불을 붙인 후 꺼요.
4. 이쑤시개가 불을 꺼졌지만 빨간 상태일 때 뚜껑을 열고 병에 살짝 집어넣어요.
5. 불꽃이 다시 살아날 거예요.

> 불을 다룰 때는 어른에게 부탁하세요!

💡 **방금 무슨 일이 일어났나요?** 효모와 과산화 수소가 반응해서 산소가 만들어졌어요. 불이 타려면 산소가 필요합니다. 그래서 이쑤시개를 병에 넣으면 산소를 만나 불꽃이 다시 되살아나요.

320. 동전이 녹색으로 변했어요!

| 교과 단원 | 6학년 1학기 1단원 산과 염기 | 핵심 개념 | 산화 | 실험 시간 | 24시간 | 난이도 | ★★☆ |

준비물

키친타월 / 접시 / 소금 1큰술 / 식초 3큰술 / 10원짜리 동전 (구리 동전) / 젓가락

실험 방법

1. 접시에 소금과 식초를 넣고 섞어요.
2. 접시에 키친타월 여러 장을 담가요.
3. 젓가락으로 키친타월을 집어 동전 위를 덮어요.
4. 다음 날 동전을 확인해 봐요. 녹색으로 변했을 거예요!

💡 **방금 무슨 일이 일어났나요?** 구리는 오랜 시간 동안 공기 중의 산소, 이산화 탄소와 만나면 녹색을 띠는 녹청을 만들어요. 식초와 소금 때문에 산화 반응이 빠르게 일어났어요. 구리는 철과 달리 녹이 슬지 않고 녹청이 생긴답니다.

화학 반응 / 전기 / 불 / 폭발

321. 베이킹 소다로 색의 마술을!

교과 단원 5학년 2학기 1단원 혼합물의 분리 **핵심 개념** 지시약, 안토시아닌 **실험 시간** 25분 **난이도** ★★☆

준비물

적양배추 $\frac{1}{2}$개 / 냄비 / 물 / 체 / 베이킹 소다 1큰술 / 칼 / 유리컵

실험 방법
1. 적양배추를 썰어서 냄비에 넣고 물을 부어 끓여요.
2. 잘 저은 후 약 15분 동안 그대로 두어요. 보라색을 띠는 양배추 지시약을 만들었어요.
3. 컵에 체를 얹고 양배추를 걸러요.
4. 컵에 베이킹 소다를 넣어요.
5. 색의 변화를 지켜봐요.

💡 **방금 무슨 일이 일어났나요?** 적양배추에 들어 있던 '안토시아닌'이라는 색소가 알칼리성인 베이킹 소다와 반응해서 보라색 물이 녹색으로 변했어요.

322. 나만의 물속 정원

교과 단원 5학년 2학기 1단원 혼합물의 분리 **핵심 개념** 혼합물 **실험 시간** 2시간 **난이도** ★★★

준비물

유리병 / 물 / 물유리 (규산 나트륨 수용액) / 금속염 결정체 (황산 구리, 황산 알루미늄, 염화 제일철 등)

실험 방법
1. 유리병에 물유리를 살살 부어 바닥을 채워요.
2. 나머지는 물로 채워요.
3. 금속염 결정체를 살살 떨어뜨려요.
4. 평평한 책상에 병을 올려놓아요.
5. 몇 시간 후에 결정체가 위로 자라는 모습을 보게 될 거예요.
6. 정원이 마음에 들면, 용액을 따라 버리고 물을 채워요.

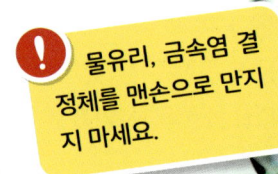 물유리, 금속염 결정체를 맨손으로 만지지 마세요.

💡 **방금 무슨 일이 일어났나요?** 금속염은 물유리와 반응해서 아름다운 색깔의 정원을 만들었어요.

323. 알록달록한 거품

교과 단원 6학년 1학기 1단원 산과 염기 **핵심 개념** 산성, 염기성 **실험 시간** 10분 **난이도** ★☆☆

준비물

베이킹 소다   식초   식용 색소   팔레트

실험 방법

1. 팔레트의 칸마다 식초를 채워요.
2. 칸마다 다른 색깔의 식용 색소를 한 방울씩 떨어뜨려요.
3. 칸마다 베이킹 소다를 1작은술씩 넣어요.
4. 알록달록한 거품이 생겨요.

💡 **방금 무슨 일이 일어났나요?** 식초와 베이킹 소다가 반응해서 이산화 탄소를 만들어요. 그러면 부글거리는 거품이 생기지요.

324. 상한 감자처럼 보이게 하는 법

교과 단원 5학년 1학기 3단원 용해와 용액 **핵심 개념** 전분, 아이오딘 **실험 시간** 10분 **난이도** ★☆☆

준비물

접시   물   감자   아이오딘 용액

실험 방법

1. 감자를 삶아서 으깨요.
2. 접시에 담은 후 감자에 아이오딘 용액 두 방울을 떨어뜨려요.
3. 감자가 남색으로 변하는 모습을 지켜봐요.

❗ 먹지 마세요.

💡 **방금 무슨 일이 일어났나요?** 감자에는 전분이 들어 있어요. 전분이 아이오딘을 만나면 남색으로 변해요. 마치 감자가 상한 것 같아요.

325. 색깔을 바꾸는 화학 실험

교과 단원 6학년 1학기 1단원 산과 염기   **핵심 개념** 중화 반응   **실험 시간** 30분   **난이도** ★★☆

준비물

적양배추 $\frac{1}{2}$개 · 물 · 체 · 베이킹 소다 2큰술 · 레몬 2개 · 냄비 · 칼

컵 2개

실험 방법

1. 적양배추를 썰어서 냄비에 넣고 물을 부어 끓여요.
2. 15분간 삶으면서 가끔 저어 주어요. 물이 보라색이 되었어요.
3. 물이 식으면 체에 걸러 양배추 물을 컵 두 개에 나눠 부어요.
4. 컵 하나에 레몬을 짜서 섞어요. 분홍색으로 변해요.
5. 다른 컵에 베이킹 소다를 섞어요. 초록색으로 변해요.
6. 냄비에 두 용액을 넣고 섞어요.
7. 분홍색과 초록색 용액을 섞으면 색이 다시 보라색으로 변하는 모습을 지켜봐요!

 **방금 무슨 일이 일어났나요?** 산성인 레몬과 염기성인 베이킹 소다를 섞으면 중화 반응이 일어납니다. 따라서 분홍색 용액과 초록색 용액이 섞여서 원래의 보라색 용액으로 돌아왔어요.

326. 이번에는 레몬으로 색의 마술을!

교과 단원 6학년 1학기 1단원 산과 염기　**핵심 개념** 산성, 안토시아닌　**실험 시간** 30분　**난이도** ★★☆

준비물

적양배추 $\frac{1}{2}$개　　물　　체　　레몬 1개　　유리병　　칼　　냄비

실험 방법

1. 적양배추를 썰어서 냄비에 넣고 물을 부어 끓여요.
2. 잘 저은 후 약 15분간 놓아두어요.
3. 물이 식으면 체에 걸러 양배추 물을 유리병에 부어요.
4. 유리병에 레몬을 짜요.
5. 색깔의 변화를 확인해요.

💡 **방금 무슨 일이 일어났나요?** 적양배추에 든 색소 안토시아닌이 산성인 레몬과 반응해서 분홍색으로 변했어요.

327. 철 수세미를 빠르게 녹슬게 하려면?

교과 단원 6학년 1학기 1단원 산과 염기　**핵심 개념** 철, 산소, 부식　**실험 시간** 2시간　**난이도** ★☆☆

준비물

철 수세미　　유리컵　　물　　식초 3큰술　　소금 2큰술

실험 방법

1. 유리컵에 철 수세미를 넣어요.
2. 물을 반 정도 채워요.
3. 식초와 소금을 넣어요.
4. 2시간을 기다리면 철 수세미가 녹슨 것을 볼 수 있어요!

💡 **방금 무슨 일이 일어났나요?** 철은 수분과 산소와 만나면 녹슬어요. 산성인 식초와 소금이 철이 녹스는 과정(부식)을 빠르게 만들었어요.

화학 반응 / 전기 / 불 / 폭발

328. 부식에 필요한 것들

교과 단원 6학년 1학기 1단원 산과 염기 **핵심 개념** 부식, 기압 **실험 시간** 48시간 **난이도** ★★☆

준비물

시험관   물   식초 2작은술   유리컵 또는 계량컵   철 수세미

실험 방법

1. 유리컵에 식초와 물을 넣고 섞은 다음 철 수세미를 담가요.
2. 철 수세미를 꺼내 잘라서 시험관에 꽉 끼게 넣어요.
3. 유리컵에 물을 더 채워요.
4. 시험관을 뒤집어서 유리컵에 넣어요.
5. 이틀 동안 실험 기구에 손대지 말아요. 시험관 속 철 수세미는 녹슬어 있고, 시험관의 물 높이는 유리컵보다 더 높아진 것을 확인할 수 있어요.

우리 주변의 과학

철은 왜 녹슬까요?

녹은 산화철(Fe_2O_3)이라는 화합물을 흔히 부르는 이름입니다. 철(Fe)은 공기 중의 산소와 매우 쉽게 결합해요. 실제로 철은 산소와 너무 쉽게 반응해서 자연에서 순수한 철은 거의 발견되지 않아요. 철(또는 강철)이 산소와 반응하면 산화철이라는 붉은색의 물질을 만들어요.

💡 **방금 무슨 일이 일어났나요?** 식초 때문에 철 수세미에 녹이 스는 부식이 빨리 일어났어요. 부식되는 과정에서 시험관 속 산소가 쓰였어요. 산소가 더 필요해지면서 기압이 낮아졌고 유리컵의 물이 시험관 속으로 빨려 들어간 거예요.

눈에 보이지 않아도 전기는 흐른다! 전기 실험

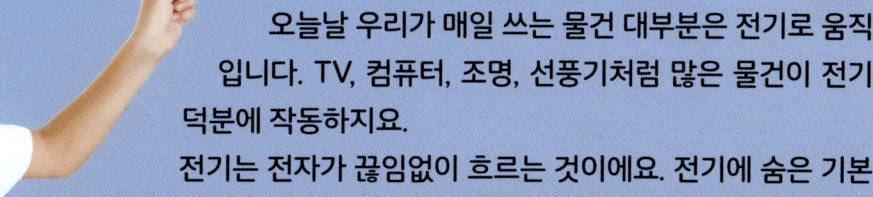

오늘날 우리가 매일 쓰는 물건 대부분은 전기로 움직입니다. TV, 컴퓨터, 조명, 선풍기처럼 많은 물건이 전기 덕분에 작동하지요.

전기는 전자가 끊임없이 흐르는 것이에요. 전기에 숨은 기본 원리에 대해 배워 봐요! 신기한 실험을 통해 전기가 어떻게 흐르고 움직이는지 눈으로 확인해 볼 수 있어요. 단! 전기는 위험할 수 있다는 것을 꼭 기억하세요. 모든 전기 실험은 반드시 어른과 함께해야 합니다.

329. 전기를 통과시키는 전도체

교과 단원 6학년 2학기 3단원 전기의 이용 **핵심 개념** 전도체 **실험 시간** 10분 **난이도** ★★☆

준비물

건전지 / 손전등 전구(작은 전구) / 알루미늄 포일 / 동전 / 테이프 / 가위 / 나무집게

실험 방법

1. 알루미늄 포일을 30cm 길이로 잘라서 돌돌 말아요. 두 줄을 만들어요.
2. 각 포일 끝을 건전지 위아래에 테이프로 붙여요. 포일의 반대쪽 끝은 동전에 붙여요.
3. 나무집게로 전구를 잡아요.
4. 전구를 동전에 가져다 대요. 전구에 불이 들어와요!

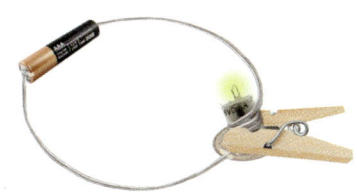

💡 **방금 무슨 일이 일어났나요?** 어떤 물건은 전기가 통하고, 어떤 물건은 전기가 통하지 않아요. 동전은 전기가 통하는 물질인 전도체예요. 동전 덕분에 건전지의 전기가 전구로 흘렀지요.

330. 간단하게 만드는 모터

교과 단원 6학년 2학기 3단원 전기의 이용　**핵심 개념** 전자석　**실험 시간** 20분　**난이도** ★★☆

준비물

건전지　　네오디뮴 자석 여러 개　　구리 선

실험 방법

1. 네오디뮴 자석을 여러 개 쌓고 그 위에 건전지를 얹어요.
2. 구리 선을 오른쪽 사진처럼 구부려요.
   이때 구리 선이 네오디뮴 자석과 건전지 위아래에 닿아야 해요.
   균형을 이루도록 잘 만들어 보세요.
3. 구리 선이 건전지와 자석에 잘 닿아 있다면 빙빙 돌 거예요.

💡 **방금 무슨 일이 일어났나요?** 전기는 구리 선을 통해 흘러요. 전자석이 된 구리 선은 네오디뮴 자석과 서로 끌어당기거나 밀어서 구리 선이 빙빙 돌아요. 이 원리로 세탁기 속 큰 모터도 돌릴 수 있어요.

331. 동전으로 만든 전기 탑

교과 단원 6학년 2학기 3단원 전기의 이용　**핵심 개념** 전해질, 전압　**실험 시간** 15분　**난이도** ★★☆

준비물

라임 또는 레몬　　휴지　　접시　　10원짜리 구리 동전　　스테인리스 동전

실험 방법

1. 접시에 라임을 꽉 짠 다음 휴지를 동전 크기로 잘라 담가 두어요.
2. 구리 동전, 스테인리스 동전, 휴지를 번갈아 쌓아 올려 동전 탑을 만들어요.
3. 검지와 엄지에 물을 적신 후 동전 탑 위아래를 잡아요. 손에 찌릿! 하고 가벼운 전기가 통할 거예요.

💡 **방금 무슨 일이 일어났나요?** 10원짜리 동전은 구리가 들어 있어요. 실험에서 구리는 양극 역할을, 스테인리스는 음극 역할을 하고, 라임 즙 같은 산성 용액은 전해질 역할을 해서 전기가 통합니다. '전해질'은 물에 녹았을 때 전기를 통하게 하는 물질이에요. 동전을 번갈아 쌓았기 때문에 손으로 느낄 정도로 전압이 커졌어요.

332. 전구에 불을 켜는 재미난 방법

교과 단원 6학년 2학기 3단원 전기의 이용   **핵심 개념** 전기 회로   **실험 시간** 30분   **난이도** ★★★

준비물

테이프   전구   전선 3개   건전지(4.5V) 1개   클립   종이 상자 또는 하드보드지

압정 2개   커터 칼 또는 펜치

실험 방법

1. 커터 칼로 각 전선 끝부분의 피복을 1cm씩 벗겨 내요. 어른에게 부탁하세요.
2. 첫 번째 전선(①)의 한쪽 끝을 건전지 양극(+)에 붙여요. 반대쪽 끝은 클립에 붙여요.
3. 클립 구멍에 압정을 꽂아 상자 위에 고정해요.
4. 두 번째 전선(②)의 한쪽 끝을 전구의 접점에 감고, 반대쪽 끝은 건전지의 음극(-)에 붙여요.
5. 세 번째 전선(③)의 한쪽 끝으로 전구의 접점을 감고, 반대쪽 끝을 클립이 닿는 위치에 압정으로 고정해요.
6. 클립을 5번에서 고정했던 압정에 가져다 대면 전구에 불이 들어옵니다. 클립을 압정에 대었다가 떼었다가 하면서 전구를 끄고 켤 수 있어요.

💡 **방금 무슨 일이 일어났나요?** 우리가 방금 만든 것은 전기 회로예요. 회로에 쓰인 모든 물질은 전자가 자유롭게 흐르는 전도체입니다. 회로가 고리처럼 이어져야만 전기가 흘러요. 자유로운 전자의 흐름은 전구를 밝히는 에너지를 공급하지요.

화학 반응 / 전기 / 불 / 폭발

333. 다 쓴 건전지인지 확인하는 법

교과 단원 6학년 2학기 3단원 전기의 이용　**핵심 개념** 건전지, 탄성　**실험 시간** 5분　**난이도** ★☆☆

준비물

다 쓴 건전지

실험 방법

1. 다 쓴 건전지들을 모아서 일렬로 세워요.
2. 여러 건전지를 한 번에 들고 5cm 정도 높이에서 떨어뜨려요.
3. 가장 높이 뛰어오른 건전지가 거의 다 쓴 건전지예요.

💡 **방금 무슨 일이 일어났나요?** 가장 높이 뛰어오른 건전지는 정말로 다 쓴 건전지가 맞아요. 새 건전지는 전해액(액체)이 차 있어 떨어뜨려도 충격을 잘 흡수해 뛰어오르지 않아요. 다 쓴 건전지는 모아서 폐건전지 전용 수거함에 버려야 해요.

334. 구리, 아연, 레몬으로 불 켜기

교과 단원 6학년 2학기 3단원 전기의 이용　**핵심 개념** 산성, 전류　**실험 시간** 10분　**난이도** ★★☆

준비물

식초　　구리 선　　아연 나사 또는 아연 못 5개　　얼음 틀　　직경 5mm의 LED 전구

실험 방법

1. 얼음 틀의 칸마다 나사를 하나씩 두어요.
2. 구리 선이 끊이지 않게 각 나사를 한 번씩 감아 연결해요.
3. 얼음 틀에 식초를 부어요.
4. LED 전구의 다리를 사진처럼 두 칸에 걸쳐 두어요. 어떻게 됐나요?

💡 **방금 무슨 일이 일어났나요?** 구리 선과 아연 나사가 건전지의 양극, 음극의 역할을 하고 있고, 산성 용액인 식초가 전해질 역할을 해 전류가 흐르게 도와주었어요. 즉 아연에서 나온 전자가 구리로 이동해 전류가 만들어진 거예요.

335. 빛나는 샤프심

교과 단원 6학년 2학기 3단원 전기의 이용 **핵심 개념** 전기 회로, 열에너지 **실험 시간** 30분 **난이도** ★★★

준비물

절연 테이프 　 휴지 심 　 유리병 　 악어 클립 케이블 　 D 사이즈 건전지 8개 　 알루미늄 접시 　 굵기 5mm의 샤프심

실험 방법

1. 건전지 8개를 일렬로 연결할 거예요. 이때 양극과 음극이 닿도록 죽 연결해요.
2. 알루미늄 접시 위에 휴지 심을 세워요.
3. 휴지 심 위에 샤프심을 올리고 양쪽에 악어 클립의 커넥터를 고정해요.
4. 휴지 심에 유리병을 뒤집어서 씌워요.
5. 사진처럼 악어 클립의 반대쪽 커넥터를 건전지 8개의 양 끝에 연결해요.
6. 잠시 후 샤프심이 빛나며 타기 시작하지요.

! 샤프심에서 연기가 날 거예요. 환기가 잘되는 곳에서 실험하세요.

💡 **방금 무슨 일이 일어났나요?** 악어 클립의 끝이 건전지에 닿아서 전기 회로가 완성되었어요. 전기가 샤프심을 통과할 때 전기 에너지가 열에너지로 바뀌면서 샤프심이 엄청난 온도로 가열되어서 빛을 내며 연기를 내뿜어요.

화학 반응 / 전기 / 불 / 폭발

336. 초간단 전기 회로를 만들었어요!

`교과 단원` 6학년 2학기 3단원 전기의 이용   `핵심 개념` 전기 회로   `실험 시간` 30분   `난이도` ★★★

준비물

건전지 　　 손전등 전구 　　 전선(13cm) 　　 테이프 　　 커터 칼 또는 펜치

실험 방법

1. 커터 칼로 전선의 양쪽 끝의 피복을 1cm씩 벗겨 내요. 어른에게 부탁하세요.
2. 전선 끝을 전구 꼭지쇠(전구 유리구의 아래 부분)에 붙여요.
3. 전선 반대쪽은 돼지 꼬리처럼 꼬불꼬불 감긴 코일 모양을 만들어요.
4. 코일 끝을 건전지 음극(-)에 붙여요.
5. 전구의 꼭지를 건전지 양극(+)에 대어 보세요.

우리 주변의 과학

전기 스위치는 어떻게 작동할까요?

스위치는 방금 만든 회로와 비슷한 방식으로 움직입니다. 스위치를 켜면 회로가 연결된 상태에서 전자가 흘러서 기기가 작동해요. 반면에 스위치를 끄면 회로가 끊어져요. 전자가 흐르지 않아서 기기가 작동하지 않지요.

💡 **방금 무슨 일이 일어났나요?** 전구, 건전지의 양극과 음극을 전선으로 연결하면 회로가 완성되어서 전기가 흐릅니다. 전기가 흘러 전구에 불이 들어왔어요.

337. 자기로 전기 만들기

| 교과 단원 | 6학년 2학기 3단원 전기의 이용 | 핵심 개념 | 자기장 | 실험 시간 | 10분 | 난이도 | ★★☆ |

준비물

    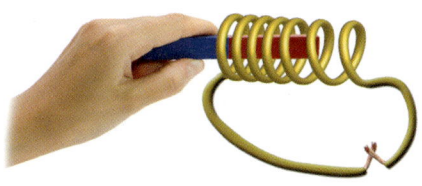

구리 선(1.2m)   나침반   막대자석   커터 칼 또는 펜치

실험 방법

1. 커터 칼로 구리 선의 양쪽 끝의 피복을 1cm씩 벗겨요. 어른에게 부탁하세요.
2. 구리 선 양 끝을 30cm씩 남겨 두고 사진처럼 가운데 부분을 돌돌 감아요. 가운데 부분에 막대자석이 들어갈 수 있게끔 공간을 두고 감아야 해요.
3. 전선의 양쪽 끝을 이어요.
4. 돌돌 감은 부분에 막대자석을 넣었다가 뺏다가 움직여요.
5. 전선 끝을 이은 부분에 나침반을 가까이 가져가 보세요. 나침반 바늘이 약간 움직여요.

💡 **방금 무슨 일이 일어났나요?** 돌돌 감은 구리 선(코일) 주변에서 자석을 움직이면 구리 선 안에 전류가 만들어져요. 이 전류가 나침반 바늘을 움직일 정도의 자기장을 만들었어요.

338. 전기 회로로 비밀 전신 만들기

| 교과 단원 | 6학년 2학기 3단원 전기의 이용 | 핵심 개념 | 전류, 전신 | 실험 시간 | 20분 | 난이도 | ★★☆ |

준비물

3V 전구   손전등용 6V 건전지   전선(9m)

실험 방법

1. 전선으로 전구와 건전지를 연결해서 긴 회로를 만들어요.
2. 전구와 건전지를 다른 방에 두어요.
3. 건전지 연결을 끊었다가 다시 연결해요. 모스 부호처럼 친구와 함께 암호를 만들어요. 암호에 따라 빛을 짧게 또는 길게 보내요.
4. 이제 다른 방에 있는 친구에게 메시지를 보낼 수 있어요!

💡 **방금 무슨 일이 일어났나요?** 전신이란 문자나 숫자를 전기 신호로 바꾸어 먼 곳으로 보내는 통신을 말합니다. 이 실험에서 전신의 기초 원리를 확인했어요.

339. 전기 회로가 그리는 내 얼굴

교과 단원 6학년 2학기 3단원 전기의 이용　**핵심 개념** 전기 회로, 자기장　**실험 시간** 20분　**난이도** ★★☆

준비물

 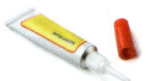     

연필　　목공 풀 또는 본드　　건전지　　쇳가루　　하드보드지 3장　　전선　　가위

실험 방법

1. 하드보드지에 내 얼굴의 옆모습을 그린 다음 오려요.
2. 오린 하드보드지를 다른 하드보드지 위에 붙여요.
3. 하드보드지의 둘레를 따라 전선을 붙여요.
4. 그 위에 하드보드지를 붙여요.
5. 맨 위 하드보드지에 쇳가루를 뿌리고 전선을 건전지에 연결해요.
6. 하드보드지를 톡톡 두드려 보세요. 쇳가루가 내 얼굴을 따라 그릴 거예요.

💡 **방금 무슨 일이 일어났나요?** 전선을 건전지에 연결하면 전기 회로가 완성되지요. 전선에 자기장이 생기고 이 자기력이 쇳가루를 끌어당겨서 내 얼굴을 완성했어요.

주의! 어른과 함께할 것! 불로 하는 위험한 실험

날씨가 너무 더우면 몸에서 땀이 나고 기운이 빠지는 것처럼, 열은 다른 물질에 흥미로운 영향을 미칠 수 있어요. 예를 들어 공기를 가열하면 부피가 팽창해서 밀도가 작아지고 가벼워져서 위로 올라가요. 또 물을 가열하면 물이 열을 흡수하고 부글부글 끓다가 기체가 되지요. 이렇게 공기와 물의 특징을 활용한 다양한 실험을 해 볼 거예요. 이번 실험에서는 특히 불을 쓰는 실험이 많아요. 불을 쓰는 실험은 위험할 수 있으니 꼭 어른에게 부탁하세요!

340. 불에 타지 않는 풍선

교과 단원 5학년 2학기 3단원 열과 우리 생활　**핵심 개념** 열에너지　**실험 시간** 15분　**난이도** ★☆☆

준비물

 풍선 2개　 성냥개비　 물

실험 방법

1. 풍선에 물을 넣어요. 빵빵해지면 꽉 묶어요.
2. 다른 풍선은 물을 넣지 말고 빵빵하게 불어요.
3. 성냥을 켜서 물이 없는 풍선 밑에 대어 보세요. 펑 터질 거예요.
4. 이번에는 성냥을 켜서 물이 있는 풍선 밑에 대어 보세요. 터지지 않아요.

> 💡 **방금 무슨 일이 일어났나요?** 물이 있는 풍선은 물이 열을 대부분 흡수해요. 그래서 풍선 안의 물이 뜨거워지고 풍선은 터지지 않았어요.

341. 검은 컵일까요? 흰 컵일까요?

교과 단원 5학년 1학기 2단원 빛의 성질   핵심 개념 빛의 흡수   실험 시간 45분   난이도 ★☆☆

준비물

유리컵 2개 / 물 / 온도계 / 고무줄 / 흰 종이와 검은 종이

실험 방법

1. 한 컵은 흰 종이로, 다른 컵은 검은 종이로 감싸요. 고무줄로 종이를 감싸 고정해요.
2. 두 컵에 물을 채워요.
3. 컵을 햇볕이 드는 곳에 30분쯤 두어요.
4. 컵에 든 물의 온도를 재 보세요. 검은 컵의 온도가 더 높을 거예요.

💡 **방금 무슨 일이 일어났나요?** 검은 종이처럼 어두운 색깔은 흰 종이처럼 밝은 색깔보다 더 많은 빛과 열을 흡수합니다.

342. 공기가 위로 올라가는 것을 볼 수 있는 실험

교과 단원 5학년 2학기 3단원 열과 우리 생활   핵심 개념 열의 이동, 대류   실험 시간 10분   난이도 ★☆☆

준비물

   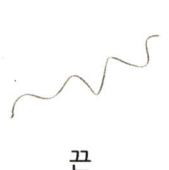

연필 / 양초 / 가위 / 끈

실험 방법

1. 253쪽 도안을 잘라 종이 뱀을 만들어요.
2. 끈으로 종이와 연필을 묶어요.
3. 초에 불을 붙여 종이 뱀 아래에 두어요. 종이 뱀이 빙글빙글 돌아요.

❗ 불이 붙을 수 있으니 종이를 촛불에 너무 가까이 가져가지 마세요.

💡 **방금 무슨 일이 일어났나요?** 양초의 불 때문에 주위의 공기가 뜨거워졌어요. 공기는 온도가 높아질수록 부피가 커지고 가벼워져 위로 올라갑니다. 올라가는 공기가 종이 뱀을 움직였어요.

343. 컵이 착 달라붙어 안 떨어져요!

교과 단원 5학년 2학기 3단원 열과 우리 생활 **핵심 개념** 열에너지, 대기압 **실험 시간** 5분 **난이도** ★★☆

준비물

두꺼운 플라스틱 컵 2개

키친타월

뜨거운 물

집게

오븐 장갑

실험 방법

1. 플라스틱 컵 하나에 뜨거운 물을 부었다가 바로 비워요.
2. 집게로 키친타월을 집어 뜨거운 물에 적신 다음 1번 컵 위에 올려요.
3. 다른 컵에도 뜨거운 물을 조금 부었다가 바로 비워요.
4. 이 컵을 뒤집어서 키친타월 위에 올려요.
5. 30초 동안 두었다가 컵을 들어 올려요. 두 컵이 서로 착 붙어 잘 안 떨어질 거예요.

우리 주변의 과학

열에너지는 무엇일까요?

모든 물질은 분자나 원자로 이루어져 있어요. 열을 받은 물질은 분자들의 운동이 활발해져 온도가 올라갑니다. 반대로 열을 뺏기면 운동이 둔해져 온도가 내려가지요. 열에너지는 물체를 이루는 분자나 원자들의 활발한 움직임 때문에 생기는 에너지를 말해요. 태양 빛도 열에너지를 포함하고 있어 지구를 따뜻하게 만들어요.

❗ 오븐 장갑을 끼고 실험하세요.

💡 **방금 무슨 일이 일어났나요?** 컵에 뜨거운 물을 부으면 그 안의 공기가 데워져서 팽창합니다. 공기가 식기 시작하면 압력이 줄어들지만, 컵이 서로 붙어 있어서 새로운 공기가 컵에 들어올 수 없어요. 바깥의 대기압까지 컵을 눌러 컵이 서로 안 떨어지고 계속 꽉 붙어 있지요.

344. 재잘재잘 말하는 동전

교과 단원 5학년 2학기 3단원 열과 우리 생활　**핵심 개념** 열에너지, 기압　**실험 시간** 20분　**난이도** ★☆☆

준비물

동전　　페트병　　물

실험 방법

1. 빈 페트병을 냉동실에 15분간 넣어요.
2. 동전을 물에 적셔요.
3. 페트병을 꺼내서 식탁 위에 놓아요.
4. 젖은 동전을 재빨리 페트병 입구에 올려놓아요.
5. 동전이 위아래로 움직일 거예요.

💡 **방금 무슨 일이 일어났나요?** 냉동실에서 페트병 안의 공기가 차가워졌어요. 냉동실에서 꺼내면 차가운 공기가 바깥 공기로부터 열에너지를 흡수해 페트병 안의 공기 부피가 커져 기압이 세져요. 하지만 동전으로 뚜껑을 막아 공기가 나갈 수 없자 동전을 위로 밀어 올리는 거지요.

345. 불에 타지 않는 손수건

교과 단원 5학년 2학기 3단원 열과 우리 생활　**핵심 개념** 열에너지　**실험 시간** 5분　**난이도** ★☆☆

준비물

동전　　손수건　　성냥개비

실험 방법

1. 손수건에 동전을 여러 개 넣고 묶어요.
2. 물을 받은 세면대 위에서 성냥에 불을 붙여요.
3. 성냥을 동전 아래쪽에 가져다 대요.

❗ 동전 쪽에만 불을 대어요. 꼭 어른에게 부탁하세요.

💡 **방금 무슨 일이 일어났나요?** 동전이 성냥불의 열을 빠르게 흡수해서 손수건이 불에 타지 않아요.

346. 연기가 나는 증기선 만들기

교과 단원 4학년 1학기 2단원 물의 상태 변화　**핵심 개념** 가열, 증기　**실험 시간** 1시간　**난이도** ★★★

준비물

옷걸이 2개  / 양초  / 금속관 또는 스테인리스 빨대  / 합판 또는 하드보드지 (3장)  / 마스킹 테이프  / 플라스틱 용기  / 물  / 찰흙  / 못

실험 방법

1. 금속관의 한쪽 끝을 찰흙으로 막아요.
2. 못으로 찰흙에 구멍을 뚫어요.
3. 합판 양쪽에 옷걸이를 세워서 붙이고 고리에 금속관을 연결해요.
4. 금속관 아래에 양초 두 개를 놓고 불을 붙여요.
5. 금속관 반대쪽 구멍으로 물을 채우고 찰흙으로 막아요. 증기선을 완성했어요.
6. 양초에 불을 켜고, 물이 담긴 용기에 배를 띄워요.
7. 증기선이 움직이는 모습을 지켜봐요!

💡 **방금 무슨 일이 일어났나요?** 양초가 금속관 안에 든 물을 가열하면서 증기가 만들어져요. 찰흙 구멍으로 빠져나간 증기의 힘으로 배가 앞으로 나아가지요.

347. 훨씬 차갑게 느껴지는데 온도가 같은 이유

교과 단원 5학년 2학기 3단원 열과 우리 생활　핵심 개념 열의 전도　실험 시간 40분　난이도 ★☆☆

준비물

 온도계　 금속판　 보온판 또는 우레탄 폼

실험 방법
1. 금속판과 보온판을 방 안에 30분간 두어요.
2. 양손으로 두 판을 만져 봐요. 어느 쪽이 더 차가운가요?
3. 이제 온도계로 온도를 재 봐요. 둘 다 똑같은 온도일 거예요.

💡 **방금 무슨 일이 일어났나요?** 두 물질은 온도가 같더라도 금속판이 손의 열을 더 빨리 빼앗아 더 차갑게 느껴져요.

348. 나뭇잎 모양 초콜릿 만들기

교과 단원 4학년 1학기 2단원 물의 상태 변화　핵심 개념 융해, 응고　실험 시간 25분　난이도 ★☆☆

준비물

 나뭇잎　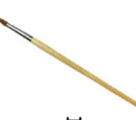 붓　 초콜릿　 접시　물

실험 방법
1. 나뭇잎을 조심스럽게 씻어서 말려요.
2. 초콜릿을 중탕하거나 전자레인지로 녹여요.
3. 접시 위에 나뭇잎을 올리고 붓에 초콜릿을 묻혀 한쪽 면을 칠해요.
4. 조심스럽게 냉장고에 넣어요.
5. 나뭇잎에서 초콜릿을 떼어 내요. 초콜릿이 나뭇잎 모양으로 남았어요!

💡 **방금 무슨 일이 일어났나요?** 온도가 높아지면 단단한 고체였던 초콜릿이 녹아서 액체가 됩니다(융해). 냉장고에 넣으면 다시 단단해져서(응고) 초콜릿이 새로운 모양으로 굳어요.

349. 종이가 탈까? 물이 끓을까?

교과 단원 5학년 2학기 3단원 열과 우리 생활   **핵심 개념** 열의 전도   **실험 시간** 30분   **난이도** ★★☆

준비물

빳빳한 종이 또는 종이 박스

클립

물

❗ 불을 다루는 실험은 꼭 어른에게 부탁하세요.

실험 방법

1. 박스가 없다면 종이를 접고 클립으로 고정해 작은 그릇을 만들어요.
2. 그릇에 물을 채우고 프라이팬 위에 올려 가열해요.
3. 잠시 후 종이가 불에 타지 않고도 물이 끓기 시작하는 것을 볼 거예요!

💡 **방금 무슨 일이 일어났나요?** 프라이팬을 가열하는 동안 프라이팬에서 종이로, 종이에서 물로 열이 이동했습니다. 물이 모든 열을 흡수해서 종이에 불이 붙지 않았어요.

350. 뜨거우면 줄어드는 고무

교과 단원 3학년 2학기 1단원 물체와 물질   **핵심 개념** 수축   **실험 시간** 5분   **난이도** ★☆☆

준비물

고무줄

헤어드라이어

작은 플라스틱 장난감

문손잡이

연필

실험 방법

1. 고무줄의 한쪽 끝에 장난감을 고정하고 문손잡이에 걸어요.
2. 문에 장난감의 높이를 표시해 두세요.
3. 헤어드라이어로 고무줄을 가열해요.
4. 3분 후에 장난감이 원래 있던 곳보다 위로 올라간 것을 확인할 수 있어요.

💡 **방금 무슨 일이 일어났나요?** 대부분의 물질과 달리 고무는 열을 가하면 부피가 줄어듭니다. 그래서 장난감 높이가 위로 올라가지요.

우르르 쾅! 폭발 반응이 일어나는 실험

서로 어울리지 못하는 두 사람을 물과 기름 같다고 말해요. 화학 물질끼리도 어울리지 못하는 것들이 있어요. 잘 섞이지 못해서 쾅! 폭발이 일어나거나 때로는 두 물질이 아주 잘 섞여서 새로운 물질을 만들어 내지요. 폭발이 일어날지 말지는 여러분의 손에 달렸어요.

부글부글 끓어오르고 터지는 화학 폭발 실험을 해 봐요. 하지만 화학 물질이 위험할 수 있다는 점을 꼭 기억하세요. 이런 실험은 모두 어른과 함께해야 합니다!

351. 코끼리가 쓸 것 같은 치약 만들기

교과 단원 6학년 1학기 1단원 산과 염기 **핵심 개념** 산성, 염기성 **실험 시간** 10분 **난이도** ★☆☆

준비물

주방 세제 $\frac{3}{4}$컵

페트병

따뜻한 물 3큰술

과산화 수소수 $\frac{1}{4}$컵

파란색 식용 색소 8방울

작은 컵

효모 1큰술

실험 방법

1. 페트병에 과산화 수소수를 부어요.
2. 식용 색소를 넣어요.
3. 주방 세제를 넣고 섞어요.
4. 컵에 따뜻한 물과 효모를 섞어요.
5. 페트병에 효모 섞은 물을 넣어요.

💡 **방금 무슨 일이 일어났나요?** 효모는 과산화 수소를 분해해 산소가 기체 상태로 발생합니다. 이때 산소 기체와 주방 세제가 만나 아주 많은 거품이 생깁니다.

352. 컵 안에 화산을 만들어 보자

| 교과 단원 | 4학년 2학기 3단원 여러 가지 기체 | 핵심 개념 | 압력 | 실험 시간 | 20분 | 난이도 | ★☆☆ |

준비물

양초   내열 강화 유리컵   찬물   모래   핫플레이트

실험 방법

1. 유리컵 안에 양초를 놓아요.
2. 컵에 모래를 채워요.
3. 찬물도 채워요.
4. 핫플레이트 위에 컵을 올려 약불로 끓여요. 양초에서 폭발이 일어날 때까지 잠시 기다려요.

💡 **방금 무슨 일이 일어났나요?** 물이 끓어서 생긴 수증기 때문에 컵 안의 압력이 증가했어요. 아래에서 녹은 양초는 모래 사이에 공간을 찾아서 위로 터져 나와요. 실제 화산에서 마그마가 분출되는 것 같아요.

353. 이리저리 꿈틀거리는 설탕 뱀 만들기

| 교과 단원 | 3학년 2학기 1단원 물체와 물질 | 핵심 개념 | 탄소 | 실험 시간 | 10분 | 난이도 | ★★☆ |

준비물

베이킹 소다 10g   보호경   내열 강화 유리컵   설탕 40g   라이터   소독용 알코올   흙

실험 방법

1. 유리컵에 흙을 깔고 그 위에 베이킹 소다와 설탕을 넣어요.
2. 그 위에 소독용 알코올을 뿌리고 불을 붙여요.
3. 10분 정도 기다리면 유리컵에서 검은 물질이 솟아나요.

⚠️ 보호경을 끼고 환기가 잘되는 곳에서 실험하세요. 검은 물질은 다 식은 후에 고무장갑을 끼고 만지세요.

💡 **방금 무슨 일이 일어났나요?** 불을 붙이면 설탕과 베이킹 소다가 반응하면서 검은 물질이 생겨요. 설탕이 타면서 탄소가 남고, 베이킹 소다가 분해되면서 이산화 탄소가 발생해요. 이산화 탄소가 탄소를 위로 밀어 올려 뱀처럼 보여요.

354. 베수비오 화산을 만들어 보자

| 교과 단원 | 6학년 1학기 1단원 산과 염기 | 핵심 개념 | 산성, 염기성 | 실험 시간 | 15분 | 난이도 | ★★☆ |

준비물

베이킹 소다 2작은술 / 식초 ½컵 / 페트병 / 찰흙 / 유리병 / 빨간색 식용 색소 5방울 / 대야

실험 방법

1. 대야에 페트병을 넣고 주위에 찰흙으로 화산 모양을 만들어요. 색을 칠해 더 실감 나게 꾸며 보세요.
2. 페트병에 베이킹 소다를 넣어요.
3. 유리병에는 절반까지 식초를 부어요. 여기에 식용 색소를 섞어요.
4. 페트병에 3번에서 만든 용액을 넣어요. 화산이 폭발하는 모습을 지켜봐요!

우리 주변의 과학

화산은 왜 폭발할까요?

지구 표면 바로 밑의 층을 '맨틀'이라고 해요. 맨틀이 아주 뜨거워지면 일부가 녹아서 액체가 돼요. 이 액체가 바로 빨갛고 뜨거운 마그마예요. 마그마가 높은 압력을 받으면서 지구 표면에서 약한 곳을 찾아 뚫고 나옵니다. 화산에서 나온 마그마를 '용암'이라고 합니다.

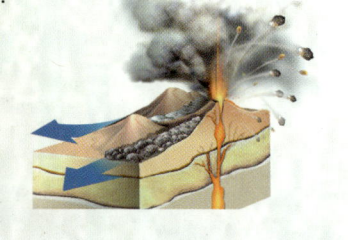

💡 **방금 무슨 일이 일어났나요?** 베이킹 소다와 식초가 반응하면 탄산이 만들어졌다가 불안정해서 바로 물과 이산화 탄소로 분해돼요. 이산화 탄소가 부글부글 끓어오르는 거품을 만들지요.

355. 곧 터져요! 새빨간 폭발

| 교과 단원 | 6학년 1학기 1단원 산과 염기 | 핵심 개념 | 산성, 염기성 | 실험 시간 | 5분 | 난이도 | ★☆☆ |

준비물

케첩   베이킹 소다 3큰술   물   페트병

실험 방법
1. 페트병에 물과 케첩을 넣고 섞어요.
2. 케첩에 베이킹 소다를 넣어요.
3. 병뚜껑을 닫고 살살 흔들어요.
4. 페트병을 내려놓고 뚜껑을 연 다음 폭발을 기다려요.

> ❗ 폭발 실험은 지저분해질 수 있으니 청소하기 쉬운 욕실에서 하세요.

💡 **방금 무슨 일이 일어났나요?** 케첩에는 산성 물질이 들어 있어요. 염기성인 베이킹 소다와 반응하면 이산화 탄소를 만들어 내지요. 이때 생긴 이산화 탄소 거품이 케첩을 폭발시킨 거예요.

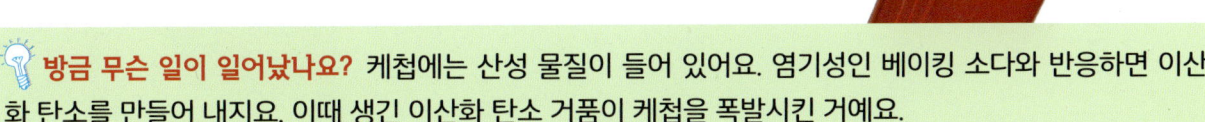

356. 펑! 지퍼 백 폭탄 1

| 교과 단원 | 6학년 1학기 1단원 산과 염기 | 핵심 개념 | 산성, 염기성 | 실험 시간 | 10분 | 난이도 | ★☆☆ |

준비물

지퍼 백   베이킹 소다 3작은술   따뜻한 물 $\frac{1}{4}$컵   식초 $\frac{1}{2}$컵   휴지

실험 방법
1. 지퍼 백에 따뜻한 물을 붓고, 식초를 넣어요.
2. 휴지로 베이킹 소다를 감싸요.
3. 지퍼 백 안에 휴지를 넣고 닫아요.
4. 욕조에 지퍼 백을 놓고 뒤로 물러나요. 지퍼 백이 펑! 터질 거예요.

> ❗ 터지는 소리가 클 수 있고, 식초가 튈 수 있으니 멀리 떨어지세요.

💡 **방금 무슨 일이 일어났나요?** 베이킹 소다와 식초는 만나면 이산화 탄소를 발생시켜요. 지퍼 백 안은 이산화 탄소로 가득 차다가 결국 펑 하고 터져요.

357. 속이 시원해지는 멘토스와 콜라 실험

교과 단원 6학년 1학기 1단원 산과 염기 **핵심 개념** 산성, 염기성 **실험 시간** 5분 **난이도** ★☆☆

준비물

 콜라    멘토스(박하사탕) $\frac{1}{2}$통    깔때기

실험 방법

1. 욕조에 콜라를 똑바로 세우고 뚜껑을 열어요.
2. 병 입구에 깔때기를 꽂아요.
3. 병 안에 멘토스를 떨어뜨리고 깔때기를 빼자마자 빠르게 멀어지세요!
4. 마치 온천에서 물이 솟구치듯이 콜라가 위로 솟구쳐 오를 거예요.

! 멘토스를 넣고 빠르게 멀어지세요! 멀리 떨어져 있어야 합니다.

💡 **방금 무슨 일이 일어났나요?** 콜라에는 이산화 탄소가 들어 있습니다. 멘토스 표면에는 미세한 구멍이 가득해요. 즉 멘토스에는 이산화 탄소가 반응할 만한 데가 많다는 뜻이에요. 병 안에 멘토스를 떨어뜨리면 이산화 탄소가 빠르게 많이 생기고 콜라 병 안의 기압이 높아져 밖으로 분출해요.

358. 뚜껑이 들썩이는 깡통

| 교과 단원 | 6학년 1학기 1단원 산과 염기 | 핵심 개념 | 산성, 염기성 | 실험 시간 | 10분 | 난이도 | ★☆☆ |

준비물

베이킹 소다 4큰술   식초 1컵   따뜻한 물   깡통

실험 방법
1. 깡통에 따뜻한 물을 붓고 베이킹 소다를 녹여요.
2. 깡통에 식초를 뿌려요.
3. 빠르게 깡통 뚜껑을 살짝 얹어요.

💡 **방금 무슨 일이 일어났나요?** 뚜껑이 이리저리 들썩여요. 염기성인 베이킹 소다와 산성인 식초가 만나 이산화 탄소를 만들었어요. 특히 따뜻한 물에 녹은 베이킹 소다는 반응 속도가 더 빠릅니다.

359. 반짝반짝 거품

| 교과 단원 | 6학년 1학기 1단원 산과 염기 | 핵심 개념 | 산성, 염기성 | 실험 시간 | 10분 | 난이도 | ★☆☆ |

준비물

꽃병   베이킹 소다 2큰술   식초 $\frac{1}{2}$컵   쟁반   파란색 반짝이 가루   빨간색 식용 색소

실험 방법
1. 쟁반에 꽃병을 올려놓아요.
2. 꽃병에 베이킹 소다를 넣어요.
3. 꽃병에 식용 색소와 반짝이 가루를 넣어요.
4. 재빨리 식초를 부어요.
5. 반짝반짝 멋진 쇼를 즐겨요.

💡 **방금 무슨 일이 일어났나요?** 베이킹 소다와 식초가 반응하면 불안정한 물질인 탄산을 만들어요. 탄산이 물과 이산화 탄소로 분해되면서 거품을 만들어요.

360. 내가 직접 만드는 파도

| 교과 단원 | 4학년 2학기 3단원 여러 가지 기체 | 핵심 개념 | 이산화 탄소, 압력 | 실험 시간 | 10분 | 난이도 | ★★☆ |

준비물

35mm 필름 통　　찰흙　　제산제 1알　　양동이　　물

실험 방법

1. 양동이에 물을 채워요.
2. 필름 통의 $\frac{1}{5}$을 찰흙으로 채워요. 필름 통이 물에 뜨지 않을 정도로 무거워야 합니다.
3. 필름 통의 반을 물로 채워요.
4. 제산제를 $\frac{1}{4}$ 정도 쪼개서 필름 통에 떨어뜨려요.
5. 필름 통을 재빨리 닫고 양동이 안에 넣어요.
6. 잠시 후 필름 통의 뚜껑이 날아가면서 양동이 물에 파도가 일어요.

💡 **방금 무슨 일이 일어났나요?** 제산제 속 탄산수소 나트륨과 물이 만나 이산화 탄소를 만들었어요. 필름 통은 뚜껑이 열릴 정도로 압력이 높았어요. 이 충격으로 물에 파도가 일었어요.

361. 펑! 지퍼 백 폭탄 2

교과 단원 6학년 1학기 1단원 산과 염기 **핵심 개념** 산성, 염기성 **실험 시간** 10분 **난이도** ★☆☆

준비물

레몬 6개   베이킹 소다 1작은술   물   지퍼 백

⚠️ 지퍼 백에서 멀리 떨어지세요.

실험 방법
1. 지퍼 백에 레몬 즙을 짜서 넣어요.
2. 여기에 베이킹 소다를 넣어요.
3. 재빨리 물을 넣고 지퍼 백을 닫아요.
4. 지퍼 백을 욕조에 놓아두어요.
5. 지퍼 백이 펑 터져요!

💡 **방금 무슨 일이 일어났나요?** 레몬에는 구연산이 들어 있습니다. 구연산은 물과 베이킹 소다와 반응해서 이산화 탄소를 만들어요. 지퍼 백에 이산화 탄소가 가득 차면 펑 터지지요.

362. 뜨거운 얼음이라고요?

교과 단원 6학년 1학기 1단원 산과 염기 **핵심 개념** 중화 반응, 과냉각 **실험 시간** 2시간 **난이도** ★★★

준비물

프라이팬   식초 1L   베이킹 소다 4큰술   물

실험 방법
1. 프라이팬에 식초와 베이킹 소다를 조금씩 넣으며 자주 저어요.
2. 표면에 얇은 층이 보일 때까지 한 시간 정도 끓여요.
3. 불을 끄고 뚜껑을 덮어요. 결정이 남아 있는지 확인해요. 결정이 있으면 물과 식초를 더 넣고 녹여요.
4. 프라이팬을 냉장고에 넣고 차갑게 식혀요.
5. 꺼내도 여전히 액체 상태일 거예요. 손가락으로 건드려 보세요. 건드리면 즉시 굳으면서 열이 발생해요!

💡 **방금 무슨 일이 일어났나요?** 식초와 베이킹 소다를 섞으면 중화 반응이 일어나 물, 이산화 탄소 외에도 아세트산 나트륨이 만들어져요. 아세트산 나트륨은 '뜨거운 얼음'이라고도 해요. 녹는점 이하에서 액체로 있기 때문이지요(과냉각). 용액을 만지면 결정화 과정이 일어나서 열이 발생합니다.

363. 화려한 드라이아이스 연막탄 만들기

교과 단원 4학년 1학기 2단원 물의 상태 변화　**핵심 개념** 승화, 응결　**실험 시간** 30분　**난이도** ★★★

준비물

드라이아이스　뜨거운 물　따뜻한 물　물감　대야　냄비　집게

실험 방법

1. 대야에 따뜻한 물을 채워요.
2. 냄비에 뜨거운 물을 붓고 물감을 풀어요.
3. 집게로 드라이아이스를 집어 냄비에 살살 넣어요.
4. 연기가 나오는 냄비를 대야의 물 위에 띄워요.
5. 색깔이 나는 연기가 위로 솟아오를 거예요.

! 드라이아이스는 맨손으로 만지지 마세요.

💡 **방금 무슨 일이 일어났나요?** 원래 드라이아이스 연기는 아래로 흐릅니다. 하지만 따뜻한 물이 연기를 데워서 위로 솟아오르게 했어요. 드라이아이스는 고체 이산화 탄소로, 뜨거운 물을 만나면 차가운 기체로 변해요. 고체가 바로 기체로 변하는 것을 '승화'라고 합니다. 차가운 기체가 주변 공기와 만나면 열을 흡수해 작은 물방울로 변해요. 기체가 액체로 변하는 것을 '응결'이라고 해요. 우리가 본 색깔 있는 연기는 사실 물방울들이 모여 만들어진 안개예요. 물감 덕분에 화려한 안개가 되었지요.

364. 앞으로 펑! 병 대포

교과 단원 6학년 1학기 2단원 물체의 운동   핵심 개념 작용, 반작용   실험 시간 10분   난이도 ★★☆

준비물

유리병 또는 페트병 · 찰흙 · 식초 4큰술 · 베이킹 소다 1작은술 · 휴지 · 연필 2자루

실험 방법
1. 병에 식초를 넣어요. 병을 옆으로 눕혀도 흘러나오지 않아야 합니다.
2. 베이킹 소다를 휴지로 싸서 병에 넣어요.
3. 찰흙으로 재빨리 입구를 막아요.
4. 나란히 둔 연필 두 자루 위에 병을 눕혀 놓아요.
5. 조금 기다리면 찰흙이 앞으로, 병은 뒤로 날아가요.

! 병이나 찰흙에 맞지 않도록 조심하세요.

💡 **방금 무슨 일이 일어났나요?** 식초와 베이킹 소다가 만나 이산화 탄소가 만들어지면서 병 안의 압력이 높아졌어요. 찰흙이 날아가면서(작용) 병이 뒤로 날아갔어요(반작용).

365. 아주 작은 티백 로켓

교과 단원 5학년 2학기 3단원 열과 우리 생활   핵심 개념 열의 이동, 대류   실험 시간 5분   난이도 ★☆☆

준비물

티백 · 라이터 · 오븐 팬 · 가위

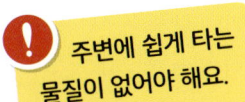

! 주변에 쉽게 타는 물질이 없어야 해요.

실험 방법
1. 티백의 윗부분을 잘라요.
2. 티백 안에 있는 찻잎을 버려요.
3. 티백을 열어서 원통 모양으로 만들어요.
4. 팬에 티백을 세워요.
5. 라이터로 티백의 윗부분에 불을 붙여요. 어른에게 부탁하세요.

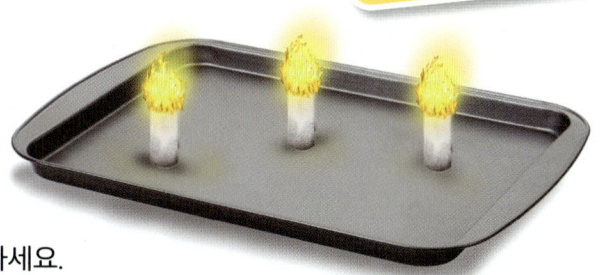

💡 **방금 무슨 일이 일어났나요?** 티백에 불을 붙이면 티백 안의 공기가 뜨거워져요. 뜨거운 공기는 위로 올라가기 때문에 타고 남은 티백의 재가 공기와 함께 위로 올라가요.

화학 반응 / 전기 / 불 / 폭발

주요 개념 및 용어 찾아보기

A~Z
DNA ·· 162
N극 ·· 17
S극 ·· 17

ㄱ
가시광선 ·· 172
가열 ·· 231
갈변 ·· 204
강우량 ··· 177
건전지 ··· 222
결정 ·· 128
결정화 ··· 182
결합 ··· 56
계면 활성제 ······································ 193
고기압 ·· 76, 114
고분자 물질 ······································ 205
고체 ·· 48, 54
공기 ···················· 101, 107, 115, 118
공기 막 ·· 194
공기 역학 ··· 77
공기 저항 ····································· 62, 73
공기의 팽창 ······································· 82
공기의 흐름 ································ 81, 106
공명 ·· 41
과냉각 ··· 241
관성 ·· 62, 64
광합성 ··· 151
구심력 ·· 66, 174
굴광성 ··· 158
균류 ·· 51
균형 ························· 65, 67, 68, 71, 72, 167
그림자 ·· 88, 92
기도 ·· 165

기압 ······ 58, 85, 101, 102, 104, 107~112, 115, 116,
118, 218, 230
기포 ·· 124
기화 ·· 176

ㄴ
냄새 ·· 161

ㄷ
단백질 ··· 49
단열 ·· 163
대기압 ························ 102, 108, 109, 111, 229
대류 ····················· 76, 78, 79, 84, 228, 243

ㅁ
마찰 ··· 48
마찰 발광 ··· 202
마찰력 ·· 70, 132
마찰열 ··· 178
맛 ··· 169
매질 ·· 34, 39
맥박 ·· 169
맥박 수 ·· 169
모세관 현상 ············· 59, 61, 63, 68, 123, 149, 206
무게 중심 ·································· 60, 65~72, 74
미뢰 ·· 169
밀도 ······ 45, 120, 122~130, 132, 179, 180, 183, 198

ㅂ
박테리아 ·· 52
반작용 ···························· 105, 110, 117, 183, 243
반중력 ··· 66
발아 ··· 150, 151
발효 ·· 83

방전	138, 145, 147
베르누이의 원리	106, 109, 116
베타카로틴	201
보존	165
부력	120, 122
부식	217, 218
부착력	184
분자	56, 174
빛의 굴절	86, 87, 89~91, 93~100
빛의 반사	87~89, 93, 98, 100, 206, 207
빛의 분산	86, 94
빛의 삼원색	90
빛의 속도	92
빛의 스펙트럼	91
빛의 전반사	91
빛의 직진	87, 89, 99
빛의 혼합	97
빛의 흡수	228
뿌리	153, 156, 159

ㅅ

산	185
산성	51, 82, 83, 113, 186, 193, 195, 197, 199, 200, 210, 211, 215, 217, 222, 234, 236~239, 241
산소	80, 213, 217
산화	188, 204, 213
삼투 현상	129, 154
색소	199, 201
세포막	154, 162
소리의 높낮이	37, 43, 44
소리의 전달	45
소리의 크기	37, 38, 46
속도	73
수축	233

스파크	138, 145, 147
승화	242
시각 세포	164
시각 정보	160, 163, 166, 167
시야	163, 168
씨앗	159

ㅇ

알칼리성	186
압력	35, 112, 113, 235, 240
액체	54
액화	176
양력	74
어는점	173, 196, 197, 212
에너지원	194
연소	80, 104, 110~113, 116, 189, 213
열	212
열에너지	93, 223, 227, 229, 230
열의 이동	76, 78, 79, 84, 228, 243
열의 전도	232, 233
염기성	82, 83, 113, 193, 199, 202, 210, 211, 215, 234, 236~239, 241
염분	198
엽록소	150, 157
용해	56, 121, 128, 131, 182
우량계	177
위상 수학	187
음속	45
음전하	139, 143, 144, 147
음파	30, 31, 36, 42, 43
응결	78, 104, 242
응고	178, 181, 232
이산화 탄소	84, 240
이스트	83

인력	28, 134~136, 140, 141, 143, 145, 146, 148
원심력	63

ㅈ
자기	19, 21~23, 25, 27
자기력	16, 22, 23, 25, 29
자기력선	29
자기장	26, 225, 226
자성	17, 18, 20, 21, 24, 25, 27
자외선	172
작용	105, 110, 117, 183, 243
잔상	164, 167, 170
재활용	208
저기압	76, 114
전기 회로	221, 223, 224, 226
전도체	135, 219
전류	222, 225
전분	49, 194, 215
전압	220
전자석	18, 220
전지	197
전해질	220
접목	152
정전기 유도	133~137, 140~143, 145~148, 201
젤라틴	49, 56, 192, 196
주시안	166
중력	62, 64, 66, 69, 70, 72, 73
중력 굴성	156, 158
중화 반응	186, 189, 216, 241
증기	103, 231
증발	53, 78, 103, 187, 190
증산	153
지문	168
지방	163
지시약	214
진공	34, 104
진동	30, 31, 33~36, 39, 40, 41, 44, 46, 53
진동수	31, 33, 38

ㅊ
척력	24, 26, 28, 137, 139, 140, 143, 144, 146, 148
철	217
철분	22
추진력	110, 211

ㅋ
크로마토그래피	61

ㅌ
탄성	47, 55, 222
탄소	152, 194, 235

ㅍ
파동	33
팽창	112, 178, 195
펄프	50
포자	52
표면 장력	67, 75, 175, 178, 179, 182, 184

ㅎ
확산	174, 196
흑점	207
흡수	54, 188
힘의 분산	85

부록

신나는 과학 탐구활동

1. 과학 실험 보고서
2. 관찰 실험 보고서
3. 종이 뱀 도안

실험을 잘 마무리했나요?
과학 실험 보고서를 작성해 보세요. 실험 과정을 단계별로 정리하면서 새로 배운 과학 원리를 복습할 수 있어요. 다음 실험을 할 때도 좋은 참고 자료가 됩니다.

실험 보고서는 왜 써야 할까요?
실험 보고서는 단순히 실험 결과를 기록하는 것을 넘어, 과학적 사고력을 기르는 중요한 활동입니다. 실험 과정에서 일어나는 작은 변화도 놓치지 않고 기록하면서 관찰력을 키울 수 있어요. 실험의 가설부터 결론까지 체계적으로 정리하는 과정을 통해 논리적으로 생각하는 힘도 기를 수 있습니다. 실험 결과를 바탕으로 왜 이런 현상이 나타났는지 과학적 원리를 찾아보면서 더 깊이 이해하게 됩니다.

과학 실험 보고서는 이렇게 써요!

1. 제목은 정확하게 쓰세요

보고서에 가장 먼저 쓰는 것은 제목이에요. 제목만으로 실험 내용을 추측할 수 있어야 하지요. 제목은 간결하고 정확하게 쓰세요. 실험에서 중요한 핵심 단어를 넣어서, 무엇에 대한 실험인지 잘 보여 주는 제목을 붙여요.

2. 스스로 실천할 수 있는 목표를 세워요

혼자서도 충분히 할 수 있는 실험 목표를 세워요. 이 실험으로 얻고자 하는 내용을 구체적으로 적어요. "식물은 햇빛이 꼭 필요할까?"처럼 내가 진짜 궁금했던 점을 목표로 정하면 실험이 훨씬 더 재미있어질 거예요.

3. 준비물을 꼼꼼하게 챙겨요

실험하기 전에 준비물을 잘 챙겨 두어요. 실험이 끝난 뒤에도 준비물을 잘 적어 두어야 다음 실험을 할 때 참고할 수 있어요. 특히 장갑이나 보호경처럼 나를 지켜 주는 안전 준비물은 절대로 잊으면 안 돼요!

4. 결과는 있는 그대로 기록해요

실험 결과가 예상한 것과 다르게 나왔다고 해서 결과를 바꾸거나 고치지 않아요. 결과는 사실만을 적어요. 예상과 다른 결과가 나왔다면 그 이유를 분석하는 과정 자체도 과학 공부가 될 수 있어요. 누가 봐도, 언제 봐도 쉽게 이해할 수 있도록 그림, 표, 사진으로 남겨도 좋습니다.

5. 의문점과 더 알고 싶은 점을 적어요

실험하면서 떠올렸던 의문점과 더 알고 싶은 점을 적어요. 이 궁금증이 바로 다음 실험의 멋진 주제가 될 수 있어요. 실험 조건을 바꾸면 결과가 어떻게 달라질지 생각해 보는 활동도 좋아요.

6. 도움받은 자료를 정리해요

실험 아이디어를 얻었다면 어떤 자료의 도움을 받았는지 적어 주세요. 실험의 신뢰도를 높여 줍니다. 다른 실험을 할 때 참고할 수 있을 뿐 아니라 실험 보고서를 읽는 친구들에게도 큰 도움이 되지요. 참고 자료의 출처를 밝혀 주는 것은 다른 사람의 생각을 존중하는 행동입니다.

과학 실험 보고서

가장 흥미로웠던 실험은 어떤 실험이었나요? 실험 보고서를 작성해 보세요. 보고서를 쓰면서 실험 속 과학 개념과 원리를 완벽히 이해할 수 있어요!

실험 제목		실험 날짜	
실험 목표			
준비물			
실험 방법			
실험 결과			
과학 개념 및 원리 정리			
느낀 점			
도움받은 자료			

관찰 실험 보고서는 이렇게 써요!

1. 집 안에도 관찰 대상이 가득해요

우리 집 강아지는 얼마나 자주 똥을 쌀까요? 꽃은 일주일에 키가 얼마나 자랄까요? 먼저 집 안에서 관찰할 대상을 찾아보세요. 바나나, 머리카락, 화분 등 관찰 대상은 셀 수 없이 많아요.

2. 좋아하는 것부터 시작해요

관찰은 좋아하는 것부터 시작하는 게 가장 좋아요. 좋아하는 곤충, 음식, 돌처럼 무엇이든 괜찮습니다. 좋아하는 것의 작은 변화를 꾸준히 지켜보세요.

3. 가설을 세우고 결론을 내려요

관찰을 시작하기 전, '~하면 ~할 것이다'라고 가설을 세워 보세요. 예를 들어 '햇빛을 더 오래 쬔다면 화분은 키가 더 빨리 자랄 것이다'처럼 말이지요. 꾸준한 관찰을 바탕으로 가설이 맞았는지 틀렸는지 판단해 결론을 적어요.

4. 꾸준히 관찰해요

꾸준히 관찰하고 기록하는 것은 재미있는 과학 탐구의 시작이 됩니다. 매일 같은 시간에, 같은 방법으로 관찰하는 꾸준함이 중요해요. 꾸준히 기록하면 관찰 대상의 작은 변화도 알아낼 수 있습니다.

5. 결과를 분석하고 해석해요

관찰 결과를 단순히 나열하지 말고, '왜' 그런 결과가 나왔는지 깊이 생각해 보세요. 관찰 대상의 변화에 온도나 빛처럼 어떤 요인이 영향을 미쳤는지 분석하고, 기록 속에서 의미를 찾아보세요. 이 과정에서 과학적 사고력이 자랄 거예요.

6. 실패에서 멈추지 말아요

가설이 항상 맞을 수는 없어요. 관찰 대상이 예상과 다르게 너무 빠르게 바뀌거나 기록을 놓치는 날도 있을 수 있습니다. 관찰에 실패하고, 가설이 틀렸더라도 실망하지 마세요. 왜 그랬는지 생각해 보고, 다음에는 어떻게 관찰해야 할지 생각하는 과정 자체로도 매우 훌륭한 과학 탐구예요.

관찰 실험 보고서

관찰 보고서는 자세하고 정확하게 기록해야 해요. 꾸준하게 관찰하는 노력도 필요하지요. 시간이 지나면서 변화가 있었는지, 있었다면 어떤 변화였는지 적어 보세요. 그림을 그려도 좋아요. 252쪽에 추천 관찰 실험 주제를 정리해 두었어요. 참고해 보세요.

실험 제목	
관찰 대상	
실험 가설	

관찰 날짜		장소	

관찰 ①	관찰 ②

관찰 ③	관찰 ④

결론	
과학 개념 및 원리 정리	
도움받은 자료	

관찰 실험 주제로 추천해요!

1 감자 싹은 어떤 환경에서 잘 자랄까?

감자 두 개를 준비해요. 감자 하나는 시원한 냉장고에 두고, 다른 하나는 어둡고 따뜻한 곳에 며칠 동안 두어 보세요. 어디에 둔 감자에서 먼저 싹이 자랐나요? 어떤 환경에서 싹이 잘 자랄까요? 또 감자의 싹은 어떻게 생겼나요? 일주일에 줄기는 얼마나 자라나요?

2 달걀 껍데기는 왜 흐물흐물해질까?

달걀 껍데기를 식초에 담가 두어 보세요. 시간이 지나면 딱딱했던 껍데기에서 기포가 뽀글뽀글 올라오고, 껍데기가 흐물흐물해져요. 왜 기포가 올라올까요? 껍데기는 왜 흐물흐물해질까요?

3 못은 어느 물에서 가장 빨리 녹슬까?

세 컵에 각각 물, 소금물, 식용유를 넣고 못을 하나씩 넣어 보세요. 며칠 뒤에 관찰해 보세요. 어느 컵의 못이 가장 빨리 녹슬었나요? 어떤 색으로 변했나요? 왜 녹슬었을까요?

4 콩나물 색깔이 왜 다를까?

물에 불린 콩을 컵 두 개에 나눠 넣어요. 한 컵은 알루미늄 포일로 덮어 두고, 한 컵은 햇볕을 쐬게 해 주세요. 매일 물을 주면서 관찰해 보세요. 뿌리, 줄기, 잎은 언제 나왔나요? 두 콩나물의 색깔이 다른가요? 왜 색깔이 다를까요?

5 빵에 왜 곰팡이가 필까?

식빵 한 조각을 지퍼 백에 넣고, 다른 조각은 공기가 잘 통하도록 열어 둔 채로 관찰해 보세요. 며칠이 지나면 빵 위에 곰팡이가 필 거예요. 어느 빵에 곰팡이가 먼저 생겼나요? 곰팡이는 무슨 색깔인가요? 곰팡이는 어떻게 생겼나요? 매일 얼마나 커지나요?

6 설탕은 어느 물에서 더 잘 녹을까?

두 컵에 차가운 물과 따뜻한 물을 부어요. 컵에 설탕을 3큰술씩 넣어요. 두 컵을 같은 속도로 저어요. 설탕이 완전히 녹는 시간을 비교해 보세요. 어느 물에서 더 잘 녹나요? 살살 저을 때와 세게 저을 때도 차이가 있을까요?

종이 뱀 도안

78쪽 101번 실험, 228쪽 342번 실험에 사용하세요.

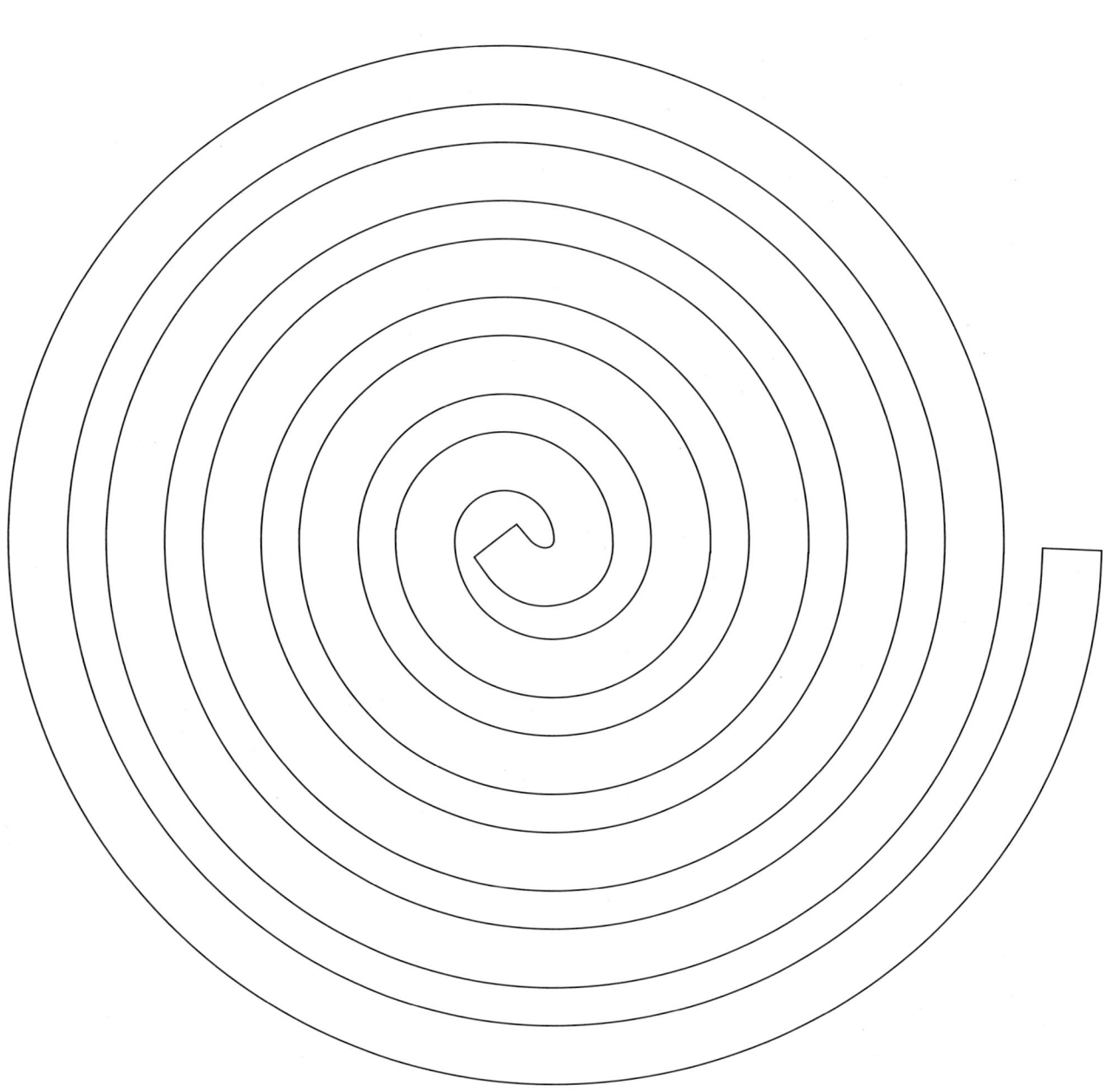

교과서 잡는 바이킹 시리즈

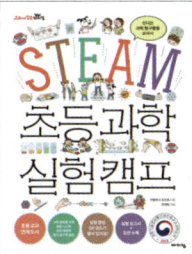
STEAM 초등 과학 실험 캠프
조건호 지음 | 민재회 그림

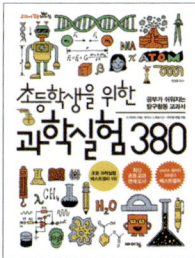
초등학생을 위한 과학실험 380
E. 리처드 처칠 외 지음
천성훈 감수

초등학생을 위한 요리 과학실험 365
주부와 생활사 지음
천성훈 감수

초등학생을 위한 요리 과학실험실
정주현, 달달샘 김해진 감수

초등학생을 위한 과학실험 백과 365
옴북스 에디토리얼팀 지음
한성희 옮김

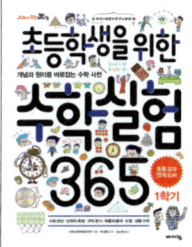
초등학생을 위한 수학실험 365 1학기
수학교육학회연구부 지음
천성훈 감수

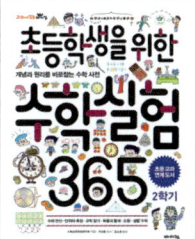
초등학생을 위한 수학실험 365 2학기
수학교육학회연구부 지음
천성훈 감수

초등학생을 위한 자연과학 365 1학기
자연사학회연합 지음
정주현 감수

초등학생을 위한 자연과학 365 2학기
자연사학회연합 지음
정주현 감수

초등학생을 위한 개념 과학 150
정윤선 지음 | 정주현 감수

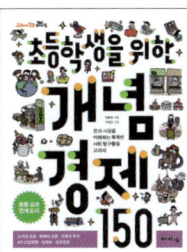
초등학생을 위한 개념 경제 150
박효연 지음 | 구연산 그림

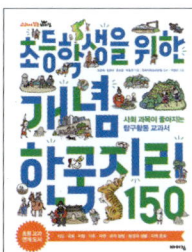
초등학생을 위한 개념 한국지리 150
고은애 외 지음
전국지리교사모임 감수

초등학생을 위한 개념 정치 150
박효연 지음 | 구연산 그림

초등학생을 위한 개념 국어: 고사성어
최지희 지음 | 김도연 그림

초등학생을 위한 교과서 속담 사전
은옥 글·그림 | 전기현 감수

초등학생을 위한 교과서 명작 읽기
최지희 글 | 윤상은 그림

초등학생을 위한 교과서 고전 읽기
최지희 글 | 윤상은 그림

어린이 과학 질문 사전
정윤선 지음 | 구연산 그림

바이킹 어린이 도감 시리즈

어린이 비행기 대백과
손봉희 지음 | 구연산 그림

어린이 비행기 조종 대백과
닉 버나드 지음 | 마대우 감수

어린이 비행기 엠블럼 대백과
감 글·그림

어린이 비행기 구조 대백과
이경윤 지음 | 남지우 그림

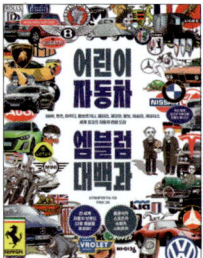
어린이 자동차 엠블럼 대백과
신기한생각연구소 지음
구연산 그림

체험하는 바이킹 시리즈

웹툰 캐릭터 그리기 대작전
이지 지음 | 정원 그림

웹툰 스토리 만들기 대작전
이지 지음 | 정원 그림

뚝딱 접어요! 동물농장 종이접기
조 풀먼 지음 | 앤 파쉬에 그림

뚝딱 접어요! 사파리 종이접기
조 풀먼 지음 | 앤 파쉬에 그림

창의력 뿜뿜! 어린이 파티시에 요리책
디에나 F. 쿡 지음
달달샘 김해진 감수

창의력 뿜뿜! 어린이 셰프 요리책
디에나 F. 쿡 지음
달달샘 김해진 감수

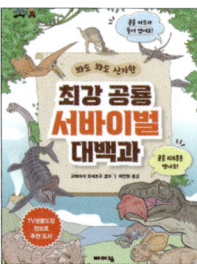
최강 공룡 서바이벌 대백과
고바야시 요시쓰구 지음
이진원 옮김

DK 체스 바이블
클레어 서머스케일 지음
이은경 옮김

정브르가 알려주는 곤충 체험 백과
정브르 지음

정브르가 알려주는 파충류 체험 백과
정브르 지음

정브르가 알려주는 양서류 체험 백과
정브르 지음

TV생물도감의 희귀한 생물 대백과
TV생물도감 지음 | 구연산 그림